Aux frontières de la religion et des sciences naturelles

フランス〈心霊科学〉考

宗教と科学のフロンティア

Naoki Inagaki

稲垣直樹

人文書院

フランス〈心霊科学〉考＊目次

凡例

1　引用文の出典の指示は初回は原則として著者名（ファミリーネーム）、書名および初版出版年を掲載した（引用に使用したエディションについては巻末の参考文献を参照）。二度目からは適宜略記したが、出典のページの指示はすべてに付した。

2　*Œuvres Complètes de Victor Hugo*, édition chronologique publiée sous la direction de Jean Massin, Club Français du Livre, 1967-1970, 18 vols. は *OCVH* の略号で、*Œuvres Complètes de Victor Hugo*, édition publiée sous la direction de Jacques Seebacher, assisté de Guy Rosa, Robert Laffont, 1985-2002, 15 vols. は *OCVHJS* の略号で示す。

3　*Les Misérables* の出典表示において、例えば2-III-13という表示はDeuxième Partie, Livre Troisième, Treizième Chapitre すなわち第二部第三編第十三章を表す。

フランス〈心霊科学〉考——宗教と科学のフロンティア

はじめに

知の営為は、それがどんなに普遍的なものと見えようとも、あるいは、それを当事者がどんなに普遍的なものと確信しようとも、その時代、ないしは時代と地域に限定されたある種の知の様式、パラダイムに則って、そのパラダイムの範囲内でしか行われない。現代の知的営為が過去と比べてはるかに重要で、はるかに進んだフロンティアと映ろうとも、百年後、二百年後には、それは過去のほとんどナンセンスな営みとも思われかねないだろう。それぞれの時代と地域の価値観に規定されながら人間は思考し行動する以外になく、そのようなパラダイム（この語がもともと一九六二年刊のトマス・サミュエル・クーン『科学革命の構造』で科学史の用語として用いられ、その後、構造主義の時代背景のなかでここで用いるような一般的な意味を付与されたことは周知のとおりである）との動的な関係においてこそ、人間の営為はもっとも本質的で真正な姿を現す。

このように考えること自体がとりもなおさず現代のパラダイムなのであるが、ひとまずこうした相対主義の前提に立つことにする。その上で、フランス近代における、ある特異な文明現象を調査・解明しようというのが本書の狙いである。

「近代」という壮大なマクロ・パラダイムのなかにいまも我々はいる。そうした「近代」が成立したのは十八世紀終盤から十九世紀初頭のヨーロッパにおいてであった。これについては追々詳述していくとして、さしあたり、一つのことだけを問題にしよう。それはいまも我々が執拗に信奉してやまない「科学主義」あるいはそれが昂じた「科学万能主義」と呼ばれるものである。いまだに我々は科学的であること、科学的に思考することに最大限の価値を見いだす。我々の日常の思考は科学的であることを求められ、非科学的であることは悪とされる。

このような科学信仰が台頭した、それどころか、科学そのものが今日に近い意味で成立したのが十九世紀ヨーロッパにおいてであり、たかだか百五十年か二百年前のことなのである。

科学の伸張は宗教の退潮と表裏一体の関係にあった。ヨーロッパのコンテクストでいう宗教とは当然ながらキリスト教であり、フランスに限って言えば主としてカトリック教会であった。フランス革命期のキリスト教排斥運動から始まり、フランスでは、世俗の権力である近代国民国家が教会権力から社会の支配権を奪う闘争が十九世紀全体の百年間を通して続いた。二十世紀に入り、一九〇五年の政教分離法公布によって、政治社会制度のすべてが宗教から独立する旨の宣言がなされた。政教分離法はフランス語では La Loi de séparation de l'Église et de l'État つまり「教会と国家の分離の法律」であり、この法律の最大のターゲットはカトリック教会であった。

これが科学史上のより大きな潮流に包含されることも明白である。歴史家ハーバート・バターフィールドはヨーロッパ十七世紀に起こった「科学革命」によって近代科学の方法が確立したとした(Herbert Butterfield, *The origins of modern science : 1300-1800*, 1949)。これを、科学史家・村上陽一郎は十七世紀から十九世紀を経て現代に至る、キリスト教から近代科学へのヘゲモニーの移行と捉え、「聖俗革命」と命名したのは周知のとおりである（『近代科学と聖俗革命』一九七六年）。

フランス十九世紀において、産業革命の進行やブルジョアジーの価値観の浸透、さらに何よりも近代国家機構の整備・充実とともに、いよいよカトリック教会は社会を支配する力を弱める。そして、その本来の領域であるはずの、現実を超えた世界、死後の世界についても、教会は信を失い、その表象を支えきれなくなる。こうしたカトリック教会に替わって、超越世界の表象を支えることを期待されたのが、事もあろうに科学――当時、現実世界の支配権を獲得しつつあった科学であった。「科学主義」は科学に取りいれられないものがその存在を否定され、排斥されるという今日的な意味を持つ以前に、あらゆる事象が科学に取りこめるという意味を持ったのである。

これが本書の研究対象であるところの「心霊科学」が成立した背景である。現在、我々が使う科学という言葉の範囲を超えた使い方なので、カギ括弧に入れて「科学」ないしは「科学的」と記さなければならない「科学」である。だが、これが科学として通用していたところに、当時のパラダイムの特殊性があることは言うまでもない。

「心霊科学」は二つの柱から成りたっていた。一つは「霊」との交信により、死後の世界についての情報と認識を「科学的に」得ようとした「霊界通信」。もう一つは超常現象を、それへの「心霊」の関与を前提として「科学的に」分析しようとした「心霊研究」であった。これらは当時は「近代スピリチュアリズム」と呼ばれることが多かったが、むしろ、その「科学」を標榜する点に力点を置いた「心霊科学」という呼称を本書では積極的に用いることにする。これは当時としては「科学」の最先端、すなわち「科学のフロンティア」であった。そして、そのフロンティアは宗教と踵を接するどころか、宗教のなかに深々と食いこんでいたのである。

こうした「心霊科学」の二つの柱のうち、「霊界通信」については、まず、小説『レ・ミゼラブル』の作者ヴィクトル・ユゴー（一八〇二―八五）が英仏海峡に浮かぶジャージー島で亡命中、一八五三年から五五年の二年間にわたって寝食を忘れたテーブル・ターニングに考究する。つぎに、宗教家アラン・カルデック（一八〇四―六八）が「パリ心霊学会」の会員たちとともに一八五八年からその死の一八六八年までの十一年間に行った「霊界通信」による「霊界探査」の営為に考察することにする。「心霊研究」については、フランス十九世紀を代表する天文学者カミーユ・フラマリヨン（一八四二―一九二五）が一八六五年から一八六九年の五年間、そして、三十年の空白期間を置いたあと、一九〇〇年から死の一九二五年までの二十五年間を費やした「霊能力者」相手の「心霊実験」と「心霊現象」の事例の収集・分析につぶさに検証することにする。

今日「グローバル社会」とか「グローバリズム」とか「グローバル化」とかいう言葉をよく耳にするが、地球のグローバル化、つまり、地球がグローブすなわち球体であるという認識は「近代」のパラダイムの構成要素の一つである。西欧諸国による植民地支配、植民地との交易が蒸気船の就航によって新たな段階に達するのが十九世紀のことであった。地球のグローバル化は一八六九年のスエズ運河開通、一九一三年のパナマ運河開通によって飛躍的に現実化する。こうしたグローバル化によって、ヨーロッパ・アメリカから見て極東に位置する日本にも、実はかなり早くから「心霊科学」が持ちこまれていたのである。

「心霊科学」という文明現象の伝播は一般レベルでは、これと一見、無関係のようにしか思われない卑近な事象に現れている。

コインか、コップか、杯か、割り箸に何人かが指を触れて、「霊」を呼びだし、その「霊」に、あらかじめ紙に書いておいた「あいうえお」五十音のひらがなを指示させて、こちらの質問に答えさせる。そして、いろいろな秘密めいたことを聞きだす。このような遊びを幼少期にした経験のある者も少なくないだろう。これは、コックリさんと呼ばれるもので、日本では明治四十年頃、大正中期、昭和二十年代、昭和五十年代……と何度も流行している。いちばん最近では、「キューピットさん」とか「星の王子さま」とか呼ばれる変形までも登場して、昭和六十年頃に流行したので、まだ皆の記憶に新しいのである。

ルーツを辿ると、このコックリさんが日本で最初に全国規模で流行したのは明治十八（一八八五）年から翌十九（一八八六）年にかけてであった。伊豆の下田沖でアメリカの帆船が遭難した。救助されたアメリカ人船員は療養のためもあってしばらく下田の町に滞在したが、その折、下田の町の人々に、当時アメリカで流行していたテーブル・ターニングを伝えた。もともとテーブル・ターニングは三本脚の不安定な小さい円テーブルの上に複数の人間が掌を置いて、「霊」を呼びだす。「霊」が宿った円テーブルの脚がカタカタ音を立てる。その音をアルファベットに翻訳するというものであった。

下田の町では、竹の棒を三本中央で束ね、その上に米櫃の蓋を置くことで三脚小円テーブルの代用にした。下田の町のテーブル・ターニングは音を立てるのではなく、単に質問に答えて米櫃の蓋を傾けて頷くにすぎなかった。そこから、コックリさんという名前がついたともされる。ここで興味深いのはテーブル・ターニングがアルファベット、つまり、言葉を発する装置であったのに対して、下田の町のテーブル・ターニングは頷くだけ、イエスの答えを発するだけであった点である。これは当然ながら、下田の町でアメリカ人船員は、日本人相手に言葉を伝えることができなかった、つまり、言葉のないコミュニケーションしかできなかったという事情を反映しているとするのが至当であろう。

このようにして、コックリさんという形でテーブル・ターニングが日本に導入されたが、その事情については、井上円了が『妖怪玄談』(一八八七)のなかで詳しく述べている。このコックリさんは、それ以前の江戸時代からの動物霊憑依とも結びつけられて「狐狗狸」という字を当てて書かれることもあった。円了はこれを迷妄として退ける立場から、無意識の筋肉の運動である「不覚筋動」として説明している。

「心霊科学」のもう一つの柱である「心霊研究」については明治四十年代に日本に導入されている。平井金三著『心霊の現象』(一九〇九)、高橋五郎著『心霊万能論』(一九一〇)、平田元吉著『心霊の秘密』(一九一二)など欧米の「心霊科学」を詳しく紹介した研究書が出版された。そうして下地が整ったところで、明治四十三(一九一〇)年、東京帝国大学文科大学助教授で異常心理学専門の福来友吉(一八六九—一九五二)が京都帝国大学教授で精神病理学専門の今村新吉の協力を得て、日本で最初の本格的な「心霊実験」を行った。熊本の御船千鶴子という女性の「透視」を扱ったもので、熊本での実験のあと、東京に場所を移して、大手出版社「博文館」社主の大橋新太郎邸で実験が行われた。これには、物理学者で前東京帝大総長の山川健次郎、地磁気研究の第一人者・田中館愛橘、法医学の創始者・片山国嘉、日本内科学界の草分け・入沢達吉、日本哲学界の重鎮・井上哲次郎など、名だたる東京帝国大学教授が立会人として顔を揃えた。これは後述する物理学者のキューリー夫妻、ノーベル医学生理学賞受賞者のジャン・リシェら著名な学者の立会によるヨーロッパの「心霊実験」を彷彿とさせた。というよりも、そうしたヨーロッパの「心霊実験」をそのまま日本で模倣したものであった。

「狐狗狸《コクリ》は卓躍の出来損ひとも謂つべく、プランシェット（planchette）は其女《むすめ》とも謂つべき歟」と高橋五郎著『心霊万能論』にもあるように（一八八頁）、「卓躍」すなわちテーブル・ターニング、さらにはプランシェット（キャスター付きの脚を二本と鉛筆付きの脚を一本を板きれに取り付けた道具であり、この上に霊媒が掌を置いて、その掌の動きに板きれ、そして、鉛筆が連動して、文字を書くことができた）を始め「霊界通信」の種々の方法について豊富な知識がどっと入ってきたのも明治四十年代であった。そんななか、コックリさんが文字を指示するようになり、言葉を伝える現在の形に近づいたのもこの頃であったと考えられる。

このように明治年間に巡り巡って欧米近代の「心霊科学」は極東にまでたどり着いたのであった。それは日本においては、導入当時の文化社会史的なコンテクストあるいは日本社会特有のパラダイムに位置づけられて、西欧とはまったく異なる、特異な局面を見せることになる。そのルーツであると同時に、なによりもまず、宗教と科学をめぐる今日的な課題を照射するひとつの有力な光源である欧米近代の「心霊科学」。その社会思想史的なバックグラウンドを探査するとともに、その展開の代表例をヴィクトル・ユゴー、アラン・カルデック、カミーユ・フラマリヨンの営為のうちに探る。そうした、いわば「知の考古学」の旅へと、これから出発することにしよう。

第一章 「近代」の申し子としての「心霊科学」

1 「聖なる構造」の終焉

国民国家のヘゲモニー

西欧における宗教、すなわち、キリスト教の後退についてもう少し詳しく見ていくことにしよう。『近代科学の起源』（一九四九）のなかで、ハーバート・バターフィールドは十七世紀のデカルト、ケプラー、ガリレイ、ニュートン、フックなどの研究に、それまでの科学のありようとまったく異なる、科学史上の大きな断絶を見、それによって近代科学が確立したとして、「科学革命」と名づけた。そのように十七世紀のみに科学史上の不連続面を設定することを村上陽一郎は批判し、近代科学の確立を十七世紀から今日に至る「不連続的な進行の過程」（『近代科学と聖俗革命』一一頁）の所産として捉えた。こうした数百年におよぶプロセス全体を包括して村上は「聖俗革命」と呼んでいる。

村上によれば、例えば、ケプラーにとっては、宇宙の調和の探求が学問の目的であり、ニュートンは錬金術、神学にも心を傾けていた。十七世紀の「科学者」は、今日の我々からすれば、「神秘的」な要素を多分に持っていたのであって、現代でいう科学者とは大きく異なり、したがって、「科学」という概念も現代の科学とは大きく隔たっていた。十七世紀に起こったのは、個々の科学理論の変革であり、そのバックグラウンドは依然として、「聖なる構造」、すなわち、神学的なるものの支配（同書、七―二六頁）であった。村上はフランス十八世紀の啓蒙思想家たちの論考を跡づけながら、十八世紀を通してしだいに科学が「中世的な聖構造」の支配から脱却し、「俗構造」が確立して、現代でいう科学に近づくさまを描いている（二七―一四三頁）。この「聖構造」から「俗構造」への移行の基本を村上は、人間が自然を考えるのに、以前はその背後に神の存在と摂理を前提としていたのが、それを前提としなくなり、人間が自然を「神」の介在なくして直接捉えるようになったこととする。

一方、政治思想史の観点からは、政治学者カール・シュミットが、このように「十七世紀から十九世紀への形而上学の発展」に伴い、「古い形而上学における最高の最も確実な実在である超越的な神が排除された」ことを受けて、「人類と歴史」が「歴史的現実における究極の認証基準Legitimationspunkt としての神の役割」を担い、「二つの新しい造物主《デミウルゴス》として実際上人類の思想を支配」するようになったと指摘する（『政治的ロマン主義』七三頁）。「人類」は「人間社会」を意味し、「民族〈人民〉、共同体、人類というさまざまな形」を取りうるのであるが、これを、人類とのみ抽象化する「革命主義の無限定性」から救いだすのが第二の造物主 demiurgos すなわち「歴史」である。「歴史」は「普遍的な人類共同体を歴史的に具体化された民族に再構成する」のである

(同書、七七頁)。

このようにふたつの新しいデミウルゴスが複合したところから、近代国民国家という装置が生まれる。この装置は基本的人権に裏打ちされ現実の富と快楽を追求する市民を構成員として、市民の社会契約論的な集合体でもある。

現実の政治社会の場面では、フランスにおいては、フランス革命期の脱キリスト教現象を皮切りに、「俗」なる権力である近代国民国家と「聖」なる権力であるカトリック教会が、社会のヘゲモニーを賭けて熾烈な総力戦を繰り広げることになる。そして、それは前者の優勢、後者の劣勢を基調にしてはいたが、結果的には十九世紀全体の百年も続く、起伏の多い持久戦となったのである。

その現実的な端緒となったフランス革命中の脱キリスト教現象であるが、とくに一七九三年のいわゆるジャコバン憲法で信教の自由が保証された時期が凄惨を極めた。この憲法の条項を拡大解釈して、その完全実施をうたい文句に、それまで宗教の世界をほぼ独占していたカトリック教会を革命政府は徹底的に弾圧した。『フランスにおけるカトリックの歴史』は、聖職者たちに対するカトリック信仰否定の強要、教会施設の破壊、ミサや集会の禁止、布教活動の禁止といった弾圧の嵐が猛威を振るったさまを克明に描いている(Latreille et al., *Histoire du catholicisme en France*, t. 3, 1962, pp. 115–119)。

この時期はフランスにおけるキリスト教の、いわば、空白期間ともいえる。ほぼこの時期に生まれたヴィクトル・ユゴー世代およびその前後の世代は――例えば、後述するが、ユゴーが洗礼を受けていなかったりするように――カトリック信仰の鎖を解かれていたといえる。それに続く第一帝政期にも、ナポレオンが一八〇六年に「帝国全土における公教育を独占的に統括する機関」(d'Irsay, *Histoire des universités françaises et étrangères*, t. II, 1933-35, p. 171) として「帝国教育団」Université Impériale を設立して、国家権力による教育の独占的支配を図り、宗教の覇権を否定しようとした。

民主的な認識装置

このあと、一八一四年の王政復古とともに、この同じ「教育団」Université がカトリック教会による教育支配の道具として使われた。七月王政に至って、「教育団」は国家権力の手に戻り、視察官が定期的に地方の教育行政を視察するなど、教育の中央集権化を促進した。一八三三年、ギゾー法の公布により、人口五百人以上の自治体に必ず一校の公立初等教育機関が開校されなければならないことになった。この間にも、「教育団」の教育の独占に対して、カトリック教会は反撃を続けた。二月革命後の第二共和政下では、一八四八年三月の男子普通選挙法の成立を受けて参政権を得た初等教育の教員たちが勢力を拡大し、初等教育の脱宗教化が進むかにみえた。だが、一八四八年六月、パリ民衆の武装蜂起が鎮圧されてからは政治が反動化し、自由主義的教員たちの多くが解雇された。

一八五〇年にはファルー法が公布され、教会側は公立教育機関に対する発言権を増すと同時に、私立学校を創設する上での規制緩和を獲得した。第二帝政期に入っても、ファルー法は有効に働き、一八五〇年から一八六五年にかけての十五年間で、「宗教団体が運営する教育機関の生徒の占有率は男子に関しては一五パーセントから二一パーセントに、女子に関しては四四・五パーセントから五六パーセントに」(Gaulupeau, *La France à l'école*, 1992, p. 75)[1]増加した。第二帝政も終わり近くなると、フランス軍のイタリア侵攻をめぐって、ナポレオン三世とカトリック教会の対立が激しくなり、教会の影響力が教育から意識的に排除される傾向が強まった。

第二帝政から第三共和政に移行したあと、一八七九年および一八八二年に文部大臣、一八八〇年から八一年および一八八三年から八五年に総理大臣を歴任したジュール・フェリーは一八八一年六月の法令によって初等教育を無償化したあと、翌一八八二年三月の法令によって、初等教育の義務教育化および世俗化を実現した。この教育改革の骨子は良きカトリック教徒を育てることではなく、良き共和国民を育てることであった。そして、良き共和国民を育てるためには――フェリーの片腕として初等教育行政を統括したフェルディナン・ビュイソンによれば――「真実は自分で探求しなければならないこと、世俗の者であろうと宗教者であろうと、教師とか、校長とか、監督者とかが示す出来合いの真実を鵜呑みにするようなことがあってはならないことを小さいうちから誰に対しても叩きこまなければならない」(*Ibid.*, p. 82) というのであった。

M・ライオンズは『書物の勝利』(一九八七) のなかで、徴兵を受けたフランス人男子の識字率(と言っても、自分の名前が書類に書けるか否か程度) の推移をグラフにしているが、それによると、一八三五年には、識字率は五〇パーセントであったものが、一八四九年には六〇パーセント、一八六三年には七〇パーセント、一八七三年には八〇パーセント、一八九〇年には九〇パーセント、一九〇四年には九五パーセントと、十九世紀の七十年間に激増している (Lyons, *Le Triomphe du livre*, 1987, p. 29)。

このようなめざましい成果をもたらした、教育の義務化と世俗化に向けての十九世紀全般にわたる運動によって、近代国民国家は「聖」なる世界観から「俗」なる世界観への大きな転換を全国民に徹底させようとしたわけである。また、「俗」なる世界を支配する、主権在民の近代国民国家に相応しい民主的な認識装置は、誰もが平等に同じ結果を得ることができる知覚認識とその共通性、一般的有用性であった。宗教の世界観が有効性を失うという、現実世界の大きなパラダイム・チェンジは、宗教が超越世界を支えられなくなったことを意味した。さらには、宗教に替わって超越世界を支えるべく期待されるのが「俗」なる世界観、すなわち、知覚認識とその共通性、一般的有用性ということにもなるのであった。言い方を換えれば、これは、超感覚世界をどう感覚で捉え、それに一般的有用性を持たせるか、ということであった。エルネスト・ルナンは一八四八年から翌年にかけて執筆した『科学の未来』（刊行は一八九〇年）でつぎのように述べている。

「私として科学に望むただひとつのことは謎を解き明かすことだ。事物の究極の真実を人間に告げ、分からせること。人間の本性以外のものにはいっさい正当な権威を認めず、それのみを尊重して、人間に信ずべきものを与えること。これまで、宗教が拵えあげて人間に与えてきたが、もはや人間が受けいれられなくなってしまった信ずべきものを与えることである」（Renan, *L'Avenir de la science*, 1890, p. 23)。

有効性を失った宗教に替わり、科学こそが現実世界と超現実世界をひとまとめにして解明するべきである、したがって、解明できる。ルナンが表明する、そのようなオプティミスティックな科学信仰を当時の人々は多かれ少なかれ共有していたと考えられる。

2 不可視へのまなざし

「心霊科学」という文明現象

当時、宗教に替わって現実世界——したがって、国民国家による国民教育——の主導原理になりつつあったのが科学であったのは先述のとおりである。宗教が見えない世界を捉えられないならば、見える世界、すなわち、自然現象を捉えるのに有効な科学が捉える以外にないという単純な図式が成りたった。その場合、どのように不可視的世界、超現実世界を科学が捉えるかが問題になるが、そこで登場したのが「心霊科学」と呼ばれる疑似科学であった。

「心霊科学」については、数知れぬ人間たちが没入したのであるが、現在の我々の常識からすると考えられないような人間たちまでもがそのなかに含まれていた。まずもって名前を挙げなければならないのは、章を改めて詳述するカミーユ・フラマリヨンである。フラマリヨンはフランスでは非常に重要な天文学者として十九世紀後半から二十世紀初頭にかけて活躍した。当時最先端の天文台を自ら建設し、その天文台長であり、かつ、フランス天文学会を創設し、その初代会長であった人物である。「心霊科学」をサブ＝サイエンスとするならば、天文学は当時メイン＝サイエンスであり、その天文学の第一人者に近い人間が「心霊実験」に熱意を燃やしていたわけだ。

自らと同じように天文学研究から「心霊科学」に参入した天文学者たち、他の分野の著名な研究者で「心霊研究」にも貢献している科学者たちをフラマリヨンは『未知なるものと心霊の問題』（一九〇〇）でつぎのように列挙している。

天文学者たちが創造物の真の性質と同時に、人間の真の性質を解明しようとする思索者、研究者でもあったことに、何の驚くべき点があろうか。火星を精力的に観測しているミラノ天文台長スキャパレリ、諸惑星に関する重要な研究を行ったライプチヒ天文台のツェルネル教授、化学者になる前は天文学者であったクルックス、天体物理学者ハギンズ、そして、リシェ教授、ウォーレス、ロンブローゾなどの科学者が、霊の顕現にまつわる真実を知ろうとしたことを非難してはならない。真実はひとつであり、自然のなかにあってはすべてが首尾一貫しているのだ。(Flammarion, *L'Inconnu et les problèmes psychiques*, t. I, 1900, p. XII)

これらの科学者たちがどういう人物だったか。一応、押さえておくことにしよう。ジョヴァンニ・スキャパレリ（一八三五―一九一〇）は一八六二年から一九〇〇年まで四十年近くもミラノ天文台長を務めた十九世紀屈指の天文学者である。彗星と流星群の関係を解明し、惑星表面の観察にも成果をあげた。とりわけ、一八七七年には、大口径望遠鏡を駆使して火星を観測し、その表面に「海」「陸地」を区別して地形図を作成したことで知られる。フラマリヨンがエウサピア・パラディーノという「霊能力者」を執拗に実験対象としたことは後述するが、このエウサピア・パラディーノに対して、フラマリヨンの実験に先立つ一八九二年にミラノで十七回にわたって実験が行われた。

この実験にスキャパレリは実に頻繁に参加している（La Cotardière et Fuentes, *Camille Flammarion*, 1994, p. 256）。

つぎに挙がっている「ライプチヒ天文台のツェルネル教授」だが、これはライプチヒ大学教授ヨハン・ツェルネル（一八三四―八二）のことで、専門は物理学および天文学であった。一八七七年、アメリカ人霊能力者ヘンリー・スレイドを対象として「アポーツ」（その場にあるはずのない物が突如出現する超常現象）の実験を行ったのをはじめ、数多くの心霊実験の結果、心霊現象が現実のものであると認めて、例えば「アポーツ」の原因を異次元空間通過の可能性に求めるなどした『超物理学』（一八七八）を著した。

三番目に挙がっている「化学者になる前は天文学者であったクルックス」すなわちウィリアム・クルックス（一八三二―一九一九）はイギリスの化学者・物理学者で、新しい金属元素タリウムの発見や、レントゲンによるX線発生にも使われた二極の金属電極付き高真空放電管（クルックス管と命名された）の発明によって知られる。霊媒フローレンス・クック（一八五六―一九〇四）を対象とした心霊実験にとりわけ熱心であった。フローレンス・クックが呼びだす「ケティ・キング」と名乗る霊が、ついには全身を「物質化」するに至るが、この様子をフラッシュを焚いて写真撮影したのみならず、一八七四年には「ケティ・キング」を正真正銘の「物質化霊」と認める報告書を公表して、学会とジャーナリズムから喧々囂々たる非難を浴びた。その学問的業績により、一八九八年、「イギリス学術協会」British Associationの会長に選ばれる（Conan Doyle, *The History of spiritualism*, vol. 1, 1926, p. 256）が、「心霊研究」にも変わらず取り組み、「イギリス心霊研究協会」

Society for Psychical Research の会長を一八九六年から九九年まで務めている。

「天体物理学者ハギンズ」すなわちウィリアム・ハギンズ（一八二四—一九一〇）は分光の観測によって星雲の特質を研究したイギリスの天文学者である。「心霊現象」にも興味を示し、例えば、クルックスが企画した霊媒ダニエル・ダグラス・ホーム（一八三三—八六）相手の物体および身体の浮揚、楽器のテレキネシス演奏（ピアノ、アコーディオン、その他の楽器を手を触れずに演奏する）などの実験にも参加した。

「リシェ、ウォーレス、ロンブローゾなどの科学者」のうち、シャルル・リシェ（一八五〇—一九三五）はパリ大学教授で専門は生理学であった。胃液の分泌やアレルギーについての研究もあるが、あらかじめ弱い細菌を注射した動物はその細菌に対する抵抗力を得ることを発見し、免疫療法の礎を築いた。一九一三年にはノーベル生理学・医学賞を受賞した。一八八七年にパリ大学医学部の教授になったが、それ以前の一八七〇年代から「心霊研究」に関心を寄せていた。一八八〇年代には複数の霊媒を使って透視実験を行い、一八九〇年代にはミラノとパリの両方でエウサピア・パラディーノの実験に参加した。そして、リシェの最大の功績のひとつは霊媒エヴァ・Cをアルジェリアで見出したことであるとされている。エヴァ・Cこと、マルト・ベロー（一八九〇—一九四三）は、霊の物質化現象を引き起こすとされる霊媒であった。実験室の詳細な点検、被験者の身体検査を含めた厳重な監視のもとで、一九〇九年から一九一三年にかけてパリで実験を行い、エヴァ・Cの霊の物質化現象をリシェは事実と認めた。また、リシェは一九〇五年にイギリス心霊研究協会の会長に就任している。

アルフレッド・ラッセル・ウォーレス（一八二三―一九一三）はダーウィンと同時期に自然淘汰による進化論を発表したことで有名なイギリスの生物学者である。前述のヘンリー・スレイドやフローレンス・クックなどを対象に心霊実験を重ねるうちに、霊および霊世界の実在を信じるようになり、そうした超現実的な視点から自然淘汰のシステムを再考した。

チェーザレ・ロンブローゾ（一八三五―一九〇九）はイタリアの精神医学者、法医学者である。犯罪者を医学的、人類学的に研究し、科学的犯罪学の草分けとされる。ロンブローゾの最大の功績はなんといっても、エウサピア・パラディーノについての本格的な心霊実験を実施したことだった。貧しい無名の婦人パラディーノの「霊能力」（霊の物質化、身体浮揚など）を聞き知って、北イタリアのトリノ大学の教授であったロンブローゾは一八九一年、わざわざ南のナポリまで足を運んでパラディーノを実験した。この実験をもとにロンブローゾがパラディーノの「霊能力」を正真正銘と認めたことがきっかけとなって、翌一八九二年にはミラノでスキャパレリやリシェも加わって、一八九七年から九八年にかけてはパリでリシェついでフラマリヨンが中心となって、パラディーノの実験が行われた。死の年、一九〇九年にはロンブローゾはそれまでの自身の心霊研究を集大成して『死後には何があるのか？』（*After death — What ?: spiritistic phenomena and their interpretation* [rendered into English by William Sloane Kennedy], London: T. Fisher Unwin, 1909）を刊行した。

スキャパレリが火星の表面に「海」「陸地」を区別して地形図を作成したと書いたが、この地形図に見られる縞模様を、アメリカの天文学者パーシヴァル・ローエル（一八五五―一九一六）が『火星』（一八九五）、『火星と運河』（一九〇六）、『生命の住む火星』（一九〇九）など一連の著作で運河であるとし、さらには火星には高等な頭脳をもつ火星人が住んでいるとした。これは火星観測の急速な進歩によってじきに否定されるが、十九世紀、あるいは、フラマリヨンの存命中は二十世紀になっても、太陽系の惑星にまでも高等な生物がいると天文学者さえも信じていたのである。当時の科学の様態が現在と著しく異なることも理解する必要があろう。そして、むろん、すべては相対的であって、現在の最先端の科学の様態も百年後、二百年後の未来の時点からすれば、太陽系の惑星にまでも高等な生物がいる程度の誤謬を犯していると見られるだろうことも想定する必要があるのは既述のとおりだ。

こうした科学者たち以外に「心霊実験」にしばしば参加した科学者に物理学者のキューリー夫妻がいた。夫のピエール・キューリーがことのほか熱心であった（La Cotardière et Fuentes, *Camille Flammarion*, p. 252）。それまでの物理学の常識を打破する世界を自ら体験していた夫妻は、超常現象という未知の領域にも科学の探査の可能性を認めていたといわれている。

「心霊実験」のみならず「心霊現象」についての情報収集と調査も盛んに行われた。これらの研究を実施するために、そして、これらの研究が一般的有用性を確保するために、能う限り完全な記録が取られ残されたことは言うまでもない。

「心霊写真」なるもの

ところで、この記録にうってつけの科学技術がちょうど十九世紀の中葉に実用化された。それは写真機である。むろん、写真機はカメラ・オブスキュラにまで遡れば十九世紀の発明ではない。だが、一八三九年のダゲレオタイプ（銀板写真）を経て、一八五〇年代には湿板写真、一八七〇年代には乾板写真が開発された。その間に外形も改良されて、蛇腹によって伸縮する、携帯に適したものになった。感光面の感度が増すにつれて、シャッターの機能も加わり、今日のカメラに近づいた。こうした写真機の実用化が奇しくも「心霊科学」の隆盛期と重なる。そのため、いわゆる「心霊現象」や「心霊実験」を写真に収めるということが頻繁に行われた。一八六一年、アメリカのボストンにおいて、ウィリアム・H・マムラーが最初の「心霊写真」を撮影ないしは制作して（Doyle, *The History of spiritualism*, vol. 2, 1926, p. 123）以来、十九世紀中葉から二十世紀中葉にかけて大量の「心霊写真」が流通することになった。

その例をいくつか提示することにしよう。マムラーは一八六九年にボストンからニューヨークに居を移すのだが、図1は転居ののちニューヨークで撮影されたとされるものである。ある銀行家の写真を撮影したら、その背後に銀行家の亡妻の顔かたちが写っていたというものである（高橋五郎『心霊万能論』一九一〇年、一五九頁）。イギリスにおける最初の「心霊写真」はハドソンという写真家が一八七二年に撮ったものだとドイルは記しているが（Doyle, *The History of spiritualism*, vol. 2, p. 123）、図2はそのハドソンが撮影したという撮影年不詳の「心霊写真」である（『心霊万能論』一六〇頁）。

図3はリシェがアルジェリアで見出した霊媒エヴァ・Cこと、マルト・ベローが、男性霊を出現させたとされる写真である。一九一三年一月十九日に心霊研究家ビッソン夫人が撮影したとのことだ。「裸体の上半身を現し、右手を差し出しているのは霊媒で、その後方に白色のコートを着、両

図1　高橋五郎『心霊万能論』1910より

図2　高橋五郎『心霊万能論』1910より

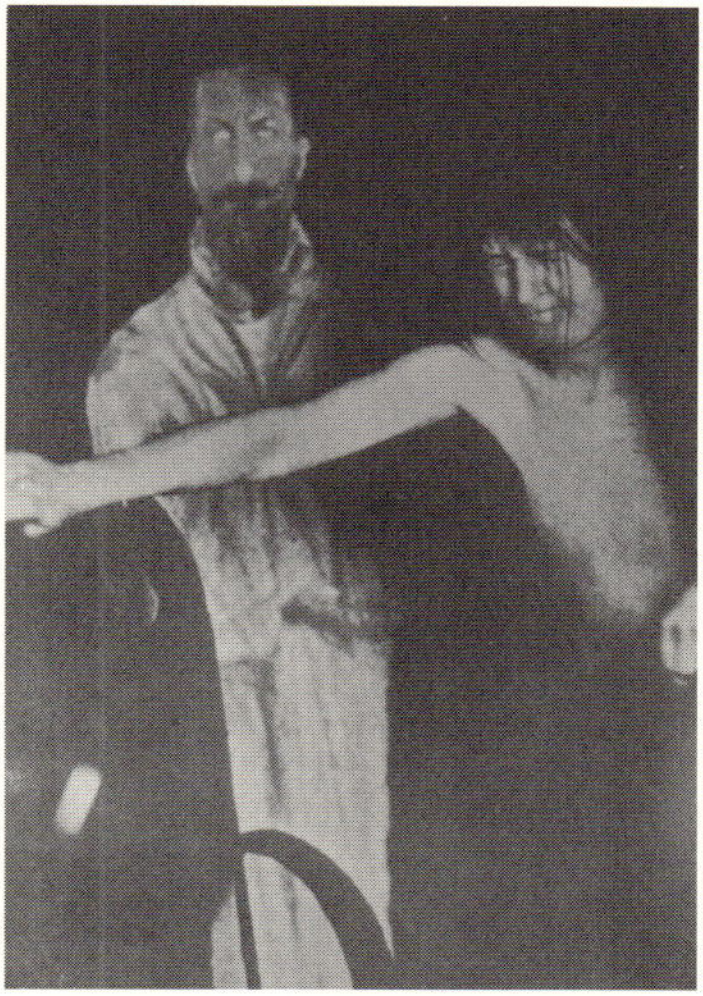

図3　福来友吉『心霊と神秘世界』1932より

図4　Lombroso, *After death — What ? : spiritistic phenomena and their interpretation*, 1909より

腕を組み、眼球を上方に向け、真面目な様子で立っているのが霊の姿である。霊媒は右手でカーテンを押し退けて霊の姿をよく見えるようにし、そしてその顔は努力の苦痛を示している」(福来友吉『心霊と神秘世界』一九三二年、二三三頁)。見て分かるとおり、この写真について「霊の姿は〔……〕紙に描いた絵のように平面的である。〔……〕切り抜いた絵を撮影したもののごとく思われる」という批判が起こった(同右)。これに対する、実験立会人で精神科医のシュレンク＝ノッチングの反論は、トリックのありえない厳重な監視下で実験を行ったのだから「虚偽の無い真正の物質化現象」だというものであった(同書、二三五頁)。

図4は「心霊写真」であるかどうか分かりにくいが、先述の、ウィリアム・クルックスが研究対象とした「物質化霊ケティ・キング」の写真である。フローレンス・クックを自宅に招き、クルックスは電光を用いてケティ・キングの写真を四十四枚撮影したという。ドイルの引用するクルックス自身の証言によれば、クルックスは「助手ひとりに手伝わせて、自分自身で写真撮影の作業を行い、〔……〕フルサイズの感光板、ハーフサイズの感光板、クォーターサイズの感光板といった三台の一眼レフレックスカメラに、二台の二眼レフレックスカメラを加えた合計五台のカメラを、ケティ・キングが出現するたびに五台同時にケティ・キングを狙えるよう設置する」(Doyle, *The History of spiritualism*, vol. 1, p. 243)という周到ぶりを示したとのことだ。

フラマリヨンが中心になって一八九六年九月に霊媒エウサピア・パラディーノを対象とした実験が行われたが、図5はそうした実験の写真である。中央にいるのがパラディーノであり、他の参加者たちがテーブルを押さえているにもかかわらず、テーブルがかなり強い力で浮きあがっているの

図5　Flammarion, *Les Forces naturelles inconnues*, 1907より

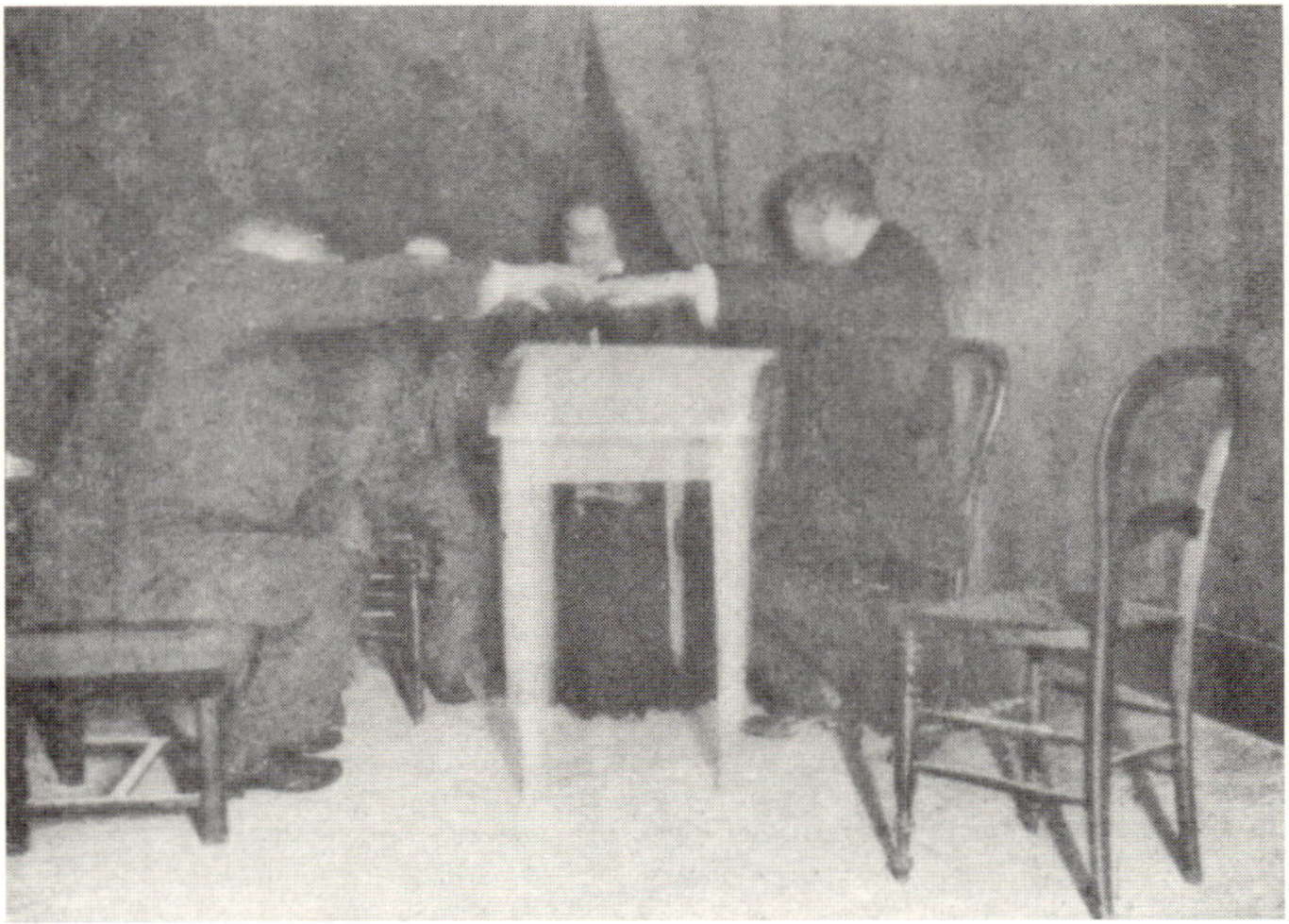

図6　Flammarion, *Les Forces naturelles inconnues*, 1907より

が見てとれる。図6については、一旦浮揚したテーブルが「ゆっくりと下降した」様子を一連の写真に収めたが、そのうちの一枚だという説明をフラマリヨンがつけている。こうした写真についてフラマリヨンは「実験者たちの心にまったく疑いを生じさせなかったし、こうした写真を注意深く観察する者の心にもまったく疑いを生じさせないもの」、つまり、真正の「超常現象」と言明している（Flammarion, *Les Forces naturelles inconnues*, 1907, pp. 234-235）。テーブル浮揚以外にパラディーノは人体浮揚も行ったとされている。

いち早く、しかも貪欲に写真技術を取りいれることによって「心霊科学」はいわば複製時代の一般的有用性を確保したことになる。これまでここで「心霊写真」について叙述するのに常に「……とのことである」「……と言われている」などの伝聞表現を用いてきたが、それは「心霊写真」の一葉一葉に、その「心霊写真」を撮影もしくは紹介した者の、「心霊写真」すなわち「心霊現象を撮影した映像」であることの証言ないしはそのことを証す状況説明が付されていて、それをそのまま読者に伝えたことを示すためである。「心霊写真」を「心霊写真」たらしめているのは、写真とそれを「心霊写真」と証言する言説のコンビネーションである。言葉が与えられて初めて、映像は「心霊写真」となるのである。言い換えれば、映像というシニフィアンだけでは「心霊写真」というシーニュにはなりえず、言語がシニフィエを方向付け、特定しなければならない。「心霊写真」を成立させているのはむしろこの言語なのだといえよう。

学問分野としての確立へ

このように「心霊科学」は言語と写真映像を駆使して最大限に網羅的に「心霊現象」と「心霊実験」を記録し、記録を蓄積していったわけだが、それとともに、「心霊科学」は多くの科学者たちを糾合した。「心霊研究」のための学会、協会が十九世紀後半から二十世紀初頭にかけて欧米で相次いで設立されたのである。その先駆的なものとして知られているのが、一八五四年六月にアメリカで設立された「心霊知識普及協会」Society for the diffusion of spiritual knowledge である。設立の中心人物は、上院議員や州知事を歴任したナサニエル・タルマッジという政治家であった。イギリスでは、既存の科学研究団体である「弁証法協会」Dialectical society が、一八六九年、「心霊現象調査委員会」という下部組織を発足させ、著名な霊媒たちを次々と試験した。この調査委員会はあくまでも科学による超常現象の解明をめざしたものであった。一八八二年に設立された「心霊研究協会」Society for psychical research も、主要メンバーに「超科学」の立場を取る者がいるにはいたが、慎重な態度を堅持し、ほぼ科学の範囲にとどまった。「心霊研究協会」は、心霊現象の事例をイギリス各地から集めては、毎年のように「調査報告」を作成していった。一八九一年に、コナン・ドイルがこの協会に入会するが、そのとき、ドイルは入会のメリットは「協会が所有する調査報告のすべてに目を通すことができた」（近藤千雄訳『コナン・ドイルの心霊学』四五頁）ことだとしている。この協会は収集した資料の膨大なことにかけては群を抜いていた。とくにその霊媒に対する実験に関して顕著だったのは猜疑心を強く持ったことだった。「ある方面においては、この協会の業績はめざましいものであったが、設立当初から、心霊というものに対してある種の蔑むような態度を取るという重大な誤りを犯していた」とドイルは批判している（*History of spiritualism*, vol. 2, p. 55）。

一八八五年には、そのアメリカ版とも言える「アメリカ心霊研究協会」が設立され、イギリスの「心霊研究協会」と連携を取って活動した。イギリスの「心霊研究協会」は、やがて第十六代会長にフランスの哲学者アンリ・ベルクソンを、第二十五代会長にドイツの動物学者ハンス・ドリーシュを迎えるなどして、国際的な研究団体として権威を獲得していった。

「超科学」の傾向が著しかった「学会」には、一九二一年からほぼ三年ごとに開催された「心霊研究国際会議」International congress of psychical research と、一九二三年からやはり三年ごとに開催された「スピリチュアリスト国際会議」International spiritualist congress がある。後者は第一回大会において、スピリチュアリスト国際同盟 International spiritualist federation を結成した。

現在の縦割りの専門分化した学問研究の形は十九世紀後半に整ったのであるが、こうした縦割りの大学組織のなかで「心霊科学」は「超心理学」Parapsychology の名のもとに専門分野として地位を獲得した。「超心理学」（フランス語では Parapsychologie）という語は、もとはといえば、フランスの心霊研究家エミール・ボワラックの造語である。これをアメリカの心理学者でデューク大学教授のジョゼフ・バンクス・ラインが科学の専門分野として成立させたのである。ラインはデューク大学に超心理学研究部門を創設し、一九三〇年から超心理学の実験を行った。ラインは心霊現象のうちから透視と念力を選んで、多くの一般人を対象に厳密な条件のもとで実験を行い、実験データを統計的処理によって数値化した。これがアメリカ心理学会において科学実験として認められたのである。「超心理学」は死後生存、つまり、心霊の存在をも研究対象としながら発達し、今日、学問分野として欧米では概ね市民権を得ている。(2)

起源とされる出来事

あまりにも他愛ない出来事ではあるが、後述するアラン・カルデック、アーサー・コナン・ドイル、それに、オーギュスト・ヴィアット、マリヨン・オブレ、フランソワ・ラプランチーヌ、レジス・ラドゥー、イヴォンヌ・カステラン、さらには、日本の心霊研究家、福来友吉、平田元吉、高橋五郎、浅野和三郎などに至るまでが口を揃えて「心霊科学」ないし「近代スピリチュアリズム」の起源とする出来事がある。(3) これらの叙述をまとめてその出来事を描出してみると、概ねつぎのようになる。一八四七年の終わり頃、アメリカ合衆国ニューヨーク州のハイズヴィルという田舎町に、フォックスというドイツ系移民の一家が移り住んだ。家には、両親と、マーガレットと通称ケイトというふたりの女の子がいた。マーガレットは十四歳（十歳や十三歳や十五歳とする資料もある）、ケイトは十一歳（七歳や十二歳とする資料もある）。家は古い農家で、一家が引っ越して数ヶ月が過ぎたころ、夜中に奇妙な物音がしたり、触れもしないのに物が落ちたり、家具がガタガタ動いたりした。いわゆるポルターガイスト（かまびすしい幽霊）現象である。そのうえ、壁のなかから手を叩くような鈍い不思議な音が聞こえてくる、とふたりの娘が言いだした。ある夜、迷信家の母親がおそるおそる壁に向かって声をかけ、娘たちの年齢を尋ねると、娘たちの年齢の数だけ壁のなかから叩音が聞こえた。そのうちに、以前この家を借りて住んでいた者の「霊」との交信が始まった。その「霊」は金銭関係の縺れが災いして殺され、家の地下室の地面に埋められたと語った。地下室の地面を掘りおこすと、「霊」の証言どおり白骨死体が出てきたという。

そうこうするうちに一打がA、二打がB、三打がC……というように、連打される音の数とアルファベットとの対応関係があることが分かってきた。それを手がかりに一字一字、一語一語を追っていき、文章を取りだすことで、より詳細な会話が成りたつようになった。フォックス姉妹の話は人々の口から口へと伝わり、町じゅうの噂になった。マスコミが取材に訪れ、フォックス姉妹は一躍、時の人となった。結婚してニューヨークに住んでいた一家の長女レアがこの騒ぎに目をつけた。レアは妹たちをニューヨークに呼びよせて、自分がマネージャーとなり、妹たちを霊媒とした「降霊術」の会を催した。あちこちから引っぱりだこで、巡業につぐ巡業を重ね、この後、四十年以上も多額の興行収入をあげ続けることになったとのことである。

以上、あまりにも取るに足らない、子供だましのような（事実、はるか後になって、ハイズヴィルの壁の叩音はフォックス姉妹が巧みに腕や脚の関節を鳴らして立てていたにすぎないことが判明したとされている）出来事だが、それがいったいどうして「心霊科学」ないしは「近代スピリチュアリズム」の起源と、このように一致してみなされるようになったのだろうか。

ほぼつぎの四つの要素が複合した結果であると考えられる。

まず第一に、きわめて単純な発想ではあるものの、当時としては時代の最先端で、人々の驚嘆の的であった、ある科学技術との類似による裏付けらしきものがあったことである。二十世紀になってからカミーユ・フラマリヨンも期せずしてこの発展形態である科学技術をテレパシーあるいは「心霊現象」の説明に援用しているが、(4)つまりは、電信である。ハイズヴィルの出来事に先だつことわずか数年、一八四四年に世界で最初に実用電信がモールス信号の生みの親、S・F・B・モース Morse（rをことさら強調してカタカナ表記をすれば、むろん「モールス」）の手で開設されたのが、ワシントン・ボルティモア間であった。ワシントンやボルティモアといえば、ニューヨーク州にほど近かった。電信はすぐに新しい通信手段として、衆目を集めるに至り、（例えば、ニューヨーク在住の姉のレアから）フォックス姉妹も電信のことを聞いていたことは想像に難くない。「霊界通信」のモールス信号化でフォックス姉妹がしたのはせいぜいイエスとノーの区別くらいまでで、複雑なモールス信号化はもう少しあとになってからであるとする説もあるが、叩音を言葉に変えるという基本的な着想はフォックス姉妹の創意といえよう。稚拙とはいえ、このような科学技術と「降霊術」との合体は計り知れない効果を生んだ。そのおかげで、「降霊術」がある種の客観性を備えることになると同時に、技術的にきわめて分かりやすく容易になり、極端なことをいえば、いつでも、どこでも、だれでも行えるようになった。神がかりの霊能者を必要とせず、アマチュアが仲間同士で手軽に楽しめる万人向きの趣味となったからこそ、一八五四年ごろアメリカで「降霊術」の愛好者が三〇〇万人以上いたという、驚異的なブームになったのである（Moreil, *Allan Kardec, sa vie, son œuvre*, 1989, p. 18）。

第二は――これは主として姉のレアの商魂の逞しさが原因だが――フォックス姉妹が興行に手を染めたことである。人々の興味を喚起するのみで、商品を製造したり、販売したりするわけではない。当時の製造業中心の資本主義からすればかなり未来的な、夢ないしはヴァーチャル・リアリティー、言い換えれば、実体のない付加価値のみを売る商業活動であった。元手がほとんどゼロに近いのだから、これはある程度成功すれば、濡れ手に泡という言葉がぴったりの状況を現出する。それだけに、一攫千金を夢見た者たちがほとんど抵抗なく、相応の規模で気軽に試みることができるのが大きな特徴であった。先述の一八五四年ごろがアメリカにおける「降霊術」ブームのピークだったといわれているが、その頃アメリカ全土で一万人以上の霊媒がその怪しげな能力を競っていたという（*Ibid.*）。

第三はいち早く調査団が組織され、客観性をめざした調査が行われたことである。「隣人たちは調査委員会を発足させたが、その調査委員会は健全さと有効性にかけては、後に同様の調査に従事する多くの者たちにとって手本となるものであった」とドイルが述べている（*History of spiritualism*, vol. 1, p. 66）。調査委員会はフォックス姉妹の父母にそれぞれ別個に、出来事から二週間足らずのうちに、出来事についての詳細な、署名入りの証言を書かせた。また、調査委員会のメンバーたちは幾度となく現場に赴いて、叩音の現象に立ち会った。調査委員長は、夫人と姉妹の留守中にフォックス家を訪れ、フォックス氏だけを相手に壁から「叩音」がしたことを確認した。

第四は、こうした調査の詳細な記録が残されたことである。調査委員会はフォックス夫妻の証言を始めとする種々の証言をもとにして、調査結果をまとめると、それを『ジョン・D・フォックス邸で聞こえる謎の音についての報告』と題して、ニューヨークで出版した（*Ibid.*, p. 67）。

以上四つの要素は、この後隆盛をきわめる「心霊科学」の構成要素をほぼ網羅していた。これらが合わさって、フォックス姉妹のハイズヴィル事件は「心霊科学」あるいは「近代スピリチュアリズム」の起源の出来事となったのであるが、これは、一八五〇年、ロチェスターにおいて、テーブルの叩音をアルファベットに翻訳するというテーブル・ターニングの形を取ったともされる（Aubrée et Laplantine, *La Table, le Livre et les Esprits*, 1990, p. 19）。そして、まず、アメリカでブームを巻き起こし、一八五二年に、先述した世界のグローバル化の波に乗って、ロンドン、そしてヨーロッパ大陸、とりわけフランスに伝えられた（*Ibid.*）。一八五三年五月十四日付けのフランスの新聞『イリュストラシヨン』には、「ヨーロッパ全体、いや、ヨーロッパどころか、目下、全世界が、テーブルを回す実験に憂き身をやつしている。太陽の周りを回っているのは地球のほうだということを証明した日のガリレイに、勝るとも劣らない大騒ぎだ」と報じられているという（*Ibid.*）。

この年の九月初旬、当時パリで大流行していたテーブル・ターニングをデルフィーヌ・ド・ジラルダンが、英仏海峡のジャージー島に住むユゴー一家に伝えたことは章を改めて詳述するが、とくにフランスでこれほど瞬時に流行が広まったことについては、むろん、その下地が整っていたことに原因がある。フランスにおいても、いつの時代にも神秘思想の水脈は尽きることなく、底流として流れつづけてきたのであるが、十九世紀になって、キリスト教およびカトリック教会の衰退とともに、重圧を除かれて、かなり目立って地表に湧きでるようになった。失墜した天使の「牢獄」としての物質世界、人間とその失墜による物質的な側面の付与、そして、そうした失墜した世界の、失墜前の世界への復帰、このような、後述するグノーシス的ヴィジョンを提示したルイ＝クロード・ド・サン＝マルタン（一七四三―一八〇三）。天使の住む「霊的世界」の存在、この「霊的世界」と人間世界の接点を想定した、スウェーデンの神秘思想家エマヌエル・スウェーデンボリ（一六八八―一七七二）。サン＝マルタンが文学に及ぼした影響も甚大だが、スウェーデンボリはとくに一八三〇年ごろフランスで再評価され、バルザックなど多くの文学者に強いインパクトを与えた。さらに、サン＝シモン、フーリエといった、いわゆる空想的社会主義者たちやその弟子たちも、人間社会を考えるうえで超越的世界にも思いを凝らし、たぶんに神秘主義的傾向を示した。さらには、アルザス地方出身のユダヤ人思想家アレクサンドル・ヴェイユがユゴーに伝えたと、ユゴー研究家のドニ・ソーラが『ヴィクトル・ユゴーの宗教』（一九二九）のなかで指摘し、本書でも再検討することになる、ユダヤの秘教「カバラ」も人口に膾炙した。

そのうえ、低俗なところを見れば、悪魔、地霊、妖精、幽霊から、はては吸血鬼までもが、どっと巷間の話題に、そして、文学作品に溢れでたのが、この十八世紀末から十九世紀前半にかけてであった。よく知られたところでは、シャルル・ノディエの『アンフェルナリアナ、または、亡霊、幽霊、妖怪、吸血鬼についての長編、中編、短編小説集』（一八二二）やP・キュイザンの『夜ごとの幽霊、または、罪人の戦慄――あまたの不思議な怪物、不吉なものの姿、人殺しの妖精、亡霊、悪人どもを苦しめる拷問、血の処刑などおどろおどろしい光景を、歴史物語の形を借りて、まざまざと見せる極悪非道の見本市』（一八二一）はまさに、こうした魑魅魍魎の文学空間での跳梁を許した。

これらに加えて、「科学的な」色彩のきわめて強かったのがメスマーの動物磁気説である。フランツ・アントン・メスマー（一七三四―一八二五）はウィーン大学出身のドイツ人医師であり、彼がパリの地を踏んだのは、一七七八年二月、フランス革命が勃発する九年前であった。メスマーはつてを頼りにたちまち社交界に取りいり、一躍、時代の寵児となった。彼が治療院を開業したヴァンドーム広場のアパルトマンには引きも切らず患者が詰めかけた。今日の精神医学で言うところの、一種の催眠療法――集団催眠と個別催眠――によって、神経系の疾患の治療に効果を発揮したとされる。メスマーの動物磁気説の理論は、人間の生理から天体の運動までをひとつの原則で説明する、壮大無比な、あるいは、それ自体、患者の症状にも劣らないパラノイア的なものであった。アウトラインはつぎのようになる。宇宙空間を「普遍的流体」fluide universel(あるいは簡略に「流体」fluide)なるものが満たしている。[5]惑星がお互いに引きつけあうのも、この「流体」を通して惑星同士が引力を行使しあうからである。この「流体」を媒体として鉱物、植物、そして、動物までもが相互に影響を与えあう。万物と同じように、人体も磁極を持った磁石のようなものである。「流体」は人体のなかをさながら電流のように流れ、人体の磁石としての性質と強度を変化させる。「流体」の流れが妨げられたり、均衡を欠いたりすることが、病である。したがって、その治療法は、人体を外的刺激によって強制的に「磁気化」magnétiser し、体内の流体の循環に調和を取りもどさせることにある。

動物磁気技術師 magnétiseur は強い「磁気流体」fuide magnétique を放射する力を持ち、指先などを通してそれを患者の体内に注ぎこむ。磁気化された状態(すなわち、被暗示性が極端に高くなった催眠状態)で、患者は覚醒状態の人格からかけ離れた、突飛なことを口走ったりもした。「流体」を通して、死者の霊がメッセージを送ってきたのだと、まことしやかにささやかれる現象も起こった。メスマーの治療が話題になるにつれて、メスマーの模倣をする、にわか動物磁気術師が跋扈し、社交界の人士までもが見よう見まねで人を磁気化する、メスマー遊戯が流行した。

その治療法が非道徳的とされ、さらには、反政府的な過激思想との結びつきが強調されて、メスマーの治療、ひいては、その「学説」、動物磁気説（すなわち、メスメリスム）までもが為政者の不興をかった。一七八四年、王令により著名な科学者を集めてメスメリスムに関する調査委員会が組織された。その報告は、メスマーの治療を公序良俗に反するとして断罪すると同時に、メスメリスムの基礎である「流体」の存在を否定する結論を出した。そのうえ、ほぼこのころメスマー自身がフランスを離れたこともあって、メスマー人気は衰えるかにみえた。だが、すでに、その弟子たちによって「普遍調和協会」Société de l'harmonie universelle なる団体が設立されていた。フランス革命の勃発とともにこの「協会」は一度は解散するが、やがて一八一五年王政復古とともに、今度は単刀直入な「動物磁気協会」Société du magnétisme という名称のもとに復活する。民間治療としての面だけでなく、たぶんに神秘主義的な面も維持しつつ、メスメリスムは生きつづけた。しだいに、多様性を増し、すそ野を広げつつ、草創期の精神医学と渾然となりながら、アルマン＝マリ＝ジャック・ピュイセギュール、ジョゼフ＝フィリップ＝フランソワ・ドゥルーズ、J・ド・セヌヴォワ・デュポテへと引きつがれていった。デュポテは一八四五年、『動物磁気ジャーナル』[6] *Journal du magnétisme* という月刊誌を創刊して、メスメリスムの伝播にいっそうはずみをつけた。

3　時代のパラダイム

「近代」というマクロ・パラダイムの基礎

「心霊科学」の台頭は当時の、より大きな時代的コンテクストのなかに位置づけることができる。より大きな時代的コンテクストとは「近代」と呼ばれるマクロ・パラダイムが成立したことであるが、このマクロ・パラダイムの基底部を、ミシェル・フーコーのエピステーメー épistémè に関わる論考を図式化することで提示することにしよう。もはや「知の考古学」の古典的著作となっている『言葉と物』（一九六六）のなかで、フーコーはヨーロッパの「知」の営みの深層構造がルネサンス、古典主義の時代、近代とほぼ百から二百年のスパンで本質的に変化したとする。この深層構造をフーコーはエピステーメーと呼ぶ。同時代のあらゆる「知」の営みは世界と事物を人間が理解し表現する、その表象の様式すなわちエピステーメーに根本的に規定されるというのである。

フーコーによれば、まず、ルネサンスのエピステーメーは「類似」ressemblance による表象である。「類似」による表象とは、事物の表れとしての「記号」signes が事物の実質とほぼ同じであることが、人間が事物を認識する基礎となることである。

記号 signes に語らせ、その意味を明らかにすることを可能にする知識と技術の総体を解釈学 herméneutique と呼ぶことにしよう。記号の在処を示し、それを記号として成りたたせているものを定義づけ、そうしたものと記号の結びつき、そして、その結びつきの連鎖の法則を知ることを可能にする知識と技術の総体を記号学sêmiologieと呼ぶことにしよう。十六世紀においては、類似similitudeという形を取って、記号学と解釈学が重なりあっているのだ。意味を探求すること、それは類似するものを光にさらすことである。記号の法則を探求することと、それは類似した事物を見いだすことである。(Foucault, *Les Mots et les choses*, 1966, p. 44)

もっとも単純な例を挙げれば、ルネサンス期には、トリカブトの種子が眼病治療に有効であるとされていたが、それは、トリカブトの種子が、乳白色に濁った膜のなかに、ちょうど白目のなかに黒目が収まっているように、黒い球が収まった形体をしていたからであった。また、「頭蓋骨膜の損傷」を治療するのに、胡桃の殻に付いている「厚い緑色の皮」が効果があるとされたのも、胡桃と頭蓋骨の形体の類似からであった(*Ibid*., p. 42)。

つぎに十七世紀、十八世紀の古典主義のエピステーメーに移ろう。それは、略記すれば、不在の表象主体(「神」または「王」)が表象する表象空間に位置づけられるかぎりにおいてのみ、事物、ひいては、世界は存在するというものである。このもっとも分かりやすい例が博物学である。博物学においては、可視的な(目で見て認識される)「特徴」caractèreが、動植物の「個体や種をより一般的な単位へとまとめ、そうしてまとまった単位を他の単位から区別し、ついには、それらすべてが整然と収まるひとつの表tableauを成立させる。その表には、既知あるいは未知を問わず、ありとあらゆる個体とその集合体が位置づけられることになる」(*Ibid*., p. 238)。この表tableauがすぐれた表象空間のメタファーなのである。そこでは、事物は時間も空間もないところで、いわば、二次元的に存在している。

これに対して、十八世紀末以降の近代のエピステーメーでは、人間が、表象の客体であるとともに、新たな表象の主体として、表象空間の外に身体と欲望を持って立ち現れる。「十八世紀末以前には、《人間》なるものは存在しなかった。〔……〕《人間》は《知》という造物主 demiurgos がたかだか二百年前に手ずからつくりあげた、まったく最近の被造物なのである」(*Ibid*., p. 319)。

このような新しい「人間」の登場によって、事物と世界のありようも一変した。人間が身体と欲望を持って存在する有限な時間と空間のなかに、そのような主体に表象される事物と世界も、二次元的な表象空間の外に出て存在し始めたのである。世界はその固有の構造を人間に発見されるものとなり、有機的な統一を強制されることになった。

> 事物についてつくりあげられるその表象が、事物を秩序化するための表 tableau を、至上の空間に展開する必要はもはやない。事物の表象は、観察する個としての人間の側に、いまや事物自体と事物の内的な法則の両者に従属することとなった秩序の現象――とまでは、おそらく、いかないにしても、様相――として立ち現れる。表象において、存在という存在はもはや自らの同一性 identité を示すことはせず、それらが人間存在に対して打ちたてる外的な関係を示すことになる。(*Ibid*., p. 324)

フーコーの記述する、こうした「近代」のエピステーメーを深層として、それとの関連において、中間層から表層にかけての「近代」の特質をつぎに叙述することにしよう。

「直線の時間」、因果律の時間

ヨーロッパの支配的な時間認識には、ヘレニズムの「円環の時間」とヘブライズムの「直線の時間」があるとされる（真木悠介『時間の比較社会学』一九八一）。「円環の時間」は元来、農耕民的な時間認識であり、一年あるいは数年を単位として、同じことが繰り返される、出発点に戻り円環が閉じられる、とするものである。

南ヨーロッパに多く見られる小麦の二圃式農法を例に取れば、春から秋にかけて休閑地を浅く犂で数回耕し、水分を蓄えさせておいて、秋に種を播く。冬の雨で成長させて、翌年の春から夏にかけて収穫する。その後、十ヶ月ほど農地を放置したあと、翌年の春から秋にかけて再び浅く犂で耕し、秋に種を播く。この、二年で一巡する同じ作業を延々と繰り返すのが農耕民たちの生活となる。そこでは、時間は常に元に戻り、決して先には進まない。

これに対して、ヘブライズム、すなわち、主としてキリスト教がヨーロッパに持ちこんだのが、「直線の時間」認識である。「直線の時間」認識とは、時間には始まりと終わりがあり、時間は始まりから終わりまで一直線に進むのであって、決して後戻りしない。人間は誕生し、成長し、そして、死に、さらに、最後の審判を迎える。そうした一回限りの生を生き、死後も存続する、というものである。

これが近代になって「進歩の時間」となり、人間生活のあらゆる場面を規制するようになる。「進歩の時間」とは、昨日よりも今日のほうが良くなっている、今日よりも明日のほうが良くなっているとする時間である。これは今日なお我々が生きている時間であり、例えば、工業製品について、新製品は前よりも性能がよくなっている、ないしは、よくなっていなければならないと我々は考える。常に前よりも性能の優れた新製品を追い求め、我々はそれを次々と貪欲に購入する。言うなれば、新しさそのものを求めて新しいものに永遠に換えつづけることをする。社会も時間経過とともに便利になり、豊かになり、人間にとって生活しやすくなってきたし、これからもそうなってゆくことが当然とされる。人間自身もその社会も時間によって常に改善されてゆく、進歩してゆくことが運命づけられていると我々は考えるのである。

「直線の時間」は、また、近代においては因果関係 causalité の支配する時間ともなった。物事には必ず原因がある。物事はすべて、原因から結果が起こる因果関係によって成りたっている。例えば、アンドレ・ジッドの小説『法王庁の抜け穴』(一九一四)で主要登場人物のラフカディオが同じ列車に乗り合わせたアメデを列車から突き落として殺すが、これが作品発表当時、物議をかもすほど読者に衝撃を与えたのは、ラフカディオにアメデを殺す理由がなかった、「動機なき殺人」であったからである。近代以降の犯罪捜査においては、犯罪者の心理に、犯罪の最初の原因である動機を求めるのが常道であった。これは二十世紀になり、さらに、とくに近年になって「動機なき殺人」の多発により有効性を減じてきてはいるが、依然として、犯罪捜査と裁判、そして刑法のしくみは厳密な因果関係の検証——なかんずく、物理的因果関係の検証——に依拠している。

原因があって結果があり、その結果が原因となって、さらにそのつぎの結果が生まれる。つまり、原因と結果の連鎖によって、物事は成りたち、時間は進行していく。したがって、時間は生産的な時間である。——このように考えるのが近代以降の我々の特徴的な時間認識である。

三次元空間の認識と表象世界の拡大

空間認識については、近代以降、我々は常に三次元空間を念頭におくようになった。近代以前のエピステーメーでは、表象空間は二次元であったが、近代に至り、人間は身体と欲望をもって存在し始めて、初めて三次元空間に生きることになるとともに、その世界表象も三次元化することになったのである。

十九世紀当時、いち早くもっとも顕著にこの三次元空間のミメーシスを行ったのが小説であった。(7) 例えばバルザックの小説『ゴリオ爺さん』(一八三五)の冒頭部分においてバルザックはフランス語原典のプレイヤッド版で二十八ページ分(日本語訳では四百字詰原稿用紙七十枚にほぼ相当)を、主要登場人物たちが住む下宿屋ヴォケール館についての叙述に費やしている(Balzac, *Père Goriot, Comédie Humaine*, t. III, Pléiade, pp. 49-76)。ヴォケール館がどのような地形の場所に建てられ、どのような外観を見せ、どのような内部構造になっているか。玄関、食堂、台所が壁・床を含めてどのような様相を呈しているか。採光から空気の淀み具合や臭い、部屋の家具・調度品の配置から清掃の行き届き具合、住人によるそれらの使い方がどうなっているか。また、各階がどのような区切りになっていて、それぞれの居住空間にどのような人間たちが住んでいるか。全体から細部、外側から内側にわたって余すところなく描きだし、バルザックはヴォケール館の立体としての構造をマニアックなまでに読者の頭に叩きこもうとする。まるで彼が、構造とは空間化された因果律にほかならないと思いこんでいるかのようでもある。

さらに、住人たちの職業・生活を描出しながら、バルザックはヴォケール館における住民とそのアビタ habitat（居住空間・居住形態）に関わる構造を、社会における人間とその職業・社会階層に関わる構造のミクロコスモスと規定する。二階にはこの下宿屋の所有者で経営者のヴォケール夫人、官吏の未亡人とその娘がアパルトマンを構え、三階には比較的裕福な老人、中年の自称商人が陣取り、四階では貧しい老人や学生が細々と暮らし、屋根裏部屋には下宿屋の賄い女と下働きの男が住んでいる。住人ひとりひとりについて詳述しながら、バルザックは「こうした人間の集まりには、社会全体の縮図となるような、あらゆる要素が揃っているはずであったし、また、実際に揃っていた」（*Ibid.*, p. 62）と強調するのである。

一八四二年にバルザック（一七九九―一八五〇）は自身の小説群全体をひとつの作品と捉え、ダンテの『神曲』*Divina Comedia* に倣って『人間喜劇』*Comédie Humaine* と命名した。これに先立つ一八三三年にバルザックは人物再登場の方法の着想を得ていた。その後の人生を賭けて彼がこれを実行に移したことによって、『人間喜劇』という約百編の小説群は各編・各部分が互いに有機的な繋がりを持つ構造体となるに至ったのである。

この人物再登場の技法をバルザックが最初にシステマチックに実行した記念碑的な作品が『ゴリオ爺さん』である。主人公格のラスチニャックはすでに『あら皮』（一八三一）でその主人公ラフアエル・ド・ヴァランタン侯爵の親友として登場し、ゴリオ爺さんの娘のボーセアン子爵夫人は『捨てられた女』（一八三二）ですでに登場していた。ラスチニャックの指南役ヴォートランは『ゴリオ爺さん』のあと、『幻滅』（一八四三）、『浮かれ女盛衰記』（一八三八―四七）で重要な役割を演じる。『ゴリオ爺さん』の結末で、ラスチニャックはペール＝ラシェーズの高台からパリを眼下に見おろしながら、パリの街に向かって、「これからが、おれとおまえの戦いだ！」（*Ibid.*, p. 290）と挑戦の言葉を投げつけるが、その後『イヴの娘』（一八三八―三九）、『幻滅』、『浮かれ女盛衰記』、『従妹ベット』（一八四六）、『知らぬが仏の喜劇役者』（一八四六）、『アルシの代議士』（一八四七）などの作品に姿を現すうちに、莫大な富と伯爵の位を手に入れ、内閣書記官長から、ついには内務大臣の地位にまで登りつめる。このほか、『ゴリオ爺さん』の初版だけで数えても、こうした再登場人物の数は合計二十三人にのぼるとされている（Raimond, *Le Roman depuis la Révolution*, 1967, p. 51）。

同様のことが他の多くの小説でも行われ、数十、数百という登場人物が相次いで様々な小説に登場する。これによって、ひとりの人間の一生を何十年にもわたって跡付けることが可能になるのみならず、数十、数百の人間が一生のあいだに持つ人間関係を描けば、数百、数千の人間関係が社会階層を超え、空間を超えた複雑きわまりない網の目を現出させることになる。小説の一編が社会の縮図になるとしたならば、そうした縮図が有機的に繋がり合い、総計二千四百人の登場人物を擁する百編に近い小説群はペンの力で社会そのもの、現実社会と等価値の社会を成立させることになる。

一八四四年二月六日付ハンスカ夫人への手紙で、バルザックは「四人の人物が途方もない人生をわが物とすることになるだろう。ナポレオン、キュヴィエ、オコナー、そして四番目に私はなってみせる。ナポレオンはヨーロッパの生そのものを生きた。ヨーロッパじゅうの軍隊の熱に駆りたてられたのだ！　キュヴィエ(8)は地球を掌中に収めた。オコナーは自ら民衆を体現した。この私自身だが、私は社会をひとつ丸ごと頭のなかに持つことになるのだ」（Balzac, *Lettres à Mme Hanska*, t. 2, Les Bibliophiles de l'originale, 1968, p. 374）と述べている。

バルザックは三次元空間の把握を個別の空間から社会全体に拡大し、社会をひとつの構造体として捉えた。前述のように、カトリック教会ないしはキリスト教が超越世界の表象を担いきれなくなったのが十九世紀である。そのような十九世紀において、現実世界と超越世界を一体として捉え、その全体を丸ごと表象するという方向性を、本書で扱うユゴー、カルデック、フラマリヨンの三者は共通して示すことになる。それはバルザックの世界表象に端的に表れた社会全体の構造的把握を、より大規模な世界に延長した営為であると考えて差し支えないだろう。

時間進行と空間表象の多重化

小説は「因果律の時間」のミメーシスにも成功し、近代のパラダイムを担う特性を備えた、いわゆる「近代小説」へと変質を遂げた。そのために、この時代、それまで文学の中心に君臨していた詩や戯曲に取って代わって、小説は文学を代表するジャンルとなったのである。さらに、十九世紀後半以降に、地球の他の地域がいわゆる「近代化」という名の西欧化を余儀なくされるに従って、小説は他の文化圏に伝播し、受容された。今日では地球規模とも言えるほどの広範囲において、文学と言えば小説、小説と言えば文学というように、小説は文学の代名詞と化しているのである。

「近代小説」はフランスにおいてはイギリスの作家、ウォルター・スコット（一七七一―一八三二）の歴史小説群の影響下に成立したとされている。一八二〇年前後に大量にスコットの歴史小説が仏訳・刊行された。当時、スコットの小説群に若者の「世代が丸ごと心酔し」、我先に小説を執筆・刊行したために、例えば一八二二年の四月から八月までの五ヶ月間に「一五〇巻もの小説が出版された」（Maigron, *Le Roman historique à l'époque romantique*, pp. 51, 63）とのことである。書籍の価格が優に現在の十倍は超え、出版業の規模も現在とは比較にならない極小のものであった当時としては集中豪雨的とも言える大量の出版であった。

小説は読者もそれまでは婦人層や少年少女層に限られていたのだが、それが「政治の息抜きに、文学作品の読書に費やす時間を独り占めする特権」（Revue *Le Réveil*, t. III, n° 188, 4 février 1823, p. 4）を獲得する。つまり、政治活動に余念のない男性支配層を読者とするという、当時の社会的コンテクストからして瞠目すべき昇格を果たすのである。主として一八二〇年代には多くの歴史小説、一八三〇年代以降には同時代の社会を扱う多くの、いわば現代小説がフランスで上梓された。ユゴーの『アイスランドのハン』（一八二三）、『ビュッグ゠ジャルガル』（決定稿、一八二六）、『ノートル゠ダム・ド・パリ――一四八二年』（一八三一）、メリメの『シャルル九世年代記』（一八二九）、スタンダールの『赤と黒――一八三〇年年代記』（一八三〇）、そして、先述した『最後のふくろう党員』（一八二九、後に『ふくろう党』と改題）、『あら皮』（一八三一）、『ゴリオ爺さん』（一八三五）を始めとする『人間喜劇』の小説群等々、枚挙に遑がない。これらすべての小説がナレーションの技法をスコットに負っていた。

スコットのナレーションの特徴とは何か。一言でいえば、時間と空間の能う限り現実に近いミメーシスである。空間についてはすでにバルザックを例にその表象方法を示したが、スコットにおける歴史小説とは、時間・空間の最大限のミメーシスによって、過去――それも、共同体の存立を支える、その構成員全員が共有すべき過去――を今まさに生成しつつある瞬間の連続として再現しようとするものである。(9) フランスの小説家がこれを発展させて、過去ではなく現代の再現を行うには一歩の距離しかなかった。

ナレーションの技法を分析するためには、ジェラール・ジュネットのナラトロジー narratologie はきわめて有効性が高く、これを援用するのが文体論の常套手段となって久しい。ここでもこれを用いれば、ジュネットによると、ナレーションの方法において、物語内で進行する時間 TH (temps d'histoire) と語りに要するとみなされる擬似的時間 TR (pseudo-temps de récit) にはつぎの四つの関係、すなわち四種類の「ナレーションの運動」がありうる。

休止 pause　　: TR=n, TH=0. よって TR ∞ > TH
場面 scène　　: TR=TH
要約 sommaire : TR < TH
省略 ellipse　 : TR=0, TH=n. よって TR < ∞ TH (Gérard Genette, *Discours du récit*, *Figures III*, 1972, p. 129)

「休止」とはTR（語りの時間）が流れているのに対して、TH（物語の時間）が止まっている場合であり、TR（語りの時間）がTH（物語の時間）よりも無限に大きくなる。「場面」とはTR（語りの時間）がTH（物語の時間）と一致する場合であり、物語のなかで起こったのと同じ時間経過を使って物語る（と言っても、語りの時間経過が擬似的時間経過であることは繰り返すまでもない）。「要約」はTR（語りの時間）がTH（物語の時間）よりも短い場合であり、アウトラインを語るものである。「省略」はTH（物語の時間）の経過がある、すなわち物語のなかで時間経過を伴って起こった出来事が省かれてしまってまったく語られず、それに対応するTR（語りの時間）がないことを意味する。この場合、当然ながら、TR（語りの時間）はTH（物語の時間）に比べて無限に小さいことになる。

日常の行為として物語るときに我々は、上記のうちで「要約」sommaireを通常用いる。なるべくコンパクトにまとめて、短い時間で人に出来事を伝えようとするのである。昔からの物語、民話や民間伝承など——あるいは、近代においては短編小説conteや中編小説nouvelle——で採用されるもっとも一般的なナレーションは「要約」sommaireを主体にしながら、所々、部分的に「場面」scèneを使う方法である。これに対して、スコットの小説roman（長編小説）は「要約」sommaireの使用を極限にまで抑えて、ほとんどすべてのナレーションを「場面」scèneで行う。物語のなかで起こったのと同じ（擬似的）時間経過を使って物語る。換言すれば、物語のなかを現実と同じ時間が流れるのである。

TH（物語の時間）を途切れることなく、それと同じ時間経過のTR（語りの時間）を使って再現する。この「場面」scène という方法が適用されるのは必然的に、プロットの進行上必要なところに対してに限られる。したがって、それ以外のTH（物語の時間）についてはほとんどの場合「省略」ellipse が行われる。そうなると読者への物語情報の提供不足が生じるはずだが、これはとりわけ登場人物が交わす会話の形を取って、「場面」scène によるナレーションの枠のなかで補完される。また、ヴォケール館の描写のようにとくに空間のミメーシスを行う部分では「休止」pause が用いられる。

このようなスコットのナレーションの特質を若き日のユゴーがきわめて正確に理解し、分析している。[10] 一八二三年七月に創刊された文芸誌『ミューズ・フランセーズ』の創刊号に、スコットの小説『クエンティン・ダーワード、あるいはルイ十一世の宮廷におけるスコットランド出身者』の新刊翻訳に関する評論を寄稿している。このなかでユゴーは、ナレーションの観点（ただし、今日、我々は作者から独立したステータスを話者に与えているが、ユゴーの時代には両者の区別は曖昧であった）から、スコット以前の小説のタイプを「語りの小説」roman narratif と「書簡体小説」roman épistolaire に分類する。[11]「語りの小説」とは「登場人物たちが姿を消し、作者だけが常に姿を見せる」小説、「話者である作者」が「自然な会話も、真に迫った人間の行動も再現できない」(*Ibid.*) 小説である。すなわち、これは上記のジュネットの理論に照らせば、「要約」sommaire を主体としたナレーションの小説を意味する。「書簡体小説」とは「複数の登場人物が書いたとされる一連の書簡のなかで物語が展開する」(*Ibid.*) 小説である。そこでは「要約」sommaire を主体とした、話者の異なるナレーションが混在している。

これらふたつのタイプの小説に替わって、スコットがまったく新しいタイプの小説、「劇的小説」roman dramatique なるものを創造したとユゴーはする。「劇的小説」においては、「現実の出来事が進展するのと同じように、虚構の筋立てが真に迫り、変化に富んだ景《タブロー》となって進展する。展開される場面 scène 毎に区切られる以外には区切りがない」のである。「劇的小説」とは「描写が舞台装飾や衣装の代わりをする長大な劇、登場人物たちが彼ら自身の立ち居振る舞いで自ずと描き出される長大な劇のようなもの」(*Ibid.*) なのである。

「場面」scène という言葉をジュネットの用語と同じような意味でユゴーが用いて、スコットのナレーションを定義づけていることがまず注目に値する。さらに、「劇的小説」の説明全体を見渡せば、それが、現実そのままの三次元空間と時間進行という、無限とも言える広がりの舞台において、虚構の出来事を現実の出来事と同じように生成させるナレーションである、とユゴーが洞察していることが分かる。

このようなスコットのナレーションを『クエンティン・ダーワード』に関する評論の執筆時点ですでにユゴーがいかに自家薬籠中のものとしていたか。これは、この評論のほぼ半年前(一八二三年一月ないし二月)に出版された『アイスランドのハン』を見れば一目瞭然である。『アイスランドのハン』はユゴーの最初の小説 roman であり、三次元空間と時間進行のミメーシスをスコットの方法(に加えて、彼自身がスコットから学んだとしつつ、むしろ独自に開発したと考えられる方法)で徹底的に追求した作品と言える。(12)

まず、この小説は「展開される場面 scène 毎」の区切りを各章の区切りとしている。各章においては、同一の三次元空間のなかで現実の時間経過と同じような時間経過のうちに継起する出来事が叙述される。第一章から第五十一章に終章Conclusionが加わり、全体で五十二章でこの小説は構成されている。ジャン・マッサン監修の『ユゴー全集』で全三二四ページ（邦訳した場合、四〇〇字詰原稿用紙に換算して約一一〇〇枚）の長編小説だが、『ユゴー全集』で四ページほどの、筋立ての上で付け足しである終章を除くと、本編第一章から第五十一章までに経過するTH（物語の時間）はわずか十二日間である。第一章から第八章の途中までが第一日目の夕方から夜半にかけて、第八章の途中から第十三章までが第二日目、第十四章が第三日目、（第四日目がまったく描かれず、「省略」ellipseされ）第十五章、第二十三章および第二十四章が第五日目、（第十六章は二十四年前の出来事を描き）第十七章から第十九章までが第六日目、第二十章および第二十一章、第二十五章から第二十八章までが第七日目、第二十九章から第三十三章が第八日目、第三十四章から第三十九章の途中までが第九日目、第三十九章の途中から第四十三章の途中までが第十日目、第四十三章の途中から第五十章の途中までが第十一日目、第五十章の途中から第五十一章までが第十二日目となっている。こうした濃密な時間設定により「要約」sommaireおよび「省略」ellipseを最小限に抑えうることは論を俟たない。

このような時間設定をしたうえで、ユゴーは時間進行と空間表象の多重化とでも呼べる方法をシステマチックに採用している。時間があらゆる空間において同時に進行し、物語を構成する出来事が複数の空間で並行して同時に生成しつつあることをナレーターが常に意識する。そして、ある単一ないしは複数の章で、ある空間で起こりつつある出来事を描出し、そのあとで、つぎの単一ないしは複数の章では、その出来事と並行して別の空間で起こりつつある出来事、あるいは、その出来事の直後（稀には直前）に別の空間で起こっている出来事を描くのである。こうして、主人公オルデネルの旅、怪物ハンの動き、城の天守閣に幽閉されたシュマッケル伯爵とその娘で女主人公のエテルの様子、シュマッケルに対するダーレフェルド伯爵の陰謀、鉱山労働者と猟師たちの暴動、その鎮圧部隊の進軍、といったいくつもの筋立てが異なる三次元空間で並行して進む。そして、第三十九章におけるピリエ＝ノワール峡谷での暴徒と鎮圧軍の戦闘、第四十三章から第四十八章にかけての裁判の場面に収斂するのである。

こうした時間・空間の再現の飽くなき探求はユゴーにおいては、次章で扱う「霊界通信」の時空の、微に入り細を穿つ記録に直接的に表れている。また、カルデックにおいては「霊界通信」による霊界と現世の時空を貫く探査に、さらに、フラマリヨンにおいては、その「心霊実験」の詳細きわまりない記録に通底している。記録のみならず、世界内における空間の多重性の認識、現実世界と超越世界が並行する感覚といった面にも影を落としている。

三次元空間と時間進行の執拗な認識とミメーシスはすでに当時パラダイムとして充分機能していたのである。

4 「近代」のパラダイムとしての実証主義

時代の要請

以上のような当時のさまざまなパラダイムを集約し、それらを代表する支配的なパラダイムが実証主義 positivisme なのだが、この実証主義を唱えたのがオーギュスト・コント（一七九八—一八五七）である。また、実証主義が時代の支配的な思潮となるについてはエミール・リトレ（一八〇一—一八八一）の功績が大きかったとされている。

エリート校であるエコール・ポリテクニックを卒業したとはいえ、コントは母校の補助教員に甘んじ、アカデミズムにおいて確固たる地位を得ていたわけではなかった。サン＝ジャック通りの自宅で公開講義を開き、一八二六年三月から「実証哲学講義」を講じた。健康を害して数回で中断したが、その後、一八二九年一月四日からこの同じ講義をやり直し、今度は全講義を成し遂げた。大数学者のフーリエ、科学アカデミー会員のポワンソやナヴィエ、医学界の重鎮ブルーセといった名だたる科学者が聴講した。この同じ講義を一八二九年十二月九日からは今度は公の講堂に場所を移して一般の聴講者相手に行った。講義の冒頭部分が翌年七月に『実証哲学講義』第一巻として出版された。その後十三年かかって一八四二年に『実証哲学講義』*Cours de philosophie positive* 全六巻が完結している（Gouhier, *La Vie d'Auguste Comte*, 1997, pp. 145-165）。一八四四年には『通俗天文学の哲学概論』*Traité philosophique d'astronomie populaire* を出版するが、この冒頭の序論のみを独立させて『実証精神論』*Discours sur l'esprit positif* と題して同じ年の二月にコントは上梓した。

このようなコントの著作をジャーナリズムは無視し続け、大著『実証哲学講義』についても、その書評はただの一編も新聞・雑誌に現れなかったという。この沈黙を一八四四年末に破ったのがエミール・リトレであった(*Ibid.*, p. 206)。十一月二十二日から十二月四日にかけて、リトレは『実証哲学講義』に関するかなり長い四編の論評を『ナシオナル』紙に掲載した。コント研究者のジュリエット・グランジュも指摘するとおり、この『ナシオナル』紙の論評掲載には特別の意味があった。それというのも、『ナシオナル』紙は七月王政当時にあって、七月王政に反対する共和派の機関紙だったからである。この共和派の機関紙を媒介としてコントの実証主義が大衆に広まったこともあって、実証主義は共和主義および共和政治と一体の思想とみなされることになる。一八四八年、二月革命によって第二共和政が誕生するが、一八四八年から一八五二年にかけての第二共和政下において、実証主義は社会の指導原理の趣を持つ。続く第二帝政(一八五二―七〇)は、一八六〇年代に自由化政策が取られはするが、当然ながら基本的には反共和主義政体であり、この間、実証主義の影は薄くなる。そして、そのあと、一八七〇年からの第三共和政においては再び社会の指導原理の地位に復帰するのである(Comte, *Philosophie des sciences*, présentation, choix de textes et notes par Juliette Grange, 1996, pp. 351-352)。

これは、たまたま共和主義の機関紙が実証主義を流布させる役割を果たしたという偶然に帰されるべきことではない。もっと本質的に、実証主義が共和主義と分かちがたく結びついていたことを忘れてはならない。言うまでもなく、共和主義はフランス革命以降の市民階級の政治理念であり、「近代」の政治思潮である。そして、実証主義は近代市民階級の世界観を体現し、「近代」の支配的なパラダイムなのである。リトレがこうした実証主義の特質をその社会的な射程とともに言い当てたからこそ、リトレの論評が広範な影響力を行使しえたのであろう。

十九世紀になって、フランスにおいても科学上の発見・発明が相次ぎ、「聖俗革命」も本格化した。また、フランスでは一八三〇年代から産業革命が進行し、科学および科学技術が社会の未来を約束するという楽天的な科学信仰が社会全般でかなり共有されるようになってきた。こうした科学の時代の到来を念頭に置いて、リトレはつぎのように明言したのである。

「神学諸派も形而上学諸派も自然科学を自分の領域に取りこむことを諦めて久しく」、科学の時代が到来しても、キリスト教も既存の哲学もいずれもいかなる対応もなしえない（Littré, « De la question philosophique telle qu'elle peut être posée de notre temps », *National*, 22 novembre 1844, *ibid.*, pp. 356-357)。一方、自然科学の側も「その実際の方法論は強力ではあるが、哲学的な面ではなんら有効性を持っていない」（*Ibid.*)。この両者のあいだに横たわる広大な空白を埋めるのがコントの「実証哲学」philosophie positive である（*Ibid.*, p. 359)、と。

このような認識を基礎に、とくにつぎの点でリトレはコントの「実証哲学」を評価する。

第一に、科学は「帰納法と演繹法を補助とする実験以外に導き手を持たない」のだが、そうした科学を源とし、科学から拠ってきていることから、科学と同様に「実証哲学」が実験（経験的事実）expérience に依拠していること。

第二に、同じく科学から拠ってきていることから、科学と同様に「絶対的な概念ではなく、相対的な概念から成りたっている」こと。

第三に、既存の科学に社会学を加えたすべての科学を統合し、「ありとあらゆる現象に有効性をおよぼす」哲学であること。

第四に、「超自然の介入あるいは形而上学的な概念からはいかなる与件も借用することはない」のであって、宗教と既存の哲学から完全に独立していること。

第五に、「ありとあらゆる個別科学を素材」とする哲学であること。

第六に、「先験的に措定された原理・原則から導き出されることのない哲学であり、全体としては帰納法によって形成される」こと（以上、*Ibid.*, pp. 359-360）。

コントの実証主義の特質とその社会的意義について、かなり正鵠を射た評価をリトレはしていたといわなければならないない。

「実証的」positif の意味

これからコント自身の言説を引用しながら、コントの思想について叙述することになるが、あらかじめ注意を喚起しておきたいことがふたつある。ひとつは、ここで扱うのが、前半生と後半生によってかなり明確に二分されるコントの思想のうちで、もっぱら、その前半生の実証主義positivisme と総称されるもののみだということである。通常、人類教 religion de l'humanité に傾斜する後半生のコントの思想はコント主義 comtisme と呼ばれ、前半生の思想からは区別されるが、このコント主義 comtisme にはここではことさら触れることをしない。もうひとつは、前半生の実証主義 positivisme を問題にする場合も、とくに、その科学的認識を中心とする部分に限定されるのであって、社会学関連事項については顧みないということである。

実証主義 positivisme あるいは実証哲学 philosophie positive の本質を成す実証的 positif という語をコント自身がきわめて明確に定義している。このコント自身による語の定義からまず見ていくことにしよう。

第一に、コントは実証的 positif という語の非常に古くからの意味として、「非現実的なること」le chimérique と対立する「現実的なること」le réel を挙げている。

第二に、この「現実的なること」に近いのではあるが、コントがこれと区別しているのは、「無用なること」l'oiseux に対峙する「有用なること」「役に立つこと」l'utile である。つまり、実証性の重視が科学および科学技術による産業の発達を背景としているとすれば、それをふまえて、社会的に、そして現実的に有用であること、役に立つことという語義にコントは力点を置くのである。

第三にこの positif という語にコントが与えるのが「不確実さ」l'indécision と向き合う「確実さ」la certitude という意味である。確実さをもって、正確に現実を捉えるということである。

第四のこの語の意味は、「第三の意味と混同されやすい」としてコントはとくに挙げているが、「曖昧なること」le vague の対局にある「明確なること」le précis である。「確実さ」la certitude が物事を認識する主体のありようをも表現する言葉であるとすれば、「明確なること」le précis はむしろ認識対象の表れ方を形容するものであろう。

このような四つの基本的な語義に、コントはさらに第五、第六の語義を付け加える。第五の語義は「消極的なるもの」「否定的なるもの」le nêgatif の反義語、「積極的なるもの」「肯定的なるもの」le positif である。これを敷衍してコントは le nêgatif が破壊を指向するとする。したがって、その反対の le positif は建設への指向を持つ。この建設への指向によって、実証主義は神学に対してのみならず、既存の形而上学に対しても決定的な優位に立つ。

しかしながら、これまでともすれば現実において科学が破壊的に働いてきたことも否めない事実であるとコントは考える。その原因は、諸科学がその各々固有の価値観と論理と合目的性に突き動かされて、調和も連携もなく独立独歩の状態で研究を遂行してきたことにあるとされる。実証主義はこの拡散した諸科学を包括し、体系化する哲学であり、それを可能にするからこそ、「実証的なるもの」に建設的という意味が付与されるのである。

最後に「実証的なるもの」の本質的な特性のひとつをコントは新たに提示する。それは「絶対的なるもの」l'absolu に対峙する「相対的なるもの」le relatif であり、実証主義はこれをすべての科学と科学的思考の根幹と位置づける。「心霊科学」を検証する場合においても、こうした相対主義 relativisme は最重要の命題のひとつとなるので、とくに詳しく後述することになろう（以上、Comte, *Discours sur l'esprit positif*, 1844, pp. 63-69）。

「進歩の時間」、諸科学の統合

新しい社会学を含め、すべての科学を実証主義は体系化することによって、新しい社会の建設に寄与するとコントは考えるわけだが、コントがこのような思想を抱くにいたったのは、同時代の思想家クロード・アンリ・ド・ルーヴロワ・サン゠シモン（一七六〇―一八二五）の薫陶を受けたことによる。サン゠シモンはのちにエンゲルスによって「空想的社会主義者」のひとりに数えられる人物だが、こうしたサン゠シモンの秘書をコントは一八一七年から一八二四年まで七年間務めた。この間、コントはサン゠シモンの思想をかなり共有し、サン゠シモンの名前を監修者に冠して自身の最初の本格的な論文『社会の再編に必要な科学的営為の提案』（一八二二）を発表したりもしている。

科学意識と科学技術に裏打ちされた豊かな市民社会の建設。これがコントがサン゠シモンから引き継ぎ、目指す社会改革である。(13) このために必須の諸科学の体系化は、既述の、きわめて十九世紀的なパラダイム――三次元空間および時間進行の、執拗な認識とミメーシス――に則って構想される。つまり、時間・空間の総体のなかにすべての科学を位置づける、途轍もなく壮大な企てを起こすのである。このうちの空間の総体はすべての科学を統一的なひとつの空間に含みこむことで実現される。一方の時間の総体は「進歩の時間」を古代から現代まですべての科学が次々に辿ったと想定することによって顕現する。これがコントの「三状態の法則」loi des trois états の特質である。「三状態の法則」をコント自身が「人類の知的進化の法則」loi de l'évolution intellectuelle de l'humanité とも呼んでいる（*Discours sur l'esprit positif*, p. 2）ことから、この法則が人間の知的営為の総体を過去から現在にいたる時間全体のなかで捉えようとしたものであること、すなわち、上記の我々の論点を前提とするものであることが分かる。

まず、コントは観察対象である現象の特徴から、科学研究を大きく分類し、それらの依存関係と序列を明らかにする。

> 観察されうるあらゆる現象を、ごく自然な少数のカテゴリーに分類することができる。そして、そのカテゴリーはつぎのように配置されるのである。すなわち、各カテゴリーの合理的な研究がその直前のカテゴリーの主要法則についての知識に基礎を置くとともに、その直後のカテゴリーの研究の基礎となるようにである。こうした序列は研究対象となる現象の単純明快さの程度、あるいは――結局同じことになるのだが――現象の一般性の程度によって決定される。
> (Comte, *Cours de philosophie positive*, t. 1, 1830, pp. 86–87)

すべての学問研究をそのなかに含みうる「少数のカテゴリー」をコントは、「研究対象となる現象」が「もっとも一般的であり、もっとも単純明快である」(*Ibid.*, p. 87) ものから始めて、「数学、天文学、物理学、化学、生理学、社会物理学」(*Ibid.*, p. 115) の六つのカテゴリーに分類し、この順に序列化する。「社会物理学」が新時代の学問としてコントが新たに付け加える、今日の社会学であることは言うまでもない。また、この序列にあって、対象がより特殊性の高い後の学問は対象がより一般性の高い前の学問に依存するとコントはする。

ただ、各学問領域の研究対象には他の学問領域の研究対象にはない、それぞれ固有の性質があることを認識し、いたずらにすべての現象を一元的に捉えようとしてはならないとしている。生理学の研究には、物理学や化学が基礎として必要である。だが、「生物と無生物が同じ本性 nature なるものを持つか否か」など問題にしてはならない。「神学的、そして形而上学的な思考の習慣がいまだに影響し、今日でもそのような議論を過度にしているが、そもそもそのような問題は解決不可能であり」、「実証哲学の扱うような問題ではない」のである（*Ibid.*, p. 89）。これがコントの、いわゆる「分類の法則」ないしは「学問総合の法則」loi encyclopédique と呼ばれるものである。

もうひとつの「三状態の法則」は、数学から社会学までの、こうした六つの科学すべてがこの序列の順に「神学的すなわち作り話の状態、形而上学的すなわち抽象的状態、科学的すなわち実証的状態といった三つの理論上の状態」（*Ibid.*, p. 3）を経るとするものだ。[14] 当代においては六つの科学すべてがこの三状態を辿り終えて、最終段階の実証的段階に達しているとコントは断定する。

「実証的状態」の科学の在り方

「神学的状態」では、例えばイエス・キリストが起こした奇跡のような超現実で架空の物語によって現象が説明される。つぎに「形而上学的状態」では、抽象概念から出発して演繹的に現象が説明される。最後に「実証的状態」では感覚によって捉えられた事柄のみが知識と思考の対象となる。

感覚によって捉えられた、つまり、観察されたさまざまな事柄を吟味し、そのあいだに存在する共通の規則性ないしは不変の関係性、言い換えれば「法則」を解明するのが科学研究である。さらに、そうして一旦確立された「法則」は新たに観察される事柄と絶えず照らし合わされ、その「法則」が当てはまらない事例が一定以上観察されれば、「法則」自体が見直される。法則と観察とのあいだで絶え間ないフィードバックがなされるのが「実証的状態」の科学の在り方である。

このように必要な長い準備期間が続くうちに、我々人間の知性は、徐々に自由を獲得し、ついに、合理的実証性という最終段階に到達するのだ〔……〕。以後、人間精神はもっぱら対象を真に観察することにのみ、その努力を傾注することになる。こうした観察という領域こそが、ほんとうに我々に理解でき、我々の現実の必要性に的確に応える知識を得るための、唯一考えられる基礎なのであり、こうした領域は以後、急速に発展を遂げることになるのである。〔……〕要するに、我々人間の知性が成熟したことを示す根本的な革命は、いわゆる原因なるものをその正否が確かめられない形で決めてかかるのを止めて、単に『法則』――すなわち、観察された現象の間に存する恒常的な関係――を発見しようと努めることにその本質があるのだ。(*Discours sur l'esprit positif*, pp. 18–20)

「いわゆる原因なるものをその正否が確かめられない形で決めてかかる」これまでの演繹法が疑問視され、多くの「観察された現象」のあいだに法則を見出す帰納法こそが実証的科学研究の方法とされる。しかも、その帰納法適用の結果は、「観察される現象」とのあいだで行われる、絶え間ない参照行為によって常に修正ないしは更新可能なのである。これをコントは『実証哲学講義』では例えばつぎのように表現している。

旧来の神学的な思考あるいは形而上学的な思考から実証哲学が区別されるのは、原初的であろうと、究極的であろうと、いわゆる原因なるものの探求は必然的に無意味だとして、常にこれを斥けようとする特質によってである。そして、実証哲学は、観察可能なありとあらゆる事柄について、〔……〕実際に有効なその法則を成す不変の関係のみをもっぱら研究するのである。（*Cours de philosophie positive*, t. 6, p. 701）

法則を見出す唯一の基礎が観察なのだが、このような観察には三つの方法があるとコントはする。第一は「本来の意味での観察、換言すれば、目の前に展開する現象をそのまま直接調べること」である。第二は「実験、すなわち、より以上に完全に近い調査を目的にことさら人為的な状況を設定し、それによってある程度変更を加えられた現象を観察すること」である。第三は「比較、つまり、一連の類似したケースについて徐々に考察を深め、その一連の類似したケースにおいて、現象がしだいにシンプルな様相を呈するようにしむけること」である（*Cours de philosophie positive*, t. 2, p. 19）。

ユゴーもカルデックもフラマリヨンもこうした三つの方法を守りながら「心霊科学」の実践に臨んだが、とりわけフラマリヨンは第二の方法「実験」を厳格に適用した。つまり、細心の注意を払って準備した「心霊実験」をその研究の有力な手段としたのである。

コントの実証主義に心酔し、科学研究の現場でこれを展開させたのが次世代の医学者クロード・ベルナール（一八一三―七八）であったが、ベルナールが医学の分野に導入したのがこの実験科学の方法であった。当時、医学はまだ神秘的な治癒力の介在を認めたり、医者の個人的な技量に頼ったりするところが大きかった。こうした医学に物理学や化学ですでに行なわれていた純粋に科学的な方法——つまり、仮説の設定、実験、仮説の修正を繰り返し、実験によって証明されたもののみを学説として残す、完全に実験に依拠した研究方法——を適用したのである。

ベルナールがこのような研究方法を開陳した『実験医学序説』*Introduction à l'étude de la médecine expérimentale*（一八六五）は、科学者だけでなく、広く一般の知識人にも強いインパクトを与え、一種の、時代の潮流となった。一八八〇年、小説家のエミール・ゾラ（一八四〇—一九〇二）が『実験小説論』*Le Roman expérimental* を刊行して、小説を、人間の遺伝形質が社会環境によってどのように発現するかを探る実験とし、この、実験に依拠した方法によって、文学もまた科学となりうることを主張したのは、その良い表れである。

コント思想の背景

観察、実験、比較考察という三つの方法を用いて「現象」を把握し、そうした「観察された現象」のみを知的営為の糧とするということである。これは——「現実的なること」、「有用なること」、「確実なること」、「明確なること」という実証主義の諸属性からして、また、形而上学的段階を脱していることからして当然ながら——実証主義が伝統的な認識論で言う、いわゆる「客観存在」以外には目を向けないことを意味する。このような態度が可能になる前提はむろん客観世界が存在するということである。客観世界が確実に存在し、かつ、それが数学的とも言える正確で精密な法則を備えている。これを明確化し、実証主義に道を開いた不可欠の「決定的なきっかけは、科学の領域におけるケプラーとガリレイの活動、そして、哲学の領域におけるベーコンとデカルトの活動が相俟って与えたものだ」（*Cours de philosophie positive*, t. 6, p. 645）とコントは叙述している。

ドイツの天文学者ヨハネス・ケプラー（一五七一―一六三〇）はコペルニクスの「地動説」を支持し、第一法則「楕円軌道の法則」、第二法則「面積速度の法則」、第三法則「調和の法則」という、太陽を中心とする惑星の公転について三つの法則を発見した。また、ガリレオ・ガリレイ（一五六四―一六四二）は物体の落下運動が等加速度運動であることを理論づけるとともに、金属球を用いた実験によって証明するなど、自然現象の数学的把握と実験科学の方法を切り拓いた。ふたりとも、「科学革命」の立役者としてバターフィールドの『近代科学の起源』（一九四九）に登場していたことはすでに見た。

つぎに「哲学の領域におけるベーコンとデカルトの活動[15]」であるが、これは今日でも有効な思想史上の理解をコントがしていたことを意味する。その思想史上の理解とは『哲学の展開――哲学の歴史2』収載の論文「レトリックと方法――F・ベーコンの二つの顔」で前田達郎がつぎのように表現するものである。「《近代科学》の思想のもっとも重要な二本の柱は、一つはルネ・デカルト（一五九六―一六五〇）の『機械論的自然観』の確立、一つはフランシス・ベーコン（一五六一―一六二六）の『人間の自然に対する技術的支配の思想』の確立であろう」（同書、六四頁）。まず、ベーコンに関して言えば、近代科学が、実験を駆使して自然の探究を行うとともに、技術による自然の支配を推進する「技術知」だとベーコンが規定した（同右）ということを指す。

このほか、ベーコンが、それまでの演繹法、あるいは、飛躍のある帰納法を否定して、段階的で着実な帰納法を科学研究に適用したことも、コントの帰納法重視を先取りしていると言わなければならない。

演繹法は空疎な言葉遊びに過ぎず、何の役にも立たないとベーコンはするのだが、そのような方法に替わってベーコンが科学研究に不可欠と考えるのは、経験的事実によってしかるべく確認された、より低いレベルの帰納の結果から始めて、それを基礎に、より高いレベルの帰納の結果を得るようにしなければならないということである。「もっとも一般的な原理が最初に打ちたてられ、つぎに、中間的な原理がそのもっとも一般的な原理によって試験され、証明される……といったような発見と証明の方法こそが間違いのもとであり、あらゆる科学を冒瀆するものである」とベーコンが述べている。(Zagorin, *Francis Bacon*, 1998, p. 80)

ここで引用されているのはベーコンの主著のひとつ『モウム・オルガヌム』(一六二〇)の一節である。これを一般化しながら、コントは「ベーコン以来、良識ある人々は誰もが、観察された事実に依拠するもの以外には本当の知識はないと繰り返している」(*Cours de philosophie positive*, t. 1, p. 8) と追認する。科学研究の革新に加えて、ベーコンの思想には「科学の進歩が様々な面において人間の生活条件に利益と改善をもたらすべきだ」(Zagorin, *op. cit.*, p. 26) とする社会的な側面があるが、先述したコントの思想からして、これについてもコントは無関心ではなかったと言えるだろう。

つぎにデカルトの「機械論的自然観」については、よく人口に膾炙することであり、山田弘明の論文「コギトと機械論」から引用するにとどめよう。「神が初めに物質を創りそれに運動を与えた後は、元来が数学的構造をもつ物体的自然は時計のように機械的に働き続ける。身体もまた同じである。デカルトはそれを幾何学者の目で観察し記述して自然法則を求めて行く。それが彼の自然学にほかならないが、それはまた近代科学の精神につながるものであることはいうまでもないであろう」（『哲学の展開――哲学の歴史2』一九八五年、一〇九頁）。

デカルトにおいては、「我思う」cogito 主体としての精神は広がりを持たず、物体は広がりを持つ。精神と物質の二元論が成りたち、客観は主観に一致しえないのだが、主観が捉えた客観世界が主観が捉えたとおりであると考えて差し支えないとデカルトは主張し、その根拠を神の存在に求める。つまり、まず不完全な人間が完全性という観念を抱くのは、完全な神がそのような観念を与えたからであると考える以外にないとする。つぎに、神は善であるから、人間を創造する際、その理性を正しいものとしているはずだ。人間が自分の理性に照らして、正しいとしか判断のしようのないものは正しいと考えて差し支えない、というものである。

コントの言う「観察された現象」を正しいと見なしうる保証を、「神学的状態」にも「形而上学的状態」にもないコントがデカルトに倣って神の存在に求めることは自家撞着となる。その代わり、ここでコントが参照しうるのはむしろカントであろう。「客観世界」が本来的に一元的な統一を有していると規定することは不可能としながら、人間の「主観」が人類としての共通性を保持していることからすれば、その「客観世界」の認識には一元的な統一が確保される。こうした論理をコントはカントの「主観」と「客観」の区別から引き出している。

「客観的な」objectif 観点と「主観的な」subjectif 観点というふたつの観点はどのような類の研究にも適用しうるものだが、こうしたふたつの観点のあいだにカントは広く適用可能な鮮明な区別をしてみせた。このカントによる区別をまずもって援用する必要がある。我々が考え出す諸々の理論の外的な目的は、現実世界を正確に表象することである。このような第一の客観的な観点に立ってみよう。現実世界の表象というこの客観的な観点からすれば、我々の科学が完璧な統一性を持ちうるものでないことは間違いない。科学の諸分野が対象とする重要な諸現象が必然的に多様性に富んでいるからである。〔……〕人間の精神的進歩は個人的であると同時に集合的である。このような人間の精神的進歩の必然的な結果は我々人間に固有のなんらかの欲求を当然満たすためのものだ。そうした人間の精神的進歩の必然的な結果として人間に関する諸理論を捉え、その諸理論の内的な根拠である、カントの言う第二の主観的な観点からすると、様相は一変する。つまり、世界 univers にではなく、人間 homme に、さらに言えば「人類」Humanité に立ち帰ってみると、第一の観点に立った場合とは逆に、我々の実際の諸知識は、科学的であるとともに論理的な全き統一性におのずと向かうのである。(*Discours sur l'esprit positif*, p. 37)

このようにカントを援用するコントは、その援用の背景に、「人類」という共通の括りで捉えた人間の共通性を見ているわけだが、「観察された現象」を正しいと見なしうる主張をするのにも、コントはこうしたカントの人間精神の共通性を発想のバネにできたはずである。もう少し詳しく見てみよう。

カントは客観存在を認める立場を取る。その本質が「物自体」nouménèなのだが、物自体を主観すなわち人間の理性は原理的に知ることができない。人間の理性が知りうるのは、物自体が感覚に働きかけて生じるその現れ、すなわち「現象」にすぎない。現象の多様なありように一定の秩序を与える「形式」があり、この「形式」は人間の感性に先験的すなわち先天的に備わっている。この「形式」は、それが先天的であるがゆえに、人間に共通でなければならず、その共通の「形式」に従って認識がなされるので、各人の「現象」の認識は一致を見るはずである。[16]「形而上学的状態」に属する物自体は思考の埒外に置き、感覚による現実認識のレベルにある「現象」とその先天的「形式」を人間の共通性に接続する。つぎのように叙述するとき、このような思念がコントの頭にあったとも考えられよう。

本書『実証精神論』の論述全体が明示しているように、実証哲学の主要な属性のすべては、結局のところ、普遍的良識 bon sens universel の主要な属性とまったく同じなのである。〔……〕原理的な側面から見れば、このように実証哲学と普遍的良識が密接な関係にあることからして、いわゆる科学なるものは、論理的に当然ながら、まさに普遍的叡智 sagesse universelle と同質のその延長と見なされる。普遍的叡智が本当にそうと決めたことについて決して疑問を差し挟むことがないどころか、健全な哲学的思索は、その主導的な概念の数々を共通理性 raison commune から借用する。そのようにして、系統的な論理構築を行い、自分の力では獲得不可能な段階の一般性と確実性を手に入れるのである。（*Discours sur l'esprit positif*, pp. 69-71）

実証哲学のみならず実証的科学研究もまた人間理性の共通性ないしは普遍性に依拠することで、現象把握の確実性とそれから導き出される一般的有用性、すなわち他の多くの研究者にとっての有用性を確保することができる。こうした幾多の研究者、「精力的な思索者たち」の営為が「共同で、実証的状態における近代理性の究極の体系化」（*Cours de philosophie positive*, t. 6, p. 887）を実現するのである。

十八世紀の啓蒙主義からフランス革命にいたる基本概念に「人類」があり、それを引き継ぐ形でコントはその後半生において人類教 religion de l'humanité を標榜するのだが、すでに前半生の実証主義の段階でも「人類」の概念を拠り所としていた。

「人類」Humanité という卓越した概念からすれば、実証的状態においては、全き知の体系化が必然的に成りたつということがすぐに私たちに分かるようになる。そして、こうした全き知の体系化は、少なくとも、神学の時代にあって「神」というあの偉大な観念が最終的にもたらした知の体系化に匹敵するものである。その後、この知の体系化は、形而上学的な過渡期において、自然という曖昧な想念によってかろうじて取って代わられたのであるが。(*Discours sur l'esprit positif*, p. 39)

感覚が捉えた現象だけを知識の対象とすることからすれば、実証主義は一見、感覚論に近いようにも思われる。ジョン・ロック(一六三二―一七〇四)、ジョージ・バークリー(一六八五―一七五三)、デーヴィッド・ヒューム(一七一一―七六)のイギリス経験論者のうち、とくにジョン・ロックの『人間知性論』(一六八九)をもとにして、フランス十九世紀の哲学者エチエンヌ・ボノ・ド・コンディヤック(一七一五―八〇)がその著書『感覚論』(一七五四)で提示した人間の観念の生成に関する理論がある。これをデステュット・ド・トラシ(一七五四―一八三六)、カバニス(一七五七―一八〇八)、ヴォルネー(一七五七―一八二〇)を代表とする観念学派 idéologistes が受け継ぎ、十九世紀前半のフランス思想界で影響力を行使した。感覚論は基本的には生得観念(生まれながらに人間が持っているとされる観念)を否定し、人間の観念は感覚が外界から得る刺激をもとに生みだされるとする。観念学派はこのような立場をさらに先鋭化して観念の形成を考究するものであった。主として観念学派の論考を念頭に置きながら、コントは感覚論を上記の「人類」の「共通理性」から批判する。

人間個人から種としての人類へ拡大して物事を捉えることは、当代の哲学者たちにはこれまで本質的に不可能であった。彼ら自身、形而上学的状態から脱却することが充分にできておらず、これまで一度として社会的な観点に立ったことがなかったからである。社会的観点に立って初めて、科学的にも、論理的にも、しっかりとした現実性の確保が可能になるにもかかわらず、である。それというのも、人間は決して個人個人がばらばらに進歩を遂げるのではなく、種という集団として進歩を遂げるからである。(*Discours sur l'esprit positif*, p. 40)

このように述べたあと、コントは「当代の観念学派の哲学者たち[17]」を名指して、「彼らの抽象論は根本的に不毛である以上に甚だしく有害である」と痛罵している。個としての人間のみを斟酌し、種としての人間に着目しなければ、感覚による観念の形成すなわち現実の認識は個々人によって異なったものになる危険性を常に孕み、共通性が保証されないことになる。そうなれば、研究者間の観察結果ないし実験データの相互信頼性がなくなり、科学研究の基礎である一般的有用性そのものが成りたたなくなる。感覚論は実証主義および実証的科学研究に反する考え方であることが露呈する、というわけである。

実証主義の「相対主義」

コントが自らの実証主義の本質的な特性として、「現実的なること」「有用なること」「確実さ」「明確なること」「肯定的なること」「相対的なること」の六つを挙げていたことは先述のとおりである。このうち、第五の「肯定的なること」までは、コントも認めるように、「実証的」positif という語から直接、導きだしうる。だが、第六の「相対的なること」le relatif は彼が新たに付与した属性であり、これこそが自分の実証主義の眼目であるとコントは言明している。「実証主義という新たな哲学精神は何においても『相対的なるもの』le relatif が『絶対的なるもの』l'absolu に取って代わるようにする必然的傾向」(*Discours sur l'esprit positif*, p. 68) を持つというのである。

実証主義の本質を成すこのような相対主義を、コントは通時的と共時的のふたつの観点から捉えていると考えられる。まず、通時的な観点からコントは実証的科学研究の時間軸上での相対性を指摘する。観察や実験の方法・手段とその分析の理論の進歩によって、学説は常に更新される可能性がある。いかなる学説も絶対的な正しさを持つことはなく、学問研究は常に未完成の状態である。

> 現象についての研究は絶対的なものとなることは決してありえようもなく、我々の研究体勢や研究の置かれている状況に応じて変化する相対的なものなのだ、と感得することが重要である。我々の種々の研究方法が、研究の体勢と状況というふたつの点で、不完全なものであることを認めると、つぎのようなことが分かる。つまり、現実のいかなる存在についても、それを完全に研究しつくすには我々はほど遠いところにおり、たとえきわめて表面的にせよ、すべての現実の存在について観測しつくす可能性を保証するすべを我々は持たないはずなのである。それどころか、現実存在の大部分をおそらく我々は知らないでいるにちがいないのである。
> (*Discours sur l'esprit positif*, p. 20)

この点を『実証哲学講義』においてコントは、彼が学問分類の第一に位置づける天文学についてつぎのように咀嚼している。「天体の観測に関連して我々が用いうる唯一の感覚が視覚である。だから、どんなに知性が優れていると思われても、目の見えない者にとっては天文学は成りたたない。また、目に見える星よりも目に見えない星のほうがおそらく多いだろうが、そうした目に見えない星については、その存在を推定するのがせいぜいであって、実際の研究の対象にはどうしてもならない」(*Cours de philosophie positive*, t. 2, p. 8)。

具体的には、天文学の視覚である望遠鏡の性能に天体観測の成否はかかっているわけだ。望遠鏡の性能が向上すれば、それまで観測対象にならかった天体が観測され、新たな宇宙の姿が現出する。それによってこれまで誰も思いも及ばなかった天体運行の法則が発見されることもありうる。そして、この進歩は留まるところを知らず、永久に続くはずである。

つぎに共時的な観点から、同時代の思想や科学研究全般に目を移して、コントは実証的段階の思想や科学研究における相対主義の役割を強調する。どのような思想や学説も絶対的なものではないと認識されることから、思想や学説相互の尊重と柔軟性に富んだ吟味が可能になるわけである。

まさに相対性を重んずる特性からして、実証主義という新しい哲学は、正反対の立場を取る学説についても、それらが持つ固有の価値を常に評価する。しかも、だからといって、自らの見解の整合性を損なったり、自らの断定を揺るがしたりするような譲歩に至ることもないのである。(*Discours sur l'esprit positif*, pp. 68–69)

このような柔軟性が確保されるのは実証主義の内包する「相対主義」の利点であって、実証的段階に達する以前の神学的段階や形而上学的段階においては、どのような学説であれ、「学説という学説が絶対的価値を付与されていたために、必然的に各学説はその学説以外のすべての学説を否定せざるをえなくなっていた」(*Discours sur l'esprit positif*, p. 68) というわけで、すべての学説は絶対的な価値という殻に閉じこもり、相互参照と相互理解は論外の状態にあった。

さて、次章から、章を追って詳細にユゴー、カルデック、フラマリヨンの「心霊科学」へのコミットを検証してゆくわけだが、三人のいずれもがコントの実証主義、とりわけ、その相対主義に依拠していたことが解き明かされることになる。キリスト教が支えてきた「絶対的な価値」が崩壊した十九世紀においては、可視世界は言うにおよばず、現実を超えた不可視世界の表象についてはなおのこと、すべてが相対化されていた。未知の現象、未知の世界について、その探査の方法や手段が開発されれば、「科学」がそれを取りこむことができる。そのような、コントの相対主義が示唆する「科学」の逞しい可能性が、宗教と踵を接し、それに参入するまでに「科学」をその領域拡大に駆りたてる原動力となったと言っても過言ではないだろう。

第二章　創造的シンクレティズムの時空
――ヴィクトル・ユゴーの「降霊術」体験

1　「降霊術」に没頭する

めくるめく混交の時空

ヴィクトル・ユゴー（一八〇二―八五）といえば、『レ・ミゼラブル』の作者として知らぬ者はないが、そのユゴーが二年ものあいだ「降霊術」に寝食を忘れていたことを知る者はあまり多くない。一八五三年九月から一八五五年十月まで、一日平均数時間におよぶ膨大な時間を降霊術に費やしていたのだ。

ユゴーにおける降霊術は一言でいえば、古今の諸宗教と諸思想と諸世界観と諸美意識のめくるめく混交の時空であった。これを諸宗教の混交に代表させてシンクレティズムと便宜的に表現しておくが、このシンクレティズムは独創性と多様性に満ちた壮大な宇宙であり、ユゴーの頭脳の深奥に根ざした、ユゴーの文学創造の根幹そのものであった。ユゴーは降霊術体験を通して感じ、思考した。彼方の世界、宇宙の成りたち、森羅万象の運命について思うさま想像力の翼を羽ばたかせ、独自の宗教思想を生みだし、深化させた。それが『静観詩集』『諸世紀の伝説』『サタンの終わり』『神』そして『レ・ミゼラブル』のなかに結実するだけでなく、これ以後のユゴーの作品は多かれ少なかれすべて降霊術体験のなかに萌芽を見出しうるとまで考えられる。

この混沌の空間がいかに多くの宗教と哲学と思想と世界観と美意識と感性を充満させていたかは、この空間を訪れた「霊」たちの顔ぶれを見ても明らかである。主だったものだけを挙げても、以下のように多種多様、古今の諸文明の代表者を網羅しているともいえるバラエティーの豊かさである。

宗教家では、イエス・キリスト、マホメット、ルター。旧約・新約の『聖書』の登場人物では、カイン、アベル、ヤコブ、モーセ、ヨシュヤ、イザヤ、ユダ。文学者では、ギリシアの悲劇詩人アイスキュロス、ギリシアの喜劇詩人アリストファネス、同じくギリシアの詩人アナクレオン、ローマの文学者アプレイウス、イタリアのダンテ、イギリスのシェイクスピア、バイロン、ウォルター・スコット、フランスのラシーヌ、モリエール、シャトーブリアン、アンドレ・シェニエ、スペインのローペ・デ・ベーガ。音楽家ではモーツァルト、イタリアのオペラ作曲家チマローザ。哲学者・思想家では、ギリシアのソクラテス、プラトン、アリストテレス、フランスのディドロ、ヴォルテール、ルソー。政治家・政治思想家では、イタリアのマキャベリ、フランス革命時代のマラー、ロベスピエール、さらに、ナポレオン一世、ルイ＝フィリップ、ナポレオン三世（むろん、第二帝政の一八五三―五五年当時、ナポレオン三世はまだ存命中だが、それにもかかわらず死者と同じように登場した）。そのほかの人物では、十七世紀イタリアの天文学者ガリレオ・ガリレイ、ハンニバル、ジャンヌ・ダルク、マラーの暗殺者シャルロット・コルデー。そのうえ、アンドロクレスのライオン、バラムの雌ろばといった聖書や西欧の故事・神話に登場する動物。さらには、「小説」「劇」「悲劇」「喜劇」「詩」「批評」「霊感」「文明」「大洋」「幸福」「墓の闇」「死」「輪廻」といった抽象概念も到来して、言葉を伝えた。(1)

こうして混交の時空が形成されるわけだが、まずもってその背景、シンクレティズム形成の下地について検証しなければならない。

脱キリスト教世代のユゴー

フランス十九世紀においてはカトリック教会のヘゲモニーが弱まり、それに替わって世俗の権力すなわち国家権力が社会全体を支配するようになる。この移行のための綱引きが、一九〇五年の政教分離法に至る、ほぼ十九世紀全体の百年間を通して行われたこと、そして、そもそも、こうした移行の端緒が開かれたのがフランス革命中の脱キリスト教現象であったことは前述のとおりである。

このようなフランス革命期の環境のなかで、ユゴーの父親は革命軍将校からナポレオン軍将軍へと栄達の階段を登りつめた軍人で、革命の脱キリスト教現象を体現し、母親もヴォルテール流の理神論を信奉して、反カトリック教会の立場を取っていた。したがって、一八〇二年にユゴーが生まれても、教会による洗礼など両親はまったく眼中になかったのだ。

ところが、王政復古の時代(一八一四—三〇)になって、シャトーブリアンに私淑したこともあり、十四歳でユゴーは王党派の詩人として文壇にデビューした。一八二〇年代前半までは王党派陣営に留まり、その旗手として将来を嘱望される。王政復古期の王党派はアンシャン・レジーム時代の価値観を踏襲して、王政支持とカトリック信仰を金科玉条としていた。そのユゴーが洗礼を受けていない、つまりカトリックでない。これは大変なスキャンダルのはずだが、ユゴーも暢気なもので、てっきり洗礼を受けていると思いこんでいた。

一八二二年、パリの大教会サン＝シュルピス教会で結婚式を挙げる直前になって、父親に洗礼証明書の件で問い合わせをし、洗礼を受けていないことを知って愕然とする。だが、それも、もちろん王党派詩人としての体面を考えてのことであり、自分がカトリックでないこと自体を気にかけてのことではなかった。結局、「外国（イタリア）で洗礼を受けた」（一八二二年九月十三日付父親宛ユゴーの手紙）（*OCVH*, t. II, p. 1356）という偽の証明書を父親に頼んで事なきを得ている。これもその場しのぎの、カトリック教会をカトリック教会とも思わぬ不遜な話だが。

こうして、その後もユゴーは脱カトリックの立場を貫いた。そして、八十三歳で死の床に就いても、政治的にもヨーロッパのオピニオンリーダーであったユゴーをなんとかカトリックとして死なせようとする枢機卿の熱心な訪問の申し入れを最後まで断りとおした。遺言により葬儀も非宗教とした。

ユゴーがカトリックでないという事実は意外きわまりない。だが、ユゴーが独自の宗教観を抱いたことを考えるうえで、このことはいくら強調しても強調しすぎることはないのである。

ユゴーがシンクレティズムを形成する第二の背景は、ミシェル・フーコーが十八世紀末に起こったとする前述のエピステーメー・チェンジに求めることができる。十八世紀末以前の古典主義のエピステーメーから「近代」のエピステーメーに急激に移行した。「近代」のエピステーメーにおいて、人間は表象主体として世界を表象すると同時に、身体と欲望を持った世界内存在として世界の規定を受けるようになったのである。さらに、時間・空間に位置づけられた事物の有機的・不可視的構造が新たに知の対象となった。

ユゴーのシンクレティズムが成立する第三の背景は、これも前述した実証主義である。オーギュスト・コントが規定するような厳密な実証主義ではないにしても、事物の実証的把握、科学的探査をユゴーは「超常現象」を含めていかなる現象に対しても必須のものと考えていた。これはつぎのような評論『ウィリアム・シェイクスピア』(一八六四)の一節からも窺い知れよう。

科学の使命、それはすべてを探究し、すべてを調査することである。我々は誰でも対象を調べさせる権利を持つと同時に、対象を調べさせられる義務を負う。我々は人に対象の調査を要求しうるし、人も我々に対象の調査を要求しうるのである。ある現象を前にして、その現象を避ける。当然その現象が受けてしかるべき注意を怠る。その現象を厄介払いする。その現象に門前払いを食わせる。笑ってばかにしながら、その現象に背を向ける。こうしたことは真実に背くことになる。それはみすみす科学の信用をなくさせることである。神託を得るための古代の三脚床几や近代のテーブルといった現象は、いずれも観察の対象とされてしかるべきである。それは、霊的現象の科学に必ず資するところがあるはずである。つぎのように言い添えよう。つまり、もろもろの現象を迷信の手に委ねるのは、人間理性に対する裏切りであると。

(*OCVH*, t. XII, p. 171)

「降霊術」開始の経緯

カトリック教会による死後世界の表象が信用を失い、それに替わって実証的方法が現実を超えた世界を探査し、表象しなければならなくなる。これに、稚拙といえども、決定的な手段を提供したのがフォックス姉妹に発するテーブル・ターニングであった。ユゴーたちはまさにこのテーブル・ターニングをいち早く取りいれたのである。

一八五一年十二月のルイ＝ナポレオン・ボナパルトによるクーデターに反対して亡命したユゴーは、一八五二年八月から家族や弟子とともに英仏海峡に浮かぶジャージー島に居を定めた。このような孤島に隔離されていたユゴーたちがどうしてテーブル・ターニングを知りえたのか。

一八五三年九月、テーブル・ターニング流行の真っ最中、まさにテーブル・ターニングに明け暮れていたパリからひとりの客人がユゴー家を訪れた。客人の名はデルフィーヌ・ド・ジラルダン。新聞王として名高いエミール・ド・ジラルダンの妻で、若いころから詩才も開花させて、いわゆるロマン派の「詩の女神《ミューズ》」として、女流作家のジョルジュ・サンドとも並び称された女性であった。ユゴーとは三十年来の知己で、一八四一年、ユゴーがアカデミー・フランセーズ会員に選ばれたときも、わざわざ自宅に夕食に招いて祝ってくれていた。

そうしたジラルダン夫人が到着早々ユゴーやユゴーの家族、同居者、知人に勧めて、テーブル・ターニングを試みることになる。最初はうまく行かず半信半疑だった参加者たちも、十年前に若くして非業の事故死を遂げたユゴーの愛娘がテーブルに宿り、「いまこの場に、女性の死者が確かに来ていると感じ、みんなが涙を流した」（*OCVH*, t. IX, p. 1187）瞬間から信じるようになる。こののち、疑いがきざすことがあるにはあったが、二年間ユゴーたちは降霊術に没頭するのである。

2 「降霊術」の方法

今日に伝わる「降霊術の記録」

こうした二年間の降霊術の営みをユゴーが細大漏らさず記録に残したことは間違いない。十九世紀前半のパラダイムに乗って、ユゴーは自身の日々の活動が同時代の歴史の重要な一部になると確信しており、若い頃からその生活のすべてを微に入り細を穿って、日記・備忘録・紀行文・書簡などありとあらゆる方法で記録にとどめていた。それに加えて、「何年前の何月何日にこんな人生の重要なことがあったが、今日はその記念日だ」式の日付への強い執着をユゴーは持っていた。未定稿を含めて、そうした生涯の資料のすべてを可能な限りユゴーは保存し、遺言によってパリの国立図書館に遺贈した。そんなことから、今日、我々はユゴーの（幼少期を除く）全生涯をほとんど数日単位で再現できるまでの資料に恵まれている。

「降霊術の記録」についても例外ではなく、その、おそらく全記録と推定される「ノート」（本書では以後「降霊術記録ノート」と呼ぶことにする）が存在したことが明らかになっている。現在考えられるもっとも網羅的な「降霊術の記録」のテキストを我々はジャン・マッサン編『ユゴー全集』第九巻（一九六八）収載『降霊術の記録』（ジャン・ゴードン、シェラ・ゴードン夫妻の校訂による）から得ることができるが、この『降霊術の記録』の「解説」でジャン・ゴードンは「降霊術記録ノート」について、つぎのように説明している。
「降霊術記録ノート」は「赤い表紙の四冊のノート」であり、これら四冊のノートは一九三三年のパリ・ユゴー記念館における展覧会には揃って出品されたが、この出品を最後に、その行方が杳として知れなくなってしまっている。その後、一九六二年に四冊のうち一冊のみがドルーオ競売場での古書・古文献の競売で見出されて、現在、パリ国立図書館に収蔵されている。だが、残りの三冊については未だに行方不明である。自分たちが校訂し、『ユゴー全集』第九巻に「降霊術の記録」として収めたのは、現存する「降霊術記録ノート」一冊に加えて、それを補填するための、ユゴーの自筆原稿を始めとする関係者の自筆原稿、さらには「降霊術記録ノート」などからの筆写であるとゴードンはしている（*OCVH*, t. IX, pp. 1183-1184）。こうした記録すべてをひとまとめにして、本書でもゴードンの呼び方を踏襲して「降霊術の記録」と称することにする。

筆者自身の調査から、ゴードンの解説を補足しておく。まず、細かい点から述べると、ユゴーの死後十二年経った一八九七年ごろから、それまで関係者が隠してきたユゴーの降霊術と「降霊術記録ノート」についてポール・ムリスが洩らし始めたとゴードンは述べているが、ゴードンが他所を引用している、一八六三年刊のヴァクリー著『歴史こぼれ話』で、すでにヴァクリーが「私の心をあれほど深く動かした、あの言葉の数々が眠るノート」（Vacquerie, *Les Miettes de l'histoire*, 1863, p. 389）というふうに、ユゴーの降霊術と「降霊術記録ノート」に明確に言及している。ムリスが「四冊の記録ノート」としているともゴードンは書いているが、同じころ「一八九八年に、ポール・ムリスの好意によって、私は三冊の大きなノートを実際にこの手にした」とカミーユ・フラマリヨンは『ある天文学者の回想』で、記録ノートは「三冊」と取れる言い方をしている（Flammarion, *Mémoires d'un astronome*, 1911, p. 229）。一九三三年のパリ・ユゴー記念館における展覧会に四冊が出品されたことについても、筆者が同館学芸員に質問したところでは、同館に記録は残っていないし、当時の展覧会カタログをゴードンが参照したにしても、当時の展覧会カタログは現在のものほど信用が置けないとのことであった。

パリ国立図書館に収蔵されている「降霊術記録ノート」第三冊目（図書館整理番号 n.a.f. 14066）については、同図書館自筆原稿部門の責任者のひとりに確認したが、その収蔵の経緯はゴードンの記述するとおりであり、さらに詳細に述べれば、一九六二年のドルーオ競売場（競売人ブザンソン扱い）での競売で一九六二年四月十一日に同図書館が落札・購入したとのことである。競売に出される以前の所有者については競売人の配慮もあって名前が伏せられていた。

筆者自身が実際に手に取って調べたところでは、[2] 国立図書館収蔵の「降霊術記録ノート」は体裁が「赤い表紙のノート」とはかけ離れていた。幅一から二ミリ、長さ一から二センチの細かい羽根模様を大量に配した厚紙装（製本用語では「平」、以下同様）に、背表紙（「背」）は深紅のクロスを膠質のもので固めて皮に似せた、いわば人工皮革で、角（「コーネル」）はほんものの革装で「角革」となっている。表表紙（「平」）、裏表紙ともに、人工皮革の下に古い装丁の線が、新しい人工皮革の装丁の内側一・五センチのところに段差になって見えている。また、表表紙と裏表紙の内側（「見返し」の片ページ）に人工皮革の背表紙の折り込みが上下にある。上（「天」側）は表表紙が一・五センチ、裏表紙が二・一センチ、下（「地」側）は表表紙、裏表紙ともに二・二センチの折り込みとなっている。その人工皮革の上に、表紙内側「見返し」の上（「天」側）から下（「地」側）までいっぱいに白い紙を貼って人工皮革の折り込みを隠すとともに、その貼ってある紙が表表紙、裏表紙いずれの内側「見返し」についても「咽」を越え見開きにわたっていて、表表紙、裏表紙の「見返し」および「見返しの遊び」の補強にもなっている。革の背表紙が痛んだので、その上から人工皮革の背表紙を被せたということである。人工皮革の背表紙は数十年経っているような様相で、古い装丁のまま残った厚紙装（「平」）の部分は当然ながら、それ以上にはるかに古びた様相であった。もとの赤い表紙の状態から一度革装になり、その後さらに背表紙部分のみ現在の布装（人工皮革）になったというわけである。

特徴的なのは、ページの綴じ方が通常の自筆原稿の綴じ方と違って、いわばノートないしは装丁本の綴じ方で、ページの二倍の大きさの紙を二つ折りにしたものを六枚重ねて（装丁本の場合は通常四枚重ね）折り目の部分で綴じた束を全部で十一束合わせた（ページの表裏 folio を合わせて一と数える）丁数で全一三二 folios（ただし、欠落が二 folios あり、実際には全一三〇 folios。罫線入りの第一三〇 folio のあとに装丁時に加えられた罫線のない白紙が二 folios、すなわち「見返し」と「前扉」に対応する二 folios あるが、このうち罫線入りの第一三〇 folio のすぐあとの folio には図書館員が一三一のゴム印を押している）の造本になっていることであった。folios の紙質は青みがかった白に幅九ミリ弱の薄い青鼠色の罫線が引かれたものである。全一三〇 folios のうち第一二四 folio までが表裏にびっしり文字が記されており、第一二五 folio 以降が未記入で白紙のままである。この、ゴードン言うところの第三冊目には一八五四年二月一日から同年五月三十日の記録が収められている。

今回、実物を閲覧して、パリ国立図書館自筆原稿部門に実はもう一冊別の「降霊術記録ノート」が収蔵されていることが分かった。図書館整理番号 n.a.f. 16434 のものであり、同部門責任者によれば、個人所蔵家から一九七二年八月二十九日に取得されたものである。ゴードン夫妻校訂の『降霊術の記録』が出版されたのは一九六八年であるから、この出版に際してはまったく参照されていない「降霊術記録ノート」ということになる。

この整理番号 n.a.f. 16434 の「降霊術記録ノート」は全一三四 folios（旧蔵のもの同様、各 folio 表の右上には、図書館員が押したと考えられるゴム印の番号があるが、この番号でいえば一三四までである。だが、最後の一三三と一三四は装丁の際に付け加えられた、「見返しの遊び」と「前扉」に対応する白紙に押されたもので、もとの罫線入りのノートは一三二までである）で、そのうちわずかに f 四三（第四三 folio の略記。以下同様）の表までが「降霊術の記録」であり、f 四三の裏と f 四四の表がポール・ムリスによる一八五五年十月七日の降霊術の要約（この要約はゴードン夫妻校訂の『降霊術の記録』の「補遺」*OCVH*, t. IX, p. 1487 に出典の記載がないままに収録されている）になっている。途中所々に空白ページ（合計七ページ）はあるものの、f 四四の表まではびっしり書かれたページが概ね続いている。f 四五表と f 四六表には雑誌の切り抜きが糊付けしてあり、そのあとは最後の folio の裏まで全 folios の表裏が未記入である。

f 四五表と f 四六表に貼ってあるのは一九七一年六月三日付雑誌『教育』*l'éducation* の「ジャージー島の語りかけるテーブル」*Les Tables parlantes de Jersey* と題するベルナール・ジュールダン Bernard Jourdan の記事である。この記事はまさにこの整理番号 n.a.f. 16434 の「降霊術記録ノート」について記述している。問題の「降霊術記録ノート」を同館が取得する約一年前の記事であり、記事の筆者が個人所蔵家と国立図書館の仲介の労をとった可能性もある。

記事によれば、この「降霊術記録ノート」は個人所蔵家が一家でパリからほかへ転居しようとして荷物の整理をしているときに、「数百冊の法律、法解釈関連書籍のあいだから」見つかったとのことである。その個人所蔵家の言うところでは、一九六二年の競売に掛かった「降霊術記録ノート」は彼のあずかり知らないところだとのことである。記事は、発見された「降霊術記録ノート」を詳細に描写しているが、それが、本書の筆者が国立図書館自筆原稿部門で観察した整理番号 n.a. f. 16434 の「降霊術記録ノート」の様態と一致していることはいうまでもない。

この「降霊術記録ノート」は斜めの青い格子模様に黒と白のマーブル模様を部分的に配した厚紙装（「平」）に角革装（「コーネル」）と革背表紙（「背」）をほどこした、かなり古びた感じのものである。裏表紙の「平」に上下さかまさに縦四・五センチ、横六・七センチのかなり古いラベルが貼ってある。それに「N°45 4 Volumes / Victor Hugo」と二行に書いてあり、その二行にアンダーラインが引いてある。このラベル全体に赤鉛筆で、長方形のラベルの対角線上にほぼいっぱいに長い一本、それに直角に短い三本の直線が引かれている。おそらく、このラベルの記述を否定するという意味の線なのだろう。四冊まとめてあったが、揃わなくなったということなのかもしれない。さらに、表表紙の上から縦の長さ三分の一、横は中央の位置に今度は上下さかさまではなく、縦三センチ、横一・八センチの大きさで、太い黒の鉛筆のようなものでじかに「3」という数字が書いてある。おそらく、ある時点で、これが「降霊術記録ノート」四冊のうちの三冊目だと判断（後述の筆者の推定からすれば、実際には錯誤）したものと思われる。

装丁は、旧蔵の「降霊術記録ノート」にみられるノート式の綴じ方（と一応言っておくが）と同じ綴じ方である。真ん中で二つ折りにした紙を、旧蔵のものと同じで六枚重ね、折り目の部分で糸で綴じて（綴じた糸を確認したが、正確に十二folios毎にページ奥の綴じ目に現れている）[3]束にしている。こうした束を旧蔵のものと同じ全部で十一束合本している。十二掛ける十一で、（ページの表裏folioを合わせて一と数える）丁数で全一三二foliosとなる。新蔵、旧蔵まったく同じ装丁の方法であるが、前述のように、旧蔵には欠落が二foliosあり、実際には全一三〇foliosになっている。

旧蔵の二箇所の欠落のうち第一は罫線入りノートの第一folioが切り取られたことに起因している（ただし、この切り取りによって「降霊術記録ノート」に欠損が生じた様子はない）。切り取られたあとの罫線入りのfolioが幅二・一センチにわたって残っていることからこれは明らかである。第二は六枚の紙を束にするために綴じた糸の露出を調べれば分かる。この綴じ糸は十二folios毎に現れるのだが、一箇所だけ十一foliosのところがある。f四一裏とf四二表の間に現れたあと、綴じ糸はf五二裏とf五三表の間に現れている。[4]この間の「降霊術記録ノート」のレイアウトを見てみると、テキストの切れ目ないしは日ごとの記録の切れ目がfolioの切れ目と一致している箇所が二箇所ある。f四七裏で一八五四年二月十八日の降霊術の記録とそれに続く二月二十一日付けのユゴーのコメントが完結し、f四八表の冒頭で、一八五四年二月二十二日の降霊術の記録が新たに始まっている。また、f五一裏で一八五四年二月二十六日の降霊術の記録が完結し、f五二表の冒頭で、翌二十七日の降霊術の記録が新たに始まっている。このいずれかならば、記録が記されたあとであっても、「降霊術記録ノート」の整合性を確保したまま、folio一枚を抜き取ることができる。folio一枚を抜き取ったとすれば、前者の可能性のほうが高い。二月二十一日付けのユゴーのコメントに続いて、つぎのページになんらかのコメントが書かれたが、それを不要ないしは不適当と判断して、切り取った。「降霊術の記録」そのものならば、最初に決めた原則どおりに、記載のままに残さなければならないが、コメントならば、抜き取ってもよいという判断が比較的しやすかっただろうとは想像に難くない。f四七裏とf四八表の間のページの接合部が、他の接合部よりも糊付けの幅が広いようにも見受けられる。そのうえ、このページの接合部は、綴じ糸の現れたf四一裏とf四二表の間からちょうど六folio目の裏と七folio目の表の間であり、綴じ糸と綴じ糸のあいだの一二foliosの真ん中に位置するわけで、合本の際の接合部と一致して、folioを抜き取ったあとの処理が比較的容易である。

foliosの紙質は旧蔵のものと同じで、青みがかった白に幅九ミリの薄い青鼠色の罫線が引かれている。引かれた罫線の数は新蔵のものも旧蔵のものも二十三本で同じである。一見、罫線の間隔も同じに見えるが、第一罫線から第二十三罫線までの距離を測ると、新蔵のものは一九・二五センチ、旧蔵のものは一九・七センチと四・五ミリの違いがある。罫線と罫線の間隔に換算すれば、約五分の一ミリの違いであり、これはノートの使用者にも気づかれないものである。

サイズは装丁の外寸で、新蔵のものが縦二三センチ×横一八・七センチ×厚さ二・一四センチに対して、旧蔵のものが縦二四・一センチ×横二〇・五センチ×厚さ二・一四センチである。装丁の内寸、すなわち「散り」を除いたページの寸法で、新蔵のものが縦二二・二センチ×横一七・八センチ×厚さ一・七センチに対して、旧蔵のものが縦二三・三センチ×横一九・一センチ×厚さ一・七センチである。新蔵のもののほうが小ぶりではあるが、新蔵のものがページの上方（「天」側）に概ね〇・五センチから〇・八センチ、下方（「地」側）に概ね〇・三センチから〇・八センチ、内側（背表紙に近いほう、製本用語では「咽」）に概ね〇・四センチから〇・七センチ、外側（「前小口」側）に概ね〇・一センチから〇・四センチとほとんど余白を残さずカットされているのに対して、旧蔵のものがページの上方に概ね一センチから一・五センチ、下方に概ね一・五センチから二センチ、内側に概ね〇・五センチから一・二センチ、外側に概ね〇・一センチから二・三センチと、とくに上下方向にかなり余白を残してカットされていることからすれば、新蔵、旧蔵の内寸の違いは装丁の際のカッティングの差であると考えられる。なお、装丁の「前小口」は、背表紙のカーブと同じカーブを描いてきれいに揃えられ、新蔵は薄青色の、旧蔵は薄茶色の微細な吹きつけが施されている。

内寸の厚さ（「束」）が新蔵、旧蔵いずれも一・七センチと一致していることからしても、また前述の観察からしても、使用されたノート紙の紙質は一致している。罫線の間隔のわずかな違いはあるにしても、罫線の本数が一致している。装丁の内外寸の縦横のサイズが近似である。また、新蔵の三分の二ものページが未記入のまま残されている。これらからして、市販あるいは文具販売店の製作になる画一化された全一三二 folios のノートをユゴーたちは購入して「降霊術記録ノート」としていたと考えるのが至当であろう。前述の紙を六枚ずつ束ねた糸の綴じ方といい、その十一束を接合した接合の仕方といい、いかにも整然としていて、プロの職人の技としか思われない。ユゴーたちがいわば手作りでノートを製作した可能性は排除されよう。罫線の間隔のわずかな違いは、ノート、あるいは、それを構成する罫線入りの用紙が今日のように量産ではなく、購入時期の違いで、少しばかり用紙の罫線の具合が異なっていたために生じたのであろう。新蔵のものもこうして用意された、同じ「赤い表紙の降霊術記録ノート」の一冊であったと考えるのが順当である。

新蔵の「降霊術記録ノート」には一八五五年一月二十一日から同年十月五日までの記録が収録されている。国立図書館蔵（旧蔵）の、ゴードン言うところの第三冊目は一八五四年二月一日から同年五月三十日の記録を収めている。

このような点に加えて、一冊の記録ノートがカバーする降霊術の記録の期間。最も網羅的な降霊術の記録の集積、ゴードン夫妻校訂『降霊術の記録』から一応算出できるノートブック一冊分に書きこめるテキストの分量。これらを総合すると、つぎのような推定が可能となる。

「赤い表紙の降霊術記録ノート」は元来、出来合いの一三二 folios の同じものであり、このようなノートが四冊あった、ないしは、順次四冊ユゴーたちが購入した。第一冊目は降霊術開始の一八五三年九月十一日から、現存する記録で言えば、一八五四年一月二十九日までの記録を収録する。第二冊目はつぎの降霊術が行われたと考えられる一八五四年二月一日から一八五四年五月三十日までの記録を収録する。これが国立図書館旧蔵の「降霊術記録ノート」に当たり、ゴードンの言うように第三冊目ではなく、第二冊目である。第三冊目は『降霊術の記録』収載のもので言えば、つぎの降霊術が行われた一八五四年六月二日から一八五四年十二月二十九日までの記録（または、第四冊目の最初の記録の日付にいっそう近い記録）を収録するはずである。十二月二十九日のあと一ヶ月ばかりの記録は『降霊術の記録』にはない。この間、降霊術が行われなかったか（例えば、この直前の一八五四年十一月十日から十二月十日までなどでは、ゴードン夫妻校訂『降霊術の記録』でまるまる一ヶ月降霊術の記録がない状態が続くこともあった）、行方不明の第三冊目の末尾に記録があるかもしれないが、他の筆写などによっては今のところ不明であるかして、第四冊目は一八五五年一月二十一日から十月五日までの記録を収録する。そして、これが、国立図書館新蔵の「降霊術記録ノート」に当たる。

『降霊術の記録』でそれぞれの「降霊術記録ノート」がカバーする期間の記録のページ数を割り出すと、第一冊目は p. 1185 から p. 1294 で合計一〇九ページ、第二冊は p. 1294 から p. 1396 で合計一〇二ページとなり、テキストの分量もほぼ同じとなる。同じページ数の出来合いのノートブックに書いた可能性が高いというものである。第三冊目は p. 1396 から p. 1453 で合計五七ページと、第一冊目と第二冊目に比べて半分ほどになっている。これは、第三冊目がカバーする期間の降霊術の記録については、ゴードン夫妻による、筆写などからの記録の再現が第一冊目に比べて手薄になった結果であろう。第四冊目のノートブック自体は他の三冊と同じものが用意されたが、結局、前述のように三分の一ばかりを使ったところで、ユゴーたちの降霊術の営為自体が終焉を迎えてしまったというわけである。つまりは、「赤い表紙の降霊術記録ノート」四冊のうち、ゴードンが言うように第三冊目ではなく第二冊目、そして、後の発見によって第四冊目が国立図書館に収蔵されている。このように考えられるのである。

フラマリヨンは生前実際に手にした「降霊術の記録ノート」が三冊であったと書いている。これは、第四冊目が、記録と記録のあいだの期間が大きく空くなど、ユゴーたちの熱意がかなり失せ、未使用ページが三分の二もあって、記録ノートとしての興味が大幅に減退した不完全なものと見なされたため、フラマリヨンに渡されなかったからではないだろうか。

なお、新蔵の「降霊術記録ノート」第四冊目に収められた記録のうち十三編については、出典の明示はないものの、ギュスタヴ・シモンが出版した『降霊術の記録』からの転記に他の筆写などを加えて、ゴードン夫妻はその『降霊術の記録』に収録している。一月二十一日、五月二十五日、六月四日、六月十一日、六月十八日、六月二十九日、七月十六日、十月四日、十月五日の九編が未収録（六月十一日のものは一部のみ未収録。また、一八五五年七月四日の記録については、『降霊術の記録』*OCVH*, t. IX, p. 1468 には七月二日の記録として収録されている）であり、したがって、未公開となっている。(5)

叩音の「モールス信号」

ユゴーたちはいったいどのようにして降霊術を行ったのか。その具体的な方法が彼らの降霊術のテキスト生成を決定しているのであって、降霊術のテキストの特質とその射程を知るうえできわめて重要である。拙著『ヴィクトル・ユゴーと降霊術』（一九九三）に詳述した彼らの方法をまずは整理しておくことにしよう。

場所はほとんど常に、当時ユゴーがジャージー島で借りていたマリーヌ＝テラスという海辺の家であり（ごく稀に近隣の家で行うことがあった）、その家のなかでも食堂であった。食堂の大きな四角いテーブルの上に三本脚の小さな円いテーブルをユゴーたちは置いた。三本脚の小テーブルはジラルダン夫人が街のおもちゃ屋で買いもとめてきたものだった。参加者たちは大きな四角いテーブルの周りに座を占める。そのうちのふたりが霊媒の役を演じて三本脚の小テーブルの上に軽く掌を載せる。しだいに霊媒がトランス状態に陥っていくと、もともと不安定な三本脚の小テーブルのことであるから、土台の大テーブルをコツコツ叩いて音を立てるようになる。(6)

このテーブルの叩く音をつぎのような原則によってアルファベットに翻訳するのである。テーブルが一回叩いたらA、二回叩いたらB、三回叩いたらC、四回叩いたらD、五回叩いたらE、そしてアルファベットは全部で二十六文字あるから、二十六回叩いたらZ。こんなふうにテーブルが叩く音の数とアルファベットの対応関係を取り決めておき、それに従って、テーブルが休止を置くたびにそれまでにテーブルが打ったひとまとまりの音の数をアルファベットに直してゆく。これをつなげて単語を作り、文章に組みたてていくのである（*OCVH*, t. IX, p. 1185）。ただし、肯定・否定で答えうる疑問文に対する答えは、テーブルが一回叩いた場合が肯定の答え「はい」で、二回叩いたら否定の答え「いいえ」である。このあまりにも単純な「モールス信号」はフォックス姉妹以来のもの、あるいは、少なくともアメリカで発明されたもので、イギリス経由でフランスに伝わったことはすでに指摘した。

最初は律儀にこの方法を用いていたが、降霊術を始めて一カ月もしないうちに、格段に簡便な別の方法をユゴー自身がテーブルに提案している。それは「針の動きでアルファベットの文字を知ることができる」文字盤を使うことである。こうした「文字盤」を実際に手に入れて(7)降霊術の実験に持ちだしたうえでの提案だった。提案の理由はテーブルが「曖昧だったり無意味だったりするような答えをずいぶん頻繁に返してよこす」(一八五三年十月五日「降霊術の記録」)からであった。だが、「この文字盤や、同じようなほかのどんな装置を用いてもうまくいかない」として、「引きつづきテーブルを使うようにせよ」とテーブルはにべもなく拒絶し命令する。こうしてユゴーたちは結局のところ二年におよぶ長い期間、最後までこの「曖昧で」疲労度の高い方法を使いつづけることになる。

ここで別の方法を提案しテーブルに拒否されたのがユゴー自身であることに注意しよう。あとで検証するが、この「曖昧な」方法を是非とも必要としたのはおそらくユゴー自身の奥深い心の闇であったのだから。

叩音連打の驚くべき速度

「降霊術の記録」を繙くと、誰しも気がつく、いわば物理的・現実的特徴がある。それは、ユゴーたちが降霊術を始めて二週間くらいはテキストが希薄だが、そのあとはかなり濃密になっていることである。言い換えれば、最初の二週間くらいは一問一答形式で、テーブルの答えは短くそっけないが、それを過ぎるとテーブルの答えが非常に長く複雑になっているのである。むろん、この二週間以後も一問一答形式で短い答えをテーブルが送ってくることは部分的にはあるが、ほとんどは長い答えとなる。

ゴードン夫妻校訂の『降霊術の記録』に収められた、ほとんどすべての個々の「降霊術の記録」

には冒頭に日付、参加者名、霊媒の名、開始時刻、また、末尾には終了時刻が記されている。

これを基に、まず、九月十一日に降霊術が成功して三日目の九月十三日の記録について、一定時間にテーブルが打つ打数を計算してみることにしよう。この日の実験の開始時刻は午後九時三十分、終了時刻は翌日の午前三時三十分と記録されている。よって、経過時間は六時間である。ひとまずイエス・ノータイプの答えを除いて、この六時間のあいだにテーブルの発した言葉すべてを対象として、それを構成するアルファベットを網羅的に勘定する。すると、Aが一二〇字、Bが二十三字、Cが四十六字、Dが三十七字、Eが二三一字……Zが二字であることが分かる。これにAには一、Bには二、Cには三、Dには四、Eには五……Zには二十六を掛けて合計し、ついで、文字と文字を分ける休止が文字の全体数マイナス一であるとして、総文字数マイナス一の一三三七を足す。イエスの答えを数えると八十九回、つまり、八十九打、ノーの答えは四十三回、つまり八十六打なので、これをさらに加える。この一六九九一打を六時間すなわち二一六〇〇秒で割ると、〇・七八七。一秒間に〇・七八七打叩くことになる。ユゴーたちが問いを発するのに要する時間、沈黙の時間などを考慮に入れても、一秒間に一打程度のスピードである。むろん、小テーブルが大テーブルを叩くスピードは常に一定ではなく、これより速いことも遅いこともあるはずだが、いずれにしても、この前後のスピードならば、なんとか打数を正確に数えることができるだろう。

つぎにテキストが濃密になって以降の一八五三年九月二十四日の実験について同様の計算をしてみよう。実験開始は午後三時、終了は午後七時三十分と記録されているので、経過時間は四時間三十分である。ひとまずイエス・ノータイプの答えを除いて、この間にテーブルの発した言葉すべてを対象として、それを構成するアルファベットを網羅的に勘定する。すると、Aが二八七字、Bが三十三字、Cが一一〇字、Dが一三二字、Eが六六八字……Zが九字であることが分かる。これにAには一、Bには二、Cには三、Dには四、Eには五……Zには二十六を掛けて合計し、ついで、文字と文字を分ける休止が文字の全体数マイナス一として、総文字数マイナス一の三六〇〇を足す。イエスの答えを数えるとわずか二回、つまり、二打、ノーの答えはなし、つまり〇打なので、これをさらに加える。この四四九五五打を四時間三十分すなわち一六二〇〇秒で割ると、二・七七五。なんと、一秒間に二・七七五打も叩くことになる。

念のため、あとで問題にするきわめて重要な、降霊術開始から一年半後、終了から半年前の一八五五年三月二十二日の記録についても同様の計算をしてみよう。実験開始は午後九時四十五分、終了は午前一時と記録されているので、経過時間は三時間十五分である。ひとまずイエス・ノータイプの答えを除いて、この間にテーブルの発した言葉すべてを対象として、それを構成するアルファベットを網羅的に勘定する。すると、Aが二八〇字、Bが四〇字、Cが八二字、Dが一四一字、Eが六一五字……Zが三字であることが分かる。これにAには一、Bには二、Cには三、Dには四、Eには五……Zには二十六を掛けて合計し、ついで、文字と文字を分ける休止が文字の全体数マイナス一として、総文字数マイナス一の三三五一を足す。イエスの答えを数えるとわずか一回、つまり一打、ノーの答えも一回、つまり二打なので、これをさらに加える。この四一七一四打を三時間十五分すなわち一一七〇〇秒で割ると、三・五六五。なんと、一秒間に三・五六五打も叩くことになる。(8)

ユゴーたちが問いを発するのに要する時間、沈黙の時間などを考慮に入れると、二つ目と三つ目の濃密なテキストにおいては一秒間に三打ないし四打、あるいはそれを超えることになるのである。この打数を三時間十五分とか四時間半にわたって正確に数えることを想像してみれば、それがきわめて困難、あるいは端的に言って、不可能、少なくとも神経をすり減らす拷問に近い作業であったことは間違いなかろう。それだからこそ、ここで二つ目に打数を測定した一八五三年九月二十四日の実験の少しあと、十月五日の実験では、この方法を止めて文字盤を使うことを、すでに見たようにユゴーがテーブルに提案したのである。提案理由の、テーブルが「曖昧だったり無意味だったりするような答えをずいぶん頻繁に私たちに返してよこす」というのは、ユゴーたちがまだスピードに慣れていず、打数をカウントしきれていない——言いかえれば、神経を磨りへらしながらも、懸命に数えようとしていた——ことを意味するのではないか。逆に、すらすらとテキストができるようになってしまえば、そのことのほうがはるかに現実ばなれしている。二年にわたる降霊術の実験のあいだじゅう、この種の濃密なテキストが記録のほとんどを占めている。ということは、ユゴーたちはほとんど終始、この猛スピードの打数を解読するという、神わざをやってのけていたのである。

こうしてユゴーたちがテーブルの叩音をアルファベットに一字一字翻訳していたさまは「降霊術の記録」の手書き原稿を検証してみても一目瞭然である。(9) 図1に示したのは、ユゴー自身の手になる「降霊術の記録」の一部——一八五四年十二月二十八日の「記録」の冒頭と結末部分——である。ユゴーが発した第一の質問 V.H. — qui est là?（ヴィクトル・ユゴー——誰がそこにいるのか？）、第

— Savez-vous que cette idée m'est souvent venue?

— non.

— pouvons-nous espérer que le lion finira son poème? (la table répond très vivement)

— certainement. tout sera fini.

Mme V.H. parle Soi. je suis triste.

on t'aime dans le monde des rayons et on te prie dans le monde des larmes. un peu de souffrance fait du bien. le paradis t'attend avec ton mari. votre fille a laissé sa tombe entrebail lée.

V.H. est-ce toujours Josué qui a fait cette dernière réponse? non

V.H. Eh bien, dis-nous ton nom. — Vestra.

(la table s'arrête.)

(Clos à une heure 3/4 du matin)

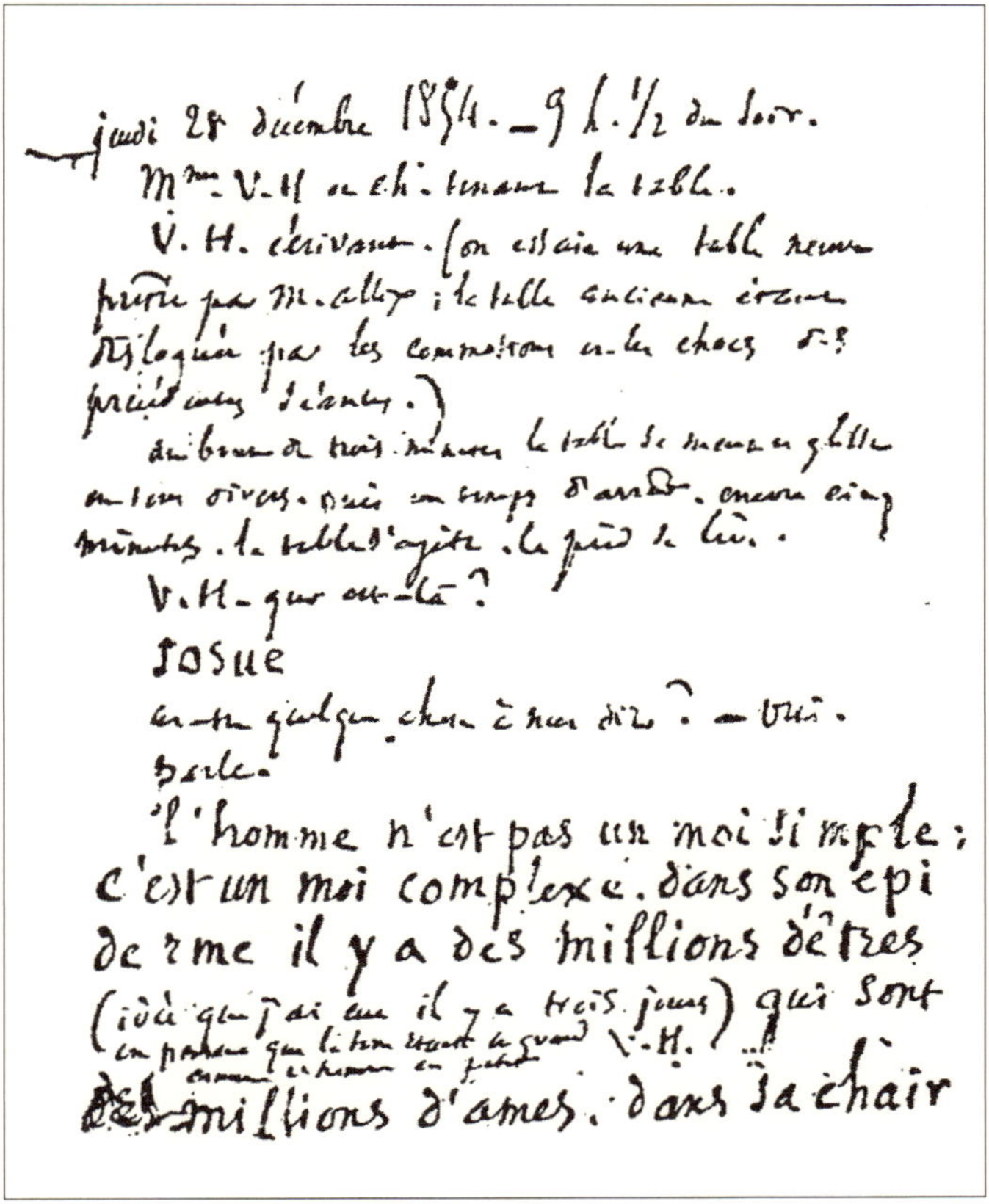

jeudi 28 décembre 1854. — 9 h. 1/2 du soir.
Mme V.H. et Ch. tenant la table.
V.H. écrivant. (on essaie une table neuve prêtée par M. Allix ; la table ancienne étant disloquée par les commotions et les chocs des précédentes séances.)
au bout de trois minutes la table se meut et glisse en tous sens. puis un temps d'arrêt. encore cinq minutes. la table s'agite. le pied se lève.
V.H. — qui est-là ?
JOSUE
as-tu quelque chose à nous dire ? — Oui.
parle.
l'homme n'est pas un moi simple ; c'est un moi complexe. dans son épiderme il y a des millions d'êtres (idée que j'ai eue il y a trois jours) qui sont [illegible] des millions d'âmes. dans sa chair

図1　Levaillant, *La Crise mystique de Victor Hugo* (*1843–1856*), 1954より

二の質問 as-tu quelque chose à nous dire ?（何か私たちに言うことがあるのか？）、さらに、つぎの命令法 parle（話してくれ）、そして、テーブルが一打のみ打って第二の質問に答えた oui（はい）がまったく淀みなくすらすらと続けて書かれていることが見てとれる。それに対して、第一の質問に対するテーブルの答え Josué（ヨシュヤ）についても、命令法 parle（話してくれ）に対してテーブルが答えた l'homme n'est pas un moi simple ; c'est un moi complexe. dans son épiderme il y a des millions d'êtres（人間は単純な自我ではない。複雑な自我だ。その皮膚の内側には何百万という存在があるのだ）以下（この文言の直後にある括弧内はユゴーのコメントなので一気に続けて書かれている）についても言えることだが、例えば否定の副詞 pas は pa と分かればそのあとの s は容易に想像がつくので as と続けて書かれているような場合を除き、テーブルの答えの部分はすべてたどたどしく、ほぼ一文字一文字書かれている様子がはっきりと見てとれる。(10)

すでに一八六三年にオーギュスト・ヴァクリーは『歴史こぼれ話』のなかで、ジャージー島の降霊術の発端を示す自身の「覚書」を紹介しているが、それを『ある天文学者の回想録』にフラマリヨンは三ページにわたって転載している。ジャン・ゴードン校訂の『降霊術の記録』収載ヴァクリーの「覚書」には、「つぎのようにテーブルと取り決めが出来ている。テーブルが叩く音はアルファベットの文字であって、テーブルの音が止まるところでその文字をこちらは書きとめるのである。こうして一文字一文字、一語一語、そしてそれを組みたてることで文章を書きとったり、何ページにもわたるメッセージを書きとったりするわけである」（*OCVH*, t. IX, p. 1185）と説明されている。『ある天文学者の回想録』転載のものは、これと異なるヴァージョンであり、叩音カウントの方法について『降霊術の記録』ヴァージョンより詳しいつぎのような記述をしている。「以下、どのように行っていたかを説明しよう。テーブルの脚が叩音を打つにつれて、A、B、Cなどとアルファベットの文字を指示した。テーブルが休止を置くと、直前の文字を書きとめた。だが、ある文字のところではっきりとテーブルが休止を置かないことも一再ならずだった。そんなときには間違って、すぐ前のアルファベットの文字とかすぐ後のアルファベットの文字とかを書きとめてしまうのだった」(Flammarion, *Memoires d'un astronome*, pp. 226-227, Vacquerie, *Les Miettes de l'histoire*, p. 382)。

これは、前述した、ユゴーたちがまだスピードに慣れていず、打数をカウントしきれていない、言いかえれば、神経を磨りへらしながらも、懸命に数えようとしていた初期の稚拙な段階を描出したものといえる。

これに対して、同じ『歴史こぼれ話』のなかに、ユゴーたちが降霊術に習熟し、すらすらとテキストができるようになった、いわば現実ばなれした状況の描写がある。「テーブルとのやり取りの方法は最初と同じ原始的な方法のままだったが、慣れたことと、いくつか略号を決めたことで簡略になり、やがて、期待されるスピードを十全に発揮するようになった。テーブルとすらすらと話ができるようになった」(*Mémoires d'un astronome*, pp. 228-229, *Les Miettes de l'histoire*, p. 387)。「いくつか略号を決めた」とはイエス・ノーで答えられる質問に対して一打叩けばイエス、二打叩けばノーを表したり、頻出する固有名詞などを略号で表現したりすることを指しているのだろう。「慣れたことによって〔……〕期待されるスピードを十全に発揮するようになった」とは、先に描出されたアルファベットの指示の取り違いや躊躇がほとんど解消したということなのだろう。これは、後述するように、ユゴーやヴァクリー、とくにユゴーがテキスト解読にきわめて高い熟練度を示すに至ったことを意味すると思われる。

なお、一八五三年九月十一日の最初に成功した降霊術の実験のあとに、オーギュスト・ヴァクリーのつぎのようなコメントがある。

「以上記したすべての記録は降霊術の当該実験の直後にオーギュスト・ヴァクリーの手で書かれたものである。この日以降、テーブルの応答を、テーブルがまさに応答しているときに筆記することが決定された。以下に収められた『降霊術の記録』のすべては降霊術の実験の最中に収録されたものである」(*OCVH*, t. IX, p. 1188 ; Simon, *les Tables tournantes de Jersey*, 1923, p. 35)。おそらく、このヴァクリーのコメントは(行方不明の)「降霊術記録ノート」第一冊目の冒頭に記されたものの下書きあるいは転記であったはずであり、ここで言う「降霊術の記録」は「降霊術記録ノート」を指すと思われる。

さらに、『歴史こぼれ話』ではヴァクリーは「これらのあらゆる会話は、降霊術の実験が終わってからではなく、その場で、テーブルのディクテーションのままに記録された」(*Les Miettes de l'histoire*, p. 387) と述べて、記録がテーブルの言葉に忠実であったことをいっそう強調している。

もっとも「降霊術記録ノート」の記載に限っていえば、まったく例外がなかったかというと、例えばつぎのような事例がある。「降霊術記録ノート」の一八五四年五月十日の記録にユゴーのコメントが付されていて、「この非常に短い実験は、私の自分用の記録にのみ筆記されていて、『記録ノート』の収まるべき場所に転記するのを忘れていた。今日、この忘れていた作業をするものである」[11]と言っているからである。ただ、この場合も、降霊術の実験中に取られた記録そのままが「降霊術記録ノート」に収載されていることに変わりはない。なお、ユゴーが「自分用の記録」を取っていたという記述は、後述する事項からすると、注目に値する。

3 テキスト制作の主体の問題

叩音連打が遅い場合

誰がテキストを作っているか。具体的かつ物理的な（したがって表面的な）意味でのテキスト制作の主体については、つぎのいくつかの場合に分けて考える必要がある。まず、叩音連打の速度が遅い場合と速い場合に分けなければならない。ただ、この二分法もテキストのなかでその区別を明示できないことは言うまでもない。上記の計算はあくまでも叩音連打の速度が一定であるとしての計算であり、そうした計算しか可能ではないが、たとえ秒速平均三打とか四打の実験でも、部分的にはそれよりもはるかに遅い速度になっていた可能性は充分あるからである。

第一の場合、叩音連打の正確な数と切れ目を出席者の誰もが捉えられるほどに連打の速度が遅い場合には、直接的には霊媒がひとまとまりの叩音の数を統御しているのであり、アルファベットを、したがって、単語や文章を作っているのは霊媒ということになる。だが、その場合もC・G・ユングの提示する「意図振顫」を考慮すれば、この「意図振顫」によるのであって、霊媒は自分がテキストを作っていることはまったく意識しない。

「心霊的現象について」と題する一九〇五年発表の論文（C. G. Jung, *On Spiritualistic phenomena*, *The Symbolic Life* [first editon : 1977], *The Collected works of C. G. Jung*, t. 18, 1980, pp. 303-304）のなかでC・G・ユングはテーブル・ターニングの現象をつぎのように説明している。つまり、人間には「無意識の意図」というものがあって、図形なり文字なりを心に念じると、手が自動的に動いて、その図形なり文字なりをテーブルが描く。その際、テーブルに手を置いた本人には、自分が描いたという意識がまったくなく、テーブルがひとりでに動いて描いたとしか思われない、ということである。これを「意図振顫」intended tremorsという。心に念じる、すなわち、意識するまでもなく、心の「無意識的部分」が、あるまとまりのある内容を、意識とは無関係にテーブルの動きに伝えることもあるという。降霊術の霊媒は、超越的な力がテーブルを動かしていると百パーセント信じながら、その実、自分の無意識の力でテーブルを動かしていることになる。

さらに、ユングが興味深い報告をしている。霊媒といっしょにユング自身がテーブルに手を置いて、ある数字を強く念じた。テーブルが動きだしてすぐにユングが手をテーブルから引っこめて、ユングの「意図振顫」がテーブルに及ばないようにしても、七十七パーセントの確率でテーブルは正確にユングの念じる数字を指し示した。ユングの意図をユングの「意図振顫」を介して霊媒の無意識が理解し、そのとおりの数字をまったく無意識に霊媒はテーブルに表現させたのである、とユングは説明している（*Ibid*., p. 305）。そうなると、降霊術の実験中、無意識に参加者の誰かの手や足が霊媒の体かテーブル、あるいは霊媒の座っている椅子などに触れていたりすることが仮にあったとすれば（むろん、こうした事柄についてはまったく「降霊術の記録」に記載はないが）、テーブルの動きはその者の無意識の意図を反映することも起こりうる。

まとめると、速度が遅い場合は、通常は霊媒が、しかし、場合によっては「意図振顫」による無意識から無意識への意思の伝達によって間接的に他の参加者がテキストを作っていることになる。『降霊術の記録』校訂者のジャン・ゴードンは、叩音連打の速度にはまったく注意を払っていないために、この第一の場合のみを想定して、テキスト制作者を霊媒とし、霊媒としての能力がずばぬけて高く、大多数の実験で霊媒を務めたユゴーの長男シャルルと想定している（*OCVH*, t. IX, pp. 1178-1181）。確かに「私はテーブルを磁気化するについて特権的な存在か？」というシャルルの質問にテーブルが「そうだ」と答えたことがあったりはするが（「一八五三年九月二十九日から十二月六日にかけて」の記録 *Ibid.*, p. 1238）、この問答のあった時期はまだ濃密なテキストに希薄なテキストが混在するテキスト構成を示している。また、霊媒役はふたりであり、シャルルとユゴー夫人のふたりが揃って霊媒を務める頻度が二年間の降霊術を通してきわめて高かった。したがって、霊媒の役割を問題にするならば、ユゴー夫人の関与も考慮に入れる必要があるだろう。

さらに、一八五四年一月二十二日の実験においては、ユゴーとヴァクリーがシャルルのいない別室で話していた極端に特殊な内容を、シャルルが霊媒を務めた、その三十分後の降霊術の実験でテーブルは正確に述べる。霊媒はふたりいて、もうひとりの霊媒はテオフィル・ゲランというユゴーの知人であったが、このゲランもシャルル同様、別室にはいなかった。これはテキスト制作者がシャルルでないことを証明する一例となっている。この場合テキスト制作者は当然ながらユゴーかヴァクリーに限られる。この日のテーブルへの質問者はユゴーであり、当該部分の「降霊術の記録」はユゴーの手書き原稿を用いている。前例の複数の計算結果から導きだした概算方法により、一秒間の打数を概算すると約四打であり、この実験は全体としては叩音連打の速度が速い部類に属する。

先で述べるテーブル・ターニングの自己否定の問題もあって、ユゴーが霊媒の役を演じることは論外である。実際にも、ユゴーは一度としてと言えるくらい霊媒の役を演じたことがない。自らが霊媒にならないとすれば、その蒼ざめた分身という面もあるシャルルはユゴーにとって格好の霊媒であったことは疑う余地がほとんどない。また、その、父親に対する屈折した内面と鬱積したリビドーからすれば、父親のため、あるいは自己正当化のために、もっともトランスに陥ってしかるべきだったのはシャルルであろう。そうはいっても、叩音連打の速度が速い場合はむろんのこと、遅い場合でさえも、ユングの「意図振顫」の実験からしても、シャルルがテキスト制作者であると言えない場合もあることは付言しておく。

「記録ノート」の筆跡の検証

第二の場合、すなわち、叩音連打の正確な数と切れ目を出席者が捉えることが困難なほどに連打の速度が速い場合には、叩音の数と切れ目を決定し、それに対応するアルファベットを指示する者がテキストを作っていることになる。この役目を霊媒が兼ねることは、アラン・カルデックの用語では、叩音による「ティプトロジー」ではなく、単なる「口述霊媒」になる。それはテーブル・ターニングの自己否定になってしまう危険性がきわめて高いので、まずありえない。[12] そうなると、霊媒を除く参加者のうちの誰か、ということになる。複数の参加者が入れ替わりながらテーブルと会話する記録も多々見られることから――そして、むろん、何よりもすべての参加者にとって、参加する意味がある必要から――その「誰か」はその場でテーブルの言葉を構成するアルファベットを参加者全員に伝えていたはずである。この、もっとも現実的な方法はその「誰か」が口に出してアルファベットを言う方法である。参加者のうちにはこのアルファベット、さらにはテキストをメモした者もいたはずで、だからこそ、例えば次女アデルの日記にも降霊術のテキストのメモが残っている。それに、後述するように、まさに降霊術の最中にそれが行われている場でユゴーとヴァクリーのふたりがそれぞれ別個に取り、かつ文言の一致する記録も残っているのであろう。

ゴードン夫妻は『降霊術の記録』の最後に「参考資料」として、日付のない手書きの「降霊術の記録」を、断片を含めて、(ポール・ムリスによる単なるメモは除外して)十五編、誰の筆跡であるかを明示しながら収録している。その筆跡はユゴー自身、オーギュスト・ヴァクリー、ユゴー夫人、アデル・ユゴー(五編がヴァクリー、三編がユゴー)とのことである(*OCVH*, t. IX, pp. 1469-1483)。このように、ある程度の人数の参加者が「降霊術の記録」を残しているのも同様の理由によるのであろう。

また、降霊術の進行中に「誰か」が口に出してアルファベットを言っていたとすれば、たとえトランス状態にあるとはいえ――あるいは、トランス状態にあるからこそ――鋭敏に、いままさに生成しつつある降霊術のテキストや単語、とくに単語について霊媒が、予測ないしは期待される単語が生成するようにアルファベットの打数を無意識にコントロールすることもできたことになる。

アルファベットを口に出して言っていた「誰か」と「降霊術記録ノート」の筆記者は密接な関係にあることは充分に推測できる。ここで現存する「降霊術記録ノート」の手書き原稿を検証して、誰の筆跡で書かれているかを調べてみよう。

まず、パリ国立図書館新規収蔵の（筆者の見解では）第四冊目であるが、この「降霊術記録ノート」には、末尾のポール・ムリスによるメモ（一八五五年十月七日の降霊術一回分）を除外すると、合計二十一回分の降霊術の記録が収録されている。[13] このうちユゴーが欠席した一八五五年三月三十日、四月十三日、五月十八日、五月二十五日、十月五日の五回については、オーギュスト・ヴァクリーが筆記し（三月三十日のみ、ヴァクリーの筆跡であって、かつ「筆記者ヴァクリー」の記載はない。他の四回については「筆記者ヴァクリー」の記載がある）、ユゴーとヴァクリーがともに欠席した七月四日の一回のみは「筆記者アリックス氏」となっている。[14] アリックス氏とはユゴー家の隣人ジュール・アリックスのことである。ユゴーが出席した十五回のうち、二月十一日のみヴァクリーの筆跡であるが、あとはすべてユゴーの筆跡であり、かつ、十月四日を除いてすべてに「筆記者ユゴー」の記載がある。つまりは、この「降霊術記録ノート」第四冊目に収録された一八五五年一月二十一日以降の降霊術においては、ユゴーが出席していた場合は、ほんの一回の例外を別にすれば、すべての「降霊術記録ノート」の筆記者はユゴーであったということになる。また、ユゴーが欠席した場合、そうした筆記者の二番手、ユゴーの補欠を務めたのがヴァクリーであったことが分かる。

それでは、パリ国立図書館旧蔵の「降霊術記録ノート」（筆者の見解では）第二冊目はどうであろうか。第二冊目ではなんとも奇妙な現象が起こっているのだ。一八五四年二月二十七日、三月十九日、四月二十二日、五月十三日、五月十六日、五月二十三日の記録のように、ユゴーの筆跡による記録が数えるほどしかないのに比べて、一八五四年二月三日、二月六日、二月十三日、二月十七日、二月十八日、三月三日、三月二十四日、三月三十日、四月四日、四月十三日、四月二十一日、四月二十三日、四月二十五日、五月十九日、五月三十日の記録のように、ユゴーが出席しているにもかかわらずヴァクリーの筆跡で書かれている記録が実に多いのである。このほか、三月二十三日や四月二十四日の記録のように、ユゴーが途中から入室して、その場にいても、ヴァクリーが記録を筆記した例もある。第四冊目で見られたユゴーが一番手の筆記者でヴァクリーが二番手という順序が、第二冊目では逆転しているかのような印象も受ける。

重複するユゴー自筆の記録

ところが、ユゴー記念館が所蔵するユゴー自筆の降霊術の記録を調査すると、さらに驚くべきことが判明する。上記のヴァクリーの筆跡による「降霊術記録ノート」の記録と重複して、ユゴーの筆跡による記録が、同じ降霊術の実験について存在するのである。そして、そのユゴーの筆跡による記録は一文字一文字たどたどしく力をこめて書きこんであり、降霊術の現場で降霊術が行われている最中に書かれたとしか考えられない、つまり、降霊術終了後の転写としては片づけられないものなのだ。

ユゴー記念館の付属図書館では、背に Tables tournantes と書かれた、縦三八・五センチ×横三〇センチ×高さ九センチの、ベージュのキャンバス布張りの箱に、降霊術関連の手書き原稿を収納している。この箱にはふたつの白い大きな厚紙の分厚いホルダー（書類挟み）が収められている。ひとつのホルダーの表紙にはTables / écriture d'Hugo / 2 chemises / 1 cahierと、もうひとつのホルダーの表紙にはTables tournantes, manuscrits / Juliette / Vacquerie / Mme Hugo / Documents diversと、かつてのユゴー記念館付属図書館員が記入した鉛筆書きの文字が見られる。その Tables / écriture d'Hugo / 2 chemises / 1 cahier と書かれたほうのなかに、白い大きな厚紙の比較的薄いホルダーが三つあり、そのうちのひとつに、ユゴーの筆跡による Les Tables という表題のついた整理番号 αpm654 のホルダーが入っている。ただし、ホルダーと言っても、ユゴーが新聞紙をふたつ折りにして Les Tables と幅四センチ長さ九センチにわたる大きな文字で中央より少し上に書きこんだものにすぎない（この新聞紙の裏面にも鉛筆書きで αpm654 と整理番号が記入されている）。このホルダーには「一八五四年一月五日、一月六日、三月二十五、二十六、二十七、三十日、四月十日、十三日、二十一日、二十五日、五月三十日、（六月二十三日）、七月四日、十五日、十六日、二十六日、八月六日、十七日、二十八日、九月七日、八日、九日」の降霊術の記録が収納されているという、図書館員が書きこんだ縦二十一センチ横十三・五センチのメモが挟んである。さらに、「ムリス寄贈品、ラングロワ＝ベルトロ寄贈品」と図書館員が書きこんだ、縦九・八センチ横十五センチのカードが添えてある。

整理番号 αpm654 のユゴー作成のホルダーおよび以上のその付属文書は白い大きな厚紙の比較的薄いホルダーに収められているわけだが、そのホルダーの表紙には「これらの文献は、非常に汚い焦げ茶色の紙製ホルダーのなかにあり、その紙製ホルダーはかなり汚い緑色の紙製ホルダーのなかに収められていた。／緑色の紙製ホルダーには『ギュスタヴ・シモンの段ボール箱のなかで発見された』という記載があった。／焦げ茶色の紙製ホルダーには『箱3A、ユゴー贈与』という記載があった[15]」と記入されている。「非常に汚い焦げ茶色の紙製ホルダー」はユゴー自作の新聞紙製のホルダーの内側に残っていて、その表紙部分には「ライオンの応答を含む、A〔アンドロクレス〕のライオン関連の紙片が二片これには入っている」Ceci contient / les deux pièces / au lion d'A. / avec la rêponse du l. [lion].」とユゴーの筆跡で書いてある。この「非常に汚い焦げ茶色の紙製ホルダー」の表紙および、このなかに入っているすべての手書き原稿の一ページ毎には「V・ユゴー遺産一覧表／（…）整理番号（…）番の紙片／公証人ガチン」Invre [Inventaire] SSon [Succession] V.Hugo / [...] Cote [...] pièce / Me [Maître] GATINE, Nre [Notaire] と青色のスタンプが押され、その下方には公証人ガチンの署名がいちいち書きいれてある[16]。真ん中の行にある整理番号と紙片番号は手書きである。整理番号は当該ホルダー内容文献すべてに共通で、105e となっている。紙片番号は「非常に汚い焦げ茶色の紙製ホルダー」は 128e であり、そのあとの内容文献は、130e から 137e まで、139e から 143e まで、146e から 150e まで、152e から 154e まで、そして、少し飛んで 158e となっている。ユゴーの遺産目録作成の時点では揃っていたはずのものが、その後、一部が散逸したと考えられよう。

　ここで言及されているムリスは、むろんユゴーの弟子でその遺言執行人のひとりでもあったポール・ムリスであり、ラングロワ＝ベルトロはムリスの遺産相続人である。「ギュスタヴ・シモンの段ボール箱」（書類収納箱）にあったということから、二十世紀前半に『降霊術の記録』を出版したシモンが「降霊術記録ノート」だけでなく、主としてユゴー自筆の降霊術の記録を段ボール箱（書類収納箱）に入れるくらい大量に保有していたことが想像に難くない。ユゴー記念館が所蔵するユゴー自筆の降霊術の記録はその一部であり、ほかにも同様の降霊術の記録がかなりの量残っていた、ないしは、残っているはずである。

これはあとで重要になってくるが、失われた「降霊術の記録ノート」（筆者の見解による）第一冊目と第三冊目に記載されているはずの記録を、ゴードン夫妻は第一冊目については全十七回のうち九回分、第三冊目については全十九回のうち十三回分も、ユゴー自筆の記録からその『降霊術の記録』に校訂・収載している。「降霊術の記録ノート」収載のものを除いて、個々の「降霊術の記録」の出自はゴードン夫妻は明確にしていないが、「解説」の末尾で謝辞を連ねた最後に、「とくにR・ラングロワ＝ベルトロ夫人に謝意を表する。ラングロワ＝ベルトロ夫人はその所有するところの文献をこのうえなく寛大な心をもって私たちに閲覧させてくださったからである」（*OCVH*, t. IX, p. 1184）とわざわざ記している。このことからすると、シモン、ムリス経由で、段ボール箱いっぱいとはいかないにしても相当量の、ユゴー自筆「降霊術の記録」がラングロワ＝ベルトロ夫人宅に眠っていて、それをゴードン夫妻が使用したことは想像に難くない。

第一冊目から第三冊目までの「降霊術の記録」の大多数（ないし多数）に、「降霊術記録ノート」とともにユゴー自筆の記録が重複して残っていることになるわけだが、この事実をどう捉えればよいのだろうか[17]。

4　ユゴー自筆の記録を精査する

ユゴー記念館所蔵の記録

「降霊術記録ノート」とともにユゴー自筆の記録が重複して残っているわけだが、この謎を解く鍵はまずもって、ユゴー記念館所蔵の整理番号 *α*pm654 のホルダーに入ったユゴー自筆「降霊術の記録」の体裁にある。つまり、このホルダー内のユゴー自筆「降霊術の記録」すべてが、紙を縦に半分に折って真ん中に折り目を入れ中央が分かるようにしてから、縦二九・二センチ、横二二・三センチの、どの紙もページの右半分にだけ文字を書き、左半分は加筆訂正用の余白にしてあるのだ。[18]

この紙の使い方はユゴーがそのあらゆる文学作品の原稿で行っているとも言えるものである。一八二〇年に発表された「天与の才」と題するオードの自筆原稿において——左の加筆訂正用の余白が右のテキスト記入部分よりもやや狭いものの——すでに見られる。一八二七年の『クロムウェル』の「序文」の自筆原稿からは基本的にはすべて中央で左右に二分割されたこの方式が取られている。一八三一年の『ノートル＝ダム・ド・パリ』の自筆原稿も、一八四六年から一八六二年まで執筆された『レ・ミゼラブル』の自筆原稿もしかりである。

ということは、ユゴーはなんと、創作と同じ方法で、創作の延長のようにして降霊術の記録を取っていたのである。創作においてはユゴーはバルザック同様、執拗に推敲を重ねるタイプの文学者であった。『レ・ミゼラブル』の原稿など、左半分の訂正の余白が、右半分への加筆訂正でびっしり埋まっているページも少なくない。校正の段階でもあまりに訂正が多くて出版社を閉口させたとも言われている。習慣とはいえ、ユゴーは「降霊術の記録」についても、加筆訂正を前提とした用紙の使い方をしていたのであった。「テーブルのディクテーションのままに記録された」(*Les Miettes de l'histoire*, p. 387) という「降霊術の記録」の方法に関するヴァクリーの証言とこれは一見、矛盾するのではないかとも思われる。

つぎに、内容の点でも重要な一八五四年四月二十五日の「降霊術の記録」について、「降霊術記録ノート」の手書き原稿とユゴーの手書き原稿を比較すると、この疑問はいっそう深まる。

「降霊術記録ノート」とユゴー自筆テキストの比較

「降霊術記録ノート」のほう(図2)には筆記者の名前は記載されてはいないが、「オーギュスト・ヴァクリーが退室する」(n.a.f. 14066, folio 85 verso) というユゴー夫人の筆跡による記述(図2の三ページ目第十一行)の一行前までは、筆跡はヴァクリーのものである。ユゴーの手書き原稿(図3)には「オーギュスト・ヴァクリーが退室する」という記述はなく、その一行前でちょうど一枚目が終わっている。問題はこのユゴー手書き原稿の一枚目(Boîte《Tables tournantes》, Chemise《Tables / écriture d'Hugo / 2 chemises / 1 cahier》, Séance du 25 avril 1854, Inventaire Gatine : 105 Cote 139e pièce) なのである。「降霊術記録ノート」の記述と大きな違いを見せている。

記録の内容は、以前から時折テーブルに宿って詩を書き取らせていたアンドロクレスのライオン

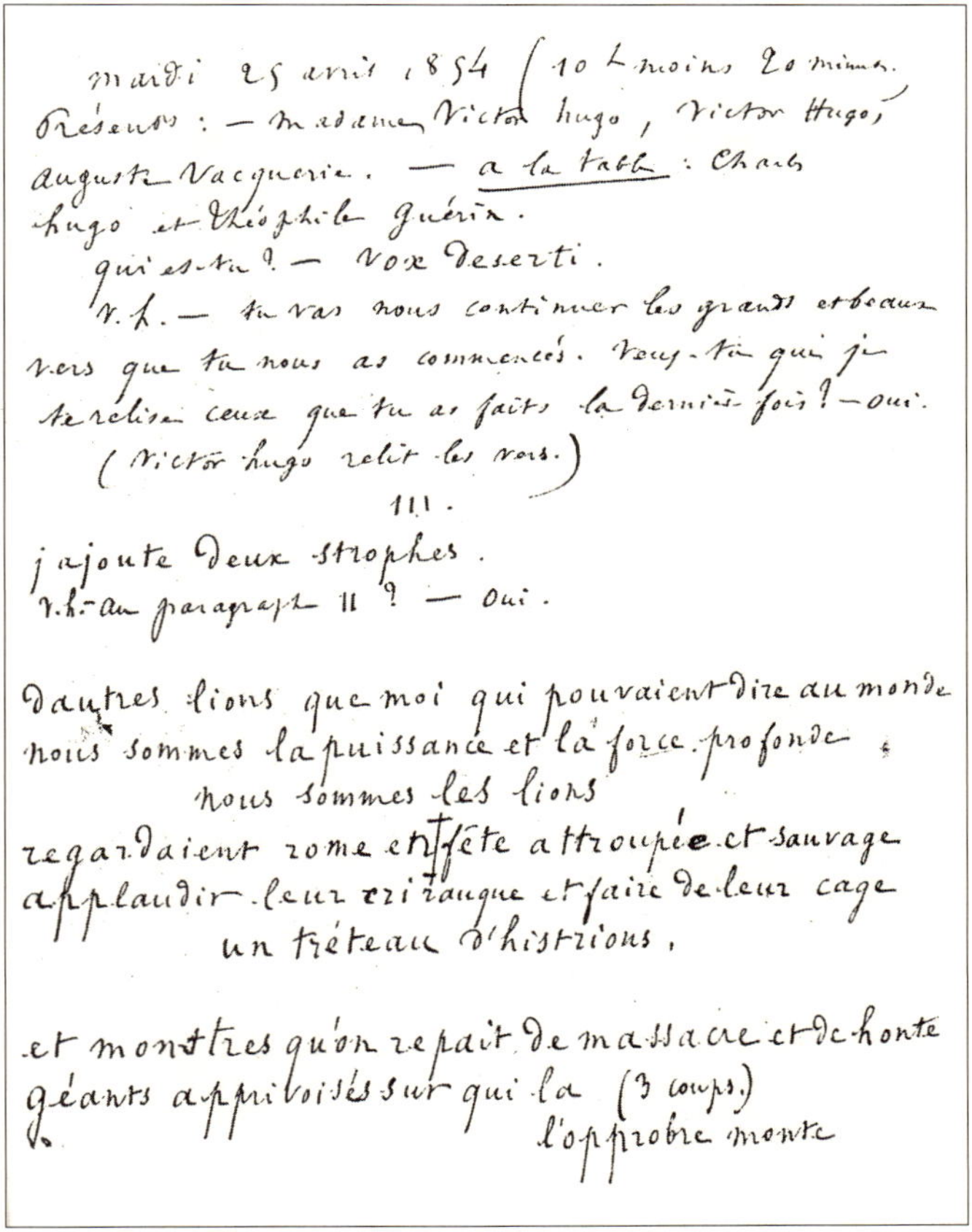
mardi 25 avril 1854 (10 h moins 20 minutes.
Présents : — madame Victor hugo, Victor Hugo,
auguste Vacquerie. — a la table : Charles
hugo et théophile guérin.
qui es-tu ? — Vox deserti.
V. h. — tu vas nous continuer les grands et beaux
vers que tu nous as commencés. Veux-tu que je
te relise ceux que tu as faits la dernière fois ? — oui.
(Victor hugo relit les vers.)
III.
j'ajoute deux strophes.
V. h. — au paragraphe II ? — Oui.

d'autres lions que moi qui pouvaient dire au monde
nous sommes la puissance et la force profonde
nous sommes les lions
regardaient rome en fête attroupée et sauvage
applaudir leur cirque et faire de leur cage
un tréteau d'histrions.

et monstres qu'on repait de massacre et de honte
géants apprivoisés sur qui la (3 coups.)
l'opprobre monte

図2 「降霊術記録ノート」1854年４月25日の記録冒頭より３ページ分
(Bibliothèque National de France, Paris)

sans coeur. ~~et~~ et sans esprit 85

ils levaient sur les saints leur patte sacrilège

et leurs ongles saignants s'enfonçaient vifs

(3 coups.) dans quel vers de la strophe changes-tu? — 3.

lâches comme des loups

leurs pattes déchiraient les martyrs sur les claies

et jésus-christ prenait leurs ongles dans ses plaies

ô gibet, pour tes clous.

(note. au 3e vers de la strophe:

<u>et leurs ongles saignants s'enfonçaient vifs...</u>

la table s'est interrompue quelques minutes. Pendant ces minutes, Victor Hugo a terminé la strophe ainsi:

(Ils déchiraient les saints expirant sur la claie

Et leurs ongles hideux élargissaient la plaie

au flanc de Jésus-Christ.

Il a écrit ces trois vers sans les dire, et les a fait lire à Aug. Vacquerie seul. Presque aussitôt la table s'est remise en mouvement, et a terminé la strophe, presque dans les mêmes termes que Victor Hugo.

V. Hugo alors a lu ses vers tout haut. On s'est récrié.

Mad. Hugo à la table: — Est-ce que tu as lu les

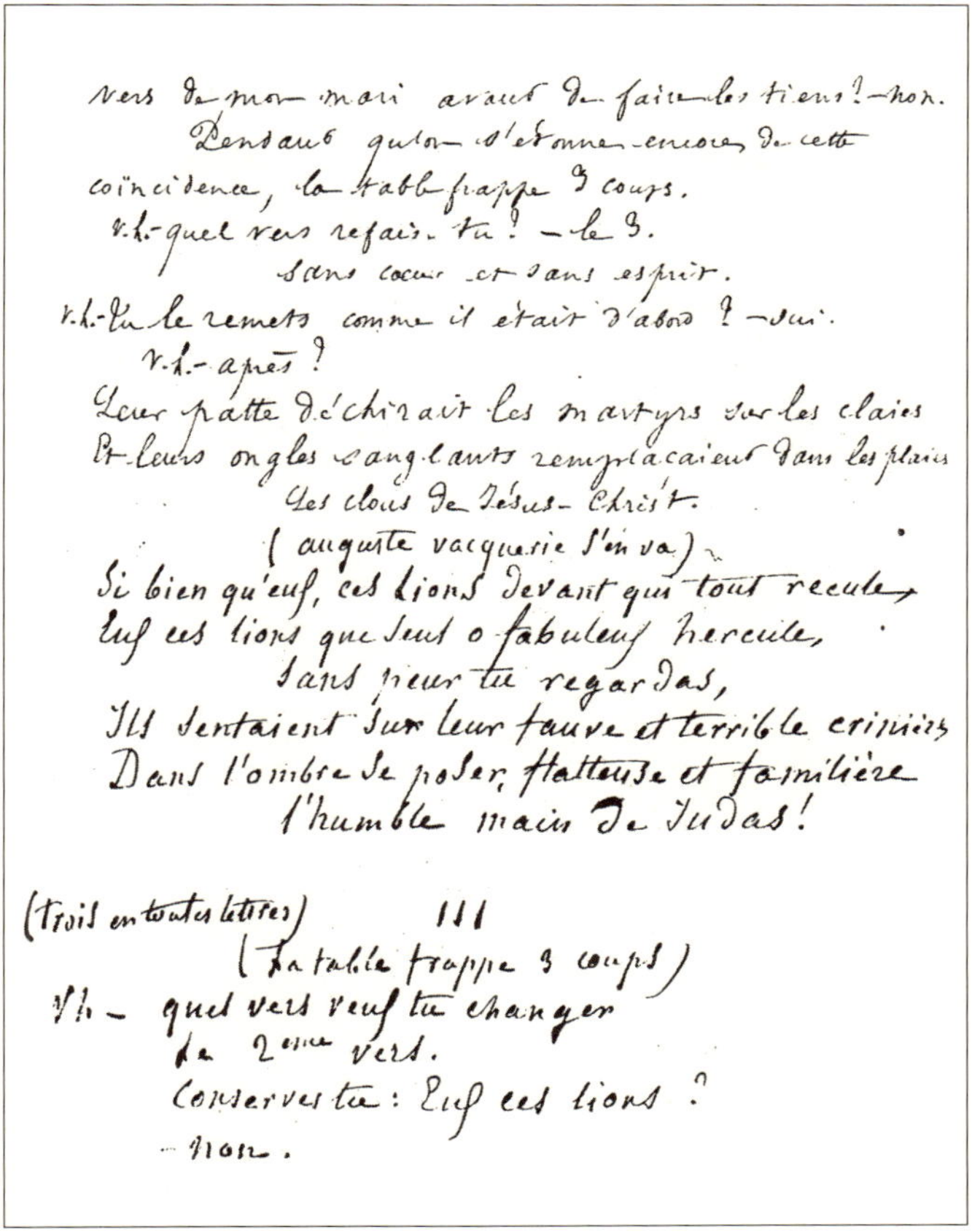
vers de mon mari avant de faire les tiens? —non.
Pendant qu'on s'étonne encore de cette
coïncidence, la table frappe 3 coups.
V.H.— quel vers refais-tu? —le 3.
Sans coeur et sans esprit.
V.H.—Tu le remets comme il était d'abord? —oui.
V.H.—après?
Leur patte déchirait les martyrs sur les claies
Et leurs ongles sanglants remplaçaient dans les plaies
Les clous de Jésus-Christ.
(Auguste Vacquerie s'en va)
Si bien qu'eux, ces lions devant qui tout recule,
Eux ces lions que seul ô fabuleux hercule,
Sans peur tu regardas,
Ils sentaient sur leur fauve et terrible crinière
Dans l'ombre se poser, flatteuse et familière
l'humble main de Judas!

(Trois en toutes lettres) III
(La table frappe 3 coups)
V.H.— quel vers veux tu changer
le 2ème vers.
Conserves tu: Eux ces lions?
—non.

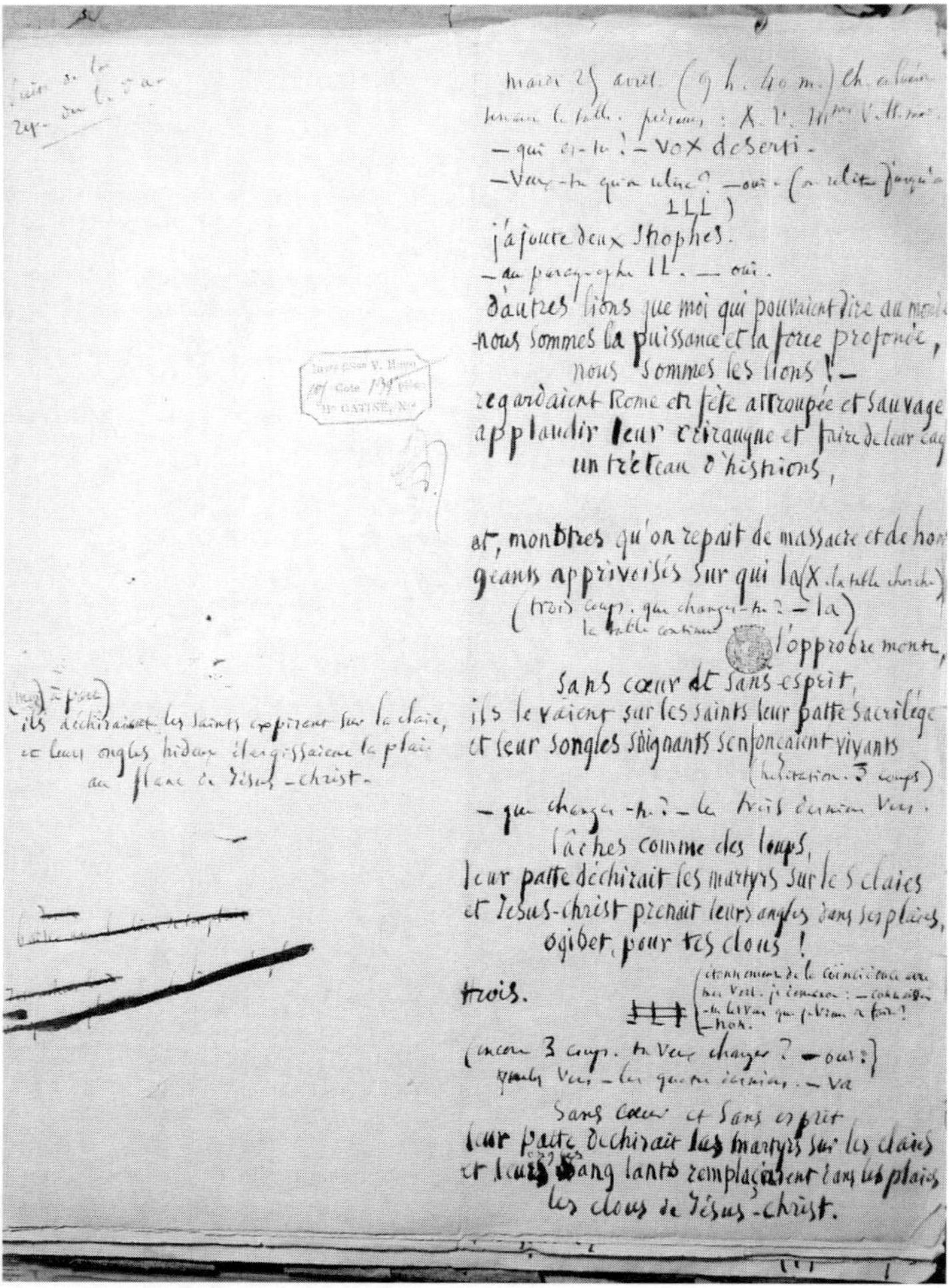

図３　ユゴー手書き原稿1854年４月25日の記録冒頭より１ページ分（Maison de Victor Hugo, Paris）

が予告どおり再びテーブルに宿って、詩の続きを書き取らせたり、推敲をしたりするというものである。ローマの円形闘技場で衆人環視のなか、放たれたライオンたちが聖者たちを襲うというのが詩の、この部分の内容だ。

まず筆跡の特徴だが、ユゴーの手書き原稿のほうは一字一字力をこめてたどたどしく不揃いに書かれている。他方、ヴァクリーの筆になる「降霊術記録ノート」は一字一字分けて書いてあるものの、かなり軽やかな筆致で、整然と揃った字体で書いてある。この筆跡の違いは、ユゴーのほうが、神経を集中し一文字一文字を紡ぎだす苦渋に満ちた作業を行い、ヴァクリーはその結果を書き取っているにすぎないような印象を与える。

両者のあいだで、書かれたテキストに決定的な違いが見られる。この点を明らかにするために、ユゴーの手書き原稿で問題の一枚目に相当する部分すべてを、最初に、ヴァクリーの筆跡による「降霊術の記録ノート」から引用してみよう。この日の記録の冒頭から「オーギュスト・ヴァクリーが退室する」までである。


一八五四年四月二十五日火曜日（十時二十分前）

出席者――ヴィクトル・ユゴー夫人、ヴィクトル・ユゴー、オーギュスト・ヴァクリー。

――テーブルにはシャルル・ユゴーとテオフィル・ゲラン。

おまえは誰か？――荒野の声[19]。

ｖｈ――おまえが私たちに書き取らせ始めた偉大にして美しい詩の先を続けてくれ。前回おまえが書いた詩句を読みあげてやろうか？――そうしてくれ。

Mardi 25 avril 1854 (10 h. moins 20 minutes)
Présents : — Madame Victor Hugo, Victor Hugo, Auguste Vacquerie. — *à la table* :
Charles Hugo et Théophile Guérin.
Qui es-tu ? — Vox deserti.
v.h. — Tu vas nous continuer les grands et beaux vers que tu nous as commencés.
Veux-tu que je te relise ceux que tu as faits la dernière fois ? — Oui.

（ヴィクトル・ユゴーが詩句を読みあげる。）
　１１１[20]
詩節をふたつ付け加えることにする。
ｖｈ――第二段にか？――そうだ。

「おれたちは強大な力だ、底なしの力だ。
おれたちはライオンだ」そう世の人々に言える、
　私以外の他のライオンたち。
ライオンたちは見つめていた、残酷な乱痴気騒ぎに寄り集まった

ローマじゅうの人々が、ライオンたちのしゃがれた唸り声に喝采し、
　ライオンたちの檻を道化役者たちの舞台に見立てるのを。

殺戮と不名誉をたらふく食わせられる野獣たち、
（叩音三打）[21] 恥辱にまみれてゆく飼い馴らされた巨人たち、
　情け容赦も思慮もなく、
ライオンたちは聖者たちに向かって冒瀆の前脚を振りあげ、
ライオンたちの血の滴る爪が力強く深々とめりこ
（叩音三打）詩節のなかのどの詩句で変更を加えるのか？——三[22]。
　オオカミのように卑劣にして
ライオンたちの脚は殉教者たちを簀子の上で引き裂き、
イエス・キリストもライオンたちの爪をその傷口に受けていた、
　ああ、十字架よ、おまえの釘の代わりとして。

(Victor Hugo relit les vers.)

III

J'ajoute deux strophes.
v.h. — Au paragraphe II ? — Oui.

D'autres lions que moi qui pouvaient dire au monde
Nous sommes la puissance et la force profonde
Nous sommes les lions
Regardaient Rome en fête attroupée et sauvage
Applaudir leur cri rauque et faire de leur cage
Un tréteau d'histrions.

Et monstres qu'on repaît de massacre et de honte
Géants apprivoisés sur qui la (3 coups.)
l'opprobre monte
Sans cœur et sans esprit
Ils levaient sur les saints leur patte sacrilège
Et leurs ongles saignants s'enfoncaient viv
(3 coups.) Dans quel vers de la strophe changes-tu ? — 3.
Lâches comme des loups
Leurs pattes déchiraient les martyrs sur les claies
Et Jésus-Christ prenait leurs ongles dans ses plaies
O gibet, pour tes clous.

（コメント——この詩節の第五行、すなわち、

「ライオンたちの血の滴る爪が力強く深々とめりこ……」

において、テーブルは数分間動きを止めた。この数分のあいだに、ヴィクトル・ユゴーがつぎのようにこの詩節を完成させた。

ライオンたちは簀子の上で息絶えようとしている聖者たちを引き裂き、
ライオンたちのいまわしい爪は傷口を広げるのだった、
　イエス・キリストの脇腹にぽっかり開いた傷口を。

ユゴーはこの三行の詩句を声に出さずに書き、オーギュスト・ヴァクリーだけに読ませた。この、ほとんど直後にテーブルが音を叩き始め、同じ詩節を完成させたが、それは、ヴィクトル・ユゴーとほとんど同じ言葉を並べてのことだった。そのときになって、V・ユゴーが自分の詩句を声に出して読みあげた。一同が驚きの声をあげた。）

(Note. Au 5e vers de la strophe :

Et leurs ongles saignants s'enfonçaient viv...

La table s'est interrompue quelques minutes. Pendant ces minutes, Victor Hugo a terminé la strophe ainsi :

　Ils déchiraient les saints expirant sur la claie

Et leurs ongles hideux élargissaient la plaie
　Au flanc de Jésus-Christ.

Il a écrit ces trois vers sans les dire, et les a fait lire à Aug. Vacquerie seul. — Presque aussitôt la table s'est remise en mouvement, et a terminé la strophe, presque dans les mêmes termes que Victor Hugo. V. Hugo alors a lu ses vers tout haut. On s'est récrié.)

ユゴー夫人、テーブルに向かって——自分の詩句を作る前に、おまえは私の夫の詩句を読んだのか？——いいや。

この詩句の一致に一同の驚きがまださめやらぬうちに、テーブルが三打叩いた。

ｖｈ——どの詩句を訂正するのか？——第三詩句を、

　情け容赦も思慮もなく、と。

ｖｈ——最初の状態に詩句を戻すということだな？——そうだ。

ｖｈ——それで、そのあとは？

ライオンたちは殉教者たちを簀子の上で引き裂き、
ライオンたちの血に染まった爪が傷口のなかで代わりをしていた、
　イエス・キリストの釘の代わりを。

（オーギュスト・ヴァクリーが退室する。）（n.a.f. 14066, folio 84 recto - 85 verso）

Mad. Hugo à la table : — Est-ce que tu as lu les vers de mon mari avant de faire les tiens ?
— Non.

Pendant qu'on s'étonne encore de cette coïncidence, la table frappe 3 coups.

v.h. — Quel vers refais-tu ? — le 3.

Sans cœur et sans esprit.

v.h. — Tu le remets comme il était d'abord ? — Oui.
v.h. — Après ?
Leur patte déchirait les martyrs sur les claies
Et leurs ongles sanglants remplaçaient dans les plaies
Les clous de Jésus-Christ.

(Auguste Vacquerie s'en va.)

これがユゴー記念館所蔵ユゴー自筆「降霊術の記録[23]」（図3）ではどうなっているか。これから見てみよう。つぎの四点を除けば、記録の冒頭から「殺伐と不名誉をたらふく食わせられる野獣たち、」までは前掲の「降霊術記録ノート」のテキストと同じである。すなわち、降霊術開始の時刻表示が、「十時二十分前」10 h. moins 20 minutesではなく、「九時四十分」9 h. 40 m.となっていること。出席者の表示が「出席者——ヴィクトル・ユゴー夫人、ヴィクトル・ユゴー、オーギュスト・ヴァクリー。」Présents : — Madame Victor hugo [sic], Victor Hugo, Auguste Vacquerie ではなく、「出席者——AV、VH夫人、私。」Présents : A.V. Mme V.H. moi.となっていること。「テーブルにはシャルル・ユゴーとテオフィル・ゲラン。」*à la table* : Charles Hugo et Théophile Guérin ではなく、「Ch.〈シャルル〉とゲランがテーブルに手を置いて」Ch. [Charles] et Guérin tenant la table となっていること。さらに、出席者と霊媒の表示の順序が逆になり、霊媒の表示が先になっていること。これら四点だが、このいずれについても、表示の仕方が異なるだけで、内容の点では「降霊術記録ノート」の記述と一致している。「殺伐と不名誉をたらふく食わせられる野獣たち、」のつぎの行からが大幅に食い違っている。まず行末の la（3 coups.）が、「la［定冠詞］（X. テーブルが［言葉を］探している。）／（叩音三打。何に変更を加えるのか?——la［定冠詞］に。／テーブルは続ける。）」la（X. la table cherche.）/（trois coups. Que changes-tu ? — la / la table continue.）となっている。また、「ライオンたちの血の滴る爪が力強く深々とめりこん」et leurs ongles saignants s'enfonçaient viv の行だが、最後の「力強く深々とめりこん」s'enfonçaient viv と「降霊術記録ノート」では語の途中で切れているのが、ユゴー自筆「降霊術の記録」では「力強く深々とめりこんでいた」s'enfonçaient vivants と語の終わりまできちんと記している。[24]「（叩音三打）詩節のなかのどの詩句で変更を加えるのか?——三。」（3 coups.）Dans quel vers de la strophe changes-tu ? —3. の行はユゴー自筆「降霊術の記録」では「（ためらい。叩音三打）／——何に変更を加えるのか?——最後の三行。」（hésitation. 3 coups）/ — que changes-tu ? — les tois derniers vers.となっている。それからあと、コメントまでの四行は同じである。

つぎのコメント部分全体、言い換えれば「(コメント――この詩節の第五行、すなわち、」から「一同が驚きの声をあげた。)」まではユゴー自筆「降霊術の記録」にはない。その先の「ユゴー夫人、テーブルに向かって」から、このページというか原稿一枚目の最後までは類似の内容が記されてはいるが、詳細部においてはかなりの違いを見せている。これを再現してみよう。

「ああ、十字架よ、おまえの釘の代わりとして。」o gibet, pour tes clous.(細かいことを言えば、ユゴー自筆「降霊術の記録」ではclous.は感嘆符が付いてclous! となっている)のつぎの行には左端に(といっても、あくまでもページの右半分のことなので、ページの中央寄りに、ということ)「三」troisと記され、その右斜め下に、すでに見たような算用数字とおぼしき数字の1が三つ並んで書かれ、その三つの数字が長い二本線で消されている。この「三」troisと、消された三つの数字1の右側にはかなりの余白があるわけだが、その余白に四行分くらいの大きな括弧を付けて、つぎのように書いてある。「私の詩句との一致に対する驚き。私は尋ねる、『私がいま作ったばかりの詩句をおまえは知っていたのか?』『いいや。』」étonnement de la coïncidence avec / mes vers. je demande : — connaissais- / tu les vers que je viens de faire ? / — non.

つぎの行には左端から(ということはtroisのほぼまっすぐ下の位置から)つぎの二行が一行半分の括弧に入れて記されている。「またしても、三打。変更を加えたいのか?――そうだ。/どの詩句か。――最後の四行。――変更するがいい。」encore 3 coups. tu veux changer ? — oui. / quels vers — les quatre derniers. — va. そして、そのあとは「情け容赦も思慮もなく、/ライオンたちの脚は殉教者たちを簀子の上で引き裂き、/ライオンたちの血に染まった爪が傷口のなかで代わりをしていた、／イエス・キリストの釘の代わりを。」と「降霊術の記録ノート」と同じ詩句が続いて、このページ（原稿一枚目）が終わっている。[25] ただし、「情け容赦も思慮もなく」Sans cœur et sans esprit のあとに「降霊術記録ノート」では「ｖｈ——最初の状態に詩句を戻すということだな？.——そうだ。／ｖｈ——それで、そのあとは？.」v. h. — Tu le remets comme il était d'abord? — Oui. / v. h. — Après? と記されているが、この二行がユゴー自筆「降霊術の記録」にはない。

ユゴーの余白の書きこみ

さて、以上はページの右半分の記述だが、実はこのページには左半分にも二箇所、合計九行にわたるユゴーの書きこみがあるのだ。最初の箇所は「情け容赦も思慮もなく、／ライオンたちは聖者たちに向かって冒瀆の前脚を振りあげ、／ライオンたちの血の滴る爪が聖者たちに力強く深々とめりこんでいた／（ためらい。叩音三打）」Sans cœur et sans esprit / ils levaient sur les saints leur patte sacrilège / et leurs ongles saignants s'enfonçaient vivants / (hésitation. 3 coups) の四行とほぼ同じ位置の左半分に、「（私が）［sic］ 単独で[26]）／ライオンたちは簀子の上で息絶えようとしている聖者たちを引き裂き、／ライオンたちのいまわしい爪は傷口を広げるのだった、／イエス・キリストの脇腹にぽっかり開いた傷口を。」(moi) [sic] à part) / ils déchiraient les saints expirant sur la claie, / et leurs ongles hideux élargissaient la plaie / au flanc de Jésus-Christ. と書いてあるものだ。二箇所目は「イエス・キリストもライオンたちの爪をその傷口に受けていた、／ああ、十字架よ、おまえの釘の代わりとして。／三」et Jésus-Christ prenait leurs ongles dans ses plaies, / o gibet, pour tes clous ! / trois の三行および算用数字とおぼしき数字の1が三つ並んで書かれた行とほぼ同じ位置の左半分に、「イエスよ、／おまえのふたつに分かれた傷口に口づけせよ、／イエス・キリストが口づけをする／おまえの／おまえたちの目は彼の傷口の代わりをしていた」Jésus / Baise aux deux lèvres de ta plaie / Jésus-Christ baise / tes / vos yeux remplaçaient les lèvres de sa plaie と五行にわたって書き連ねたうえで、この五行すべてを、ペンを横に倒して、幅二から五ミリのインクの太い線で消しているものである。こうした左半分の記述のうちで、一箇所目の記述はとくに重要である。ユゴーはこの三行の詩句を誰にも見せずに記したあと、それをヴァクリーだけに見せた。そうしたら、そのあと、テーブルが酷似した詩句を作った。ユゴーが先に書いた詩句を読みあげるとみんなが驚きの声をあげた。これは、ユゴーが自筆の「降霊術の記録」で略記し、ヴァクリーが「降霊術記録ノート」で詳述するところである。

両ヴァージョン間の異同が著しいこの部分をつぶさに検証することにしよう。

細かいことから始めることにする。いずれもアルファベットを一文字一文字書いた、ユゴーとヴァクリーの両者の筆跡になる「記録」が同じ降霊術の実験について重複して多数残っている。これをひとつの理由として挙げながら、テーブルの言葉を降霊術の最中に誰かが声に出して言っていた可能性が高いことを前述した。いま問題になっている部分でこれをさらに裏付けることが起きている。「ユゴーが自分の詩句を声に出して読みあげた。一同が驚きの声をあげた」とヴァクリー筆の「降霊術記録ノート」にある。ユゴー筆の「降霊術の記録」でも、「降霊術の記録」のテーブルの詩句を読みあげたという記述はない。これをせずに、「ユゴーが自分の詩句を声に出して読みあげた」

だけでテーブルの詩句とユゴーの詩句との類似が分かり「一同が驚きの声をあげた」ということになるには、すでに、それ以前に参加者全員がテーブルの詩句を知っている必要がある。ユゴーかヴァクリーが筆記しつつある「降霊術の記録」を降霊術の最中にみなに回覧することは物理的に不可能である。したがって、テーブルの詩句をみなが知っているためには、「降霊術の記録」が筆記されると同時に、誰かが声に出してテーブルの文字ないしは言葉を発音していなければならない（あるいは、可能性としては低いが、テーブルの叩音がきわめて遅く、誰もが口に出さずに打数を数えることができ、アルファベットの一字一字を、そしてそれが連なった単語、さらには文章を誰もが把握できていたこともありえないことではないだろう）。

それから、テーブルはあまりに降霊術参加者たちの都合に合わせすぎる傾向も示している。テーブルの詩句がユゴーの詩句と酷似していることにみなが驚き、ユゴーおよびヴァクリーがそのことをメモしているあいだ[27]、ユゴーの記録では「三」trois と「111」と書き取らせるだけであり、ヴァクリーの記録では何も書き取らせることをしていない。沈黙を守っているわけである。もし、テーブルがユゴーやヴァクリーなどの参加者から完全に独立して言葉を発しているならば、この間も、彼らにはお構いなしに言葉を発してしかるべきであろう。それがないということは、テーブルの発話行為は霊媒以外の参加者、とくにその言葉をアルファベットに置き換える翻訳者に依存していたことの一つの表れになるだろう。

さらに、テーブルと、とりわけユゴーとのあいだであまりに連携が取れすぎていることも気になるところである。ユゴーがしたためた詩句と酷似した詩句をテーブルが書き取らせる。その箇所で、叩音三打のあと、ヴァクリーの「降霊術記録ノート」ではテーブルへの質問が「詩節のなかのどの詩句で変更を加えるのか?——三。」Dans quel vers de la strophe changes-tu ?—3. となっているところが、ユゴー自筆「降霊術の記録」では「何に変更を加えるのか?——最後の三行。」que changes-tu ?—les tois derniers vers. となっている。叩音三打によってテーブルが詩句変更の意向を示したのに応じて、ヴァクリーの記録ではどの部分を変更するのか、変更する箇所をきいているが、ユゴーの記録では変更する詩句をきいている。これは実質同じ質問になるわけだが、問題はこの質問へのテーブルの答えである。ユゴーがまさに答えとして期待していたとおりの答え、ユゴーの詩句に酷似した詩句になる部分を変更する旨の「最後の三行」という答えをテーブルは当意即妙に返してきている。

ユゴー自筆「降霊術の記録」の左半分の記述を含むユゴーの記述とヴァクリーの記述の関係であるが、これはおそらくつぎのような意味を持つのだろう。つまり、ユゴーは当事者としての立場に、そして、ヴァクリーは立会人としての立場に限りなく近いということである。ユゴーは自分の私的な記録用紙に自作の詩句を走り書きし、それをヴァクリーに見せる。それに酷似した詩句をテーブルが作り、そのことが披露されると、参加者が驚きの声をあげる。これをユゴーは断片的に記録するのみだが、ヴァクリーは仮に第三者が読んだとしても分かるような書き方で、一部始終を公的な記録の体裁で説明的に記録した(28)。ユゴーの記録がありのままの記録で、ヴァクリーの記録はそれを加工したものである。

テキストの誤記・訂正の意味

ユゴーが現実により近く、ヴァクリーがより遠いわけだが、このことはテーブルの叩音という現実についても言えるのではないか。その場合、テーブルの叩音をじかに認識していたのはユゴーであり、そのユゴーの認識に立ち会っていたのはヴァクリーということになるだろう。

この点できわめて興味深い誤記とその訂正が、いま問題になっている箇所の両者の記録にある。全般的に、誤記と訂正はユゴー筆の記録においても、ヴァクリー等筆の「降霊術記録ノート」においてもそれほど頻繁ではなく――ユゴー筆の記録では一ページがほぼ三十から三十五行で、「降霊術記録ノート」では一ページがほぼ二十から二十五行で構成されているが――そのような一ページあたりせいぜい数箇所程度である。これを断ったうえで、いま問題になっている箇所の両者の記録を見ていくことにする。

まず最初は、ユゴー筆の記録にはなはだしい誤記とその訂正があるものである。ヴァクリーの「降霊術記録ノート」との異同を先に詳記した一八五四年四月二十五日ユゴー筆の記録の一ページ目であるが、その最後から二行目は「ライオンたちの血に染まった爪が傷口のなかで代わりをしていた、」et leurs ongles sanglants remplaçaient dans les plaies, となっている。この leurs ongles sanglants 部分に著しい誤記・訂正が見られる。すなわち、この部分において leurs の rs 部分と sanglants の冒頭の s の部分にペンで一度書いたうえをもう一度なぞって重ね書きした形跡がある。さらに、leurs のあとにすぐ sang　lants（g と l のあいだが一字分空いている）が続けて書かれ、ongles は leurs sanglants の rs から sa にかけての上の行間に書き足してあるのだ（図3参照）。

重ね書きされたrs部分およびs部分の下に埋もれた文字を残された線から推測し、行間のongles の加筆などを考慮に入れると、この部分をユゴーが筆記した手順について一応つぎのような想定が可能であろう。すでに十行ほど前のテーブルのディクテーションでet leurs onglesという表現が出てきているので、これと同じだろうと考えて、ユゴーは最初はet leurs oとテーブルが打った、または、打つと思い、そのように書いた。ところが、oに対応する十五打を超えてsに対応する十九打をテーブルは打ち、ユゴーはとっさにoの右に隣接してsと書き入れた。テーブルは先を続け明確にangと打った。angのあとに一字分空いていることからも想像できるように、ユゴーはsangとテーブルが打ったと理解した。通常sang（「血」）は単数形に限定されるので、et leurs oのleursのsを消した。その後、テーブルはsangに続けてlantsと打った。この時点で、当初、想定したようにet leurs onglesがsanglantsの前に来ると考えて、一度消したsを復活させ、rをなぞってleursを明示するとともに、このrsからsaにかけての上の行間にonglesと書き足した。onglesの筆跡はongがほんの少し離して一字一字書かれ、lesが続けて書かれたものである。このことからすると、onglesを補うのにユゴーが勝手にしたのではなく、テーブルの音を読み取りながらしたと考えられる。あるいは、おそらく、sangくらいまで書き取った段階で、テーブルがonglesを打ち、それをユゴーが行間に書き取ったのかもしれない。ただongが少し離して一字一字書かれたにしても、左半分の余白にユゴーがとっさに書き、テーブルの詩句との酷似に一同が驚いたテキストにあるet leurs onglesのongの筆跡に似ており、ペンの動きとしては続けて書いたものに近い。一字一字のテーブルのディクテーションではなく、単にユゴーが書き足したとも考えられる。

重要なのは、このようにユゴーの筆記が混乱をきたしているのに対して、この同じ部分を筆記したヴァクリーの「降霊術記録ノート」にはまったく誤記・訂正がないことである。これが意味するところは単純明快である。つまり、ユゴーの混乱が収まり、テキストが確定してからヴァクリーは筆記したと考えられるのである。この部分のヴァクリーの筆跡にはとくに淀みがない。et および leurs はそれぞれ一気に一筆で書かれ、そのあとは on g les s ang l ants rempl açai ent d ans les plaies という具合に部分的にペンの筆跡に多少の切れ目はあるが、一筆で書かれている所が多いのである (n.a.f. 14066, folio 85 verso、図2の三ページ目参照)。

いま問題になっている同じページにはもう一箇所、今度はこれと一見、逆のケース——ヴァクリーに誤記・訂正があり、ユゴーにないケース——がある。それは「テーブルが数分間動きを止め」、その「数分のあいだに、ユゴーが詩節を完成させた」くだりの直前に位置する「ライオンたちの血の滴る爪が力強く深々とめりこん」(でいた) という行である。単語の切れ目の位置、アポストロフィーの欠落を修正せずにユゴーの筆記をそのまま転記すると、et leur songles saignants senfonçaient vivants となる。(songles 部分の) les および ent のみ一筆で書かれ、あとはすべて一字一字独立して筆記されている。巧みに修正してあるので分かりにくいが、saignants の二番目の文字 a は最初 i と書いた上に a が重ね書きされているようでもある。この部分の末尾については、ヴァクリーの筆記では viv で終わっていることは前述のとおりである。これ以外にヴァクリーの筆記がユゴーのそれと異なるのは、leur songles と筆記しておきながら、筆記体の r からその終わりの線を延長しつぎのsに繋げ、かつ、上下に円弧を付してその部分を縮める指示を出している点。さらに、songlesのsとoのあいだに縦の線を入れて分割している点である。そして、そのつぎのsaignantsのaiの部分がigと書いた上に重ねてaiと書き、gの下方に突きだした部分を四本の横の短い線で消している点である。前者は、ユゴーの表記と同じleur songlesのまま放置しても明白なところを念を入れてleurs onglesと正確を期したものである。後者については、aはテーブルの叩音でもわずか一打であり、またアルファベットの発音としても聞き取りにくい母音なので、これをヴァクリーは最初聞き逃し、一旦はigと書いたあと、誰かがaiだと言うのを聞くか、錯誤に気づくかして重ね書きしたものと思われる。ユゴーがほぼ最初からsaignantsと書き、ほとんど訂正をしていないことからすれば、ユゴーのディクテーションにヴァクリーが合わせたようでもある。ヴァやはり、ここでも、ユゴーによるテーブルの叩音の認識が優先されていることになるだろう。ヴァクリーはその認識を誤解のない形で記録にとどめるという役柄を演じていると考えるのが至当であろう。もし仮にこれとは逆に、ヴァクリーの認識が優先されていたとしたならば、ヴァクリーが訂正した形であるleurs onglesという筆記をユゴーが尊重して、leurs onglesと正確な切れ目を入れて書くはずである。ところが、先述のようにユゴーはleur songlesと誤った切れ目のまま放置して憚らなかった。

以上でテーブルが打ったと筆者が記したのは、あくまでもテーブルが打ったと解釈者が思ったということである。この解釈者として、テーブルのテキスト生成に直接関わっていた可能性のもっとも高いのはどうやらユゴーである。ユゴー筆の「降霊術の記録」とヴァクリー筆の「降霊術記録ノート」の比較をとおして、このことがさらに浮き彫りになってきたというべきであろう。

総括すると、叩音連打の速度が速い場合は、概ねつぎのふたつに分類して考えることができるわけだ。すなわち、ユゴーが出席している場合は、ユゴーがテキスト制作者である可能性がきわめて高い。ユゴーが欠席している場合はオーギュスト・ヴァクリーを始めとする他の出席者がテキスト制作者となるのである。テキスト制作者がユゴーであれ、他の参加者であれ、叩音連打の速度が速い降霊術の様子をシミュレートしてみると、おおよそつぎのようになると推測できる。

叩音連打が速い場合

霊媒がトランス状態に入る。つまり、ユゴーたちの言い方では、テーブルが「磁気化」される。参加者が質問を声に出して言う。テーブルがすさまじいスピードで連打される。切れ目が入ったとテキスト制作者が判断するところで音を切って(あるいは、超スピードの連打のかたまりのあと、音の切れ目が入り)、それまで打ったとテキスト制作者が判断する打数をアルファベットに変え、声に出して言う。このアルファベットを一文字一文字、ほかの出席者たちとテキスト制作者自身が記憶にとどめたり記録したりし、さらに、その日の記録係が「降霊術記録ノート」に記録する。

ここで、テキスト制作者がほぼ間違いなくアルファベットを声に出して言っていたことを示す「降霊術の記録」をもうひとつ見てみよう。一八五四年九月十九日の記録であり、「降霊術記録ノート」からの抜粋である。筆跡はユゴーのものである。図4の中央より少し上のところに、[...] lui lelui l tient (accent aigu sur l'e) lui l'élu (? oui) il tient compte [...] と筆記されている。lelui l

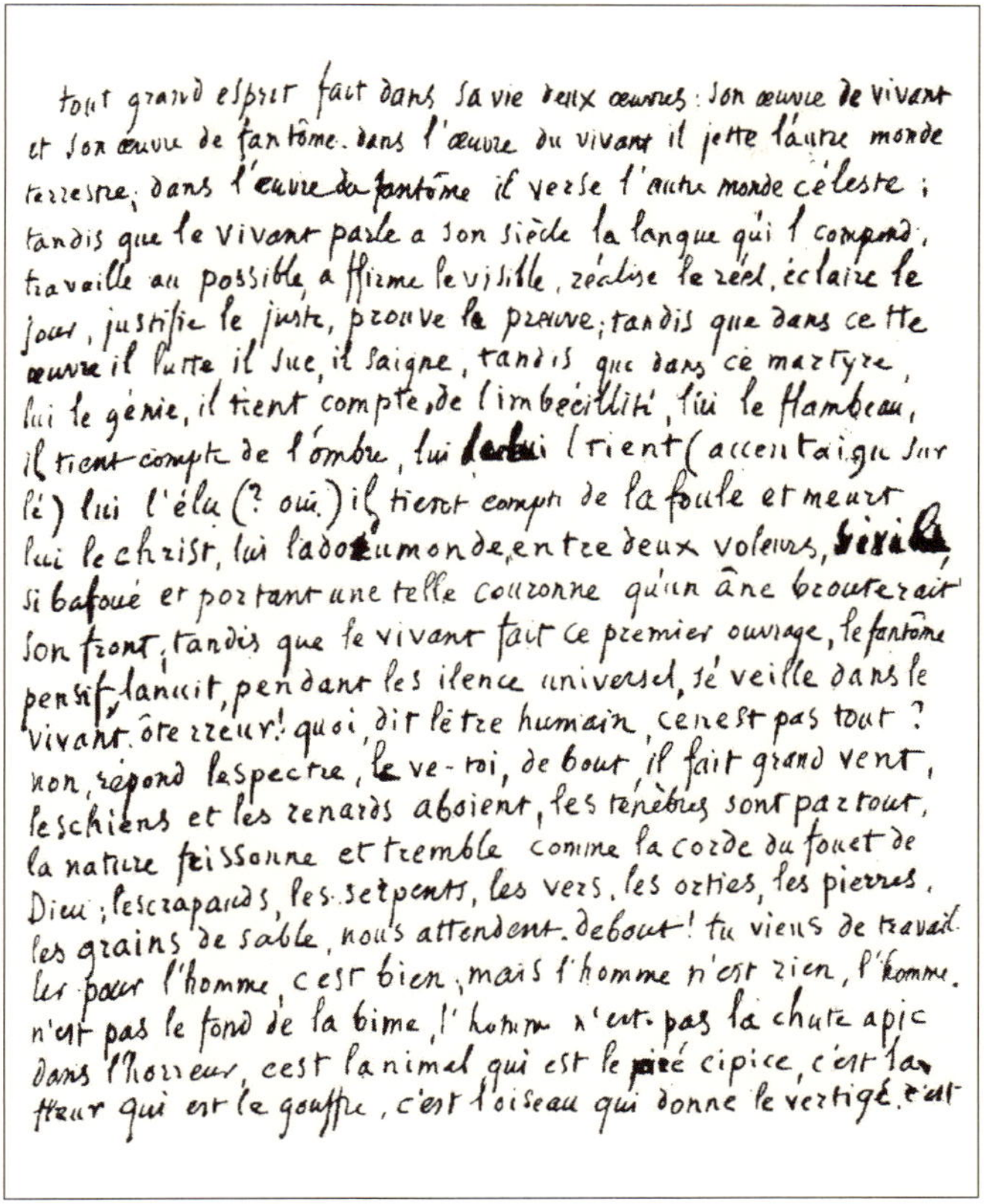

tout grand esprit fait dans sa vie deux œuvres: son œuvre de vivant
et son œuvre de fantôme. dans l'œuvre du vivant il jette l'autre monde
terrestre; dans l'œuvre du fantôme il verse l'autre monde céleste;
tandis que le vivant parle a son siècle la langue qui l comprend,
travaille au possible, affirme le visible, réalise le réel, éclaire le
jour, justifie le juste, prouve la preuve; tandis que dans cette
œuvre il lutte il sue, il saigne, tandis que dans ce martyre,
lui le génie, il tient compte de l'imbécillité, lui le flambeau,
il tient compte de l'ombre, lui l tient (accent aigu sur
lé) lui l'élu (? oui) il tient compte de la foule et meurt
lui le christ, lui l'adorumonde, entre deux voleurs,
si bafoué et portant une telle couronne qu'un âne brouterait
son front; tandis que le vivant fait ce premier ouvrage, le fantôme
pensif, la nuit, pendant le silence universel, se veille dans le
vivant. ôte erreur! quoi, dit l'être humain, ce n'est pas tout?
non, répond le spectre, lève-toi, debout, il fait grand vent,
les chiens et les renards aboient, les ténèbres sont partout,
la nature frissonne et tremble comme la corde du fouet de
Dieu; les crapauds, les serpents, les vers, les orties, les pierres,
les grains de sable, nous attendent. debout! tu viens de travail-
ler pour l'homme, c'est bien, mais l'homme n'est rien, l'homme
n'est pas le fond de l'abime, l'homme n'est pas la chute apic
dans l'horreur, c'est l'animal qui est le précipice, c'est la
fleur qui est le gouffre, c'est l'oiseau qui donne le vertige. c'est

図 4　Simon, *Les Tables tournantes de Jersey*, 1923より

の部分がユゴーに理解されていないことがテーブルに即座に伝わり、テーブルが「eの上にアクサン・テギュを付ける」と指示している。そして、ユゴーがそのとおりにすぐに筆記したあと、テーブルに確認を求め、テーブルの確認を得ている。このようなことがおそらく瞬時に淀みなくできるということは、（テーブルに宿った「霊」――この場合は抽象概念「死」の「霊」であるが――が離れた所の記録ノートを覗き見るか、「霊」と記録係とのあいだに以心伝心、テレパシーのようなものが成りたつかしないかぎりは）ユゴーの声にテーブルが反応していると考えざるをえない。

繰り返しになるが、平均打数が毎秒三打ないし四打を超えるような、叩音の連打が速い降霊術の実験においても、当然ながら、打数が数えられるくらい叩音連打が遅い部分も混在していたことは充分ありうる。そして、その場合、霊媒がテキスト制作者であることになるのである。しかし、その際も、文字が単語になり、意味のある文章になるためには、すでに打たれた文字、すでに筆記された単語、そして、すでに制作されたテキストを霊媒は考慮に入れざるをえず、それらの制約を受けて叩音の打数を決定しているはずだ。完全に自由というわけではないのである。

5 「降霊術」と無意識

テキスト制作者の無自覚

テーブルの叩音をアルファベットに移しかえる際、当然ながら、テキスト制作者は自分がテキストを制作しているとは露ほども思わず、テキストは自分以外から、彼方から来ていることは結局のところは疑わない(例えばシェイクスピアを名乗る「霊」がほんとうにシェイクスピアの「霊」なのかということ、つまり、「霊」のアイデンティティーについては、ユゴーたちが疑問を差し挟むことは一再ならずだったが)。ユゴー以外の参加者についても同様である。なぜならば、これを疑うことは降霊術自体の自己否定になるわけで、その時点で降霊術に終止符が打たれる危険を孕んでいたからである。[29]

無意識の概念の確立とメカニズムの理論化が本格化するのは、フロイトが歴史の地平に登場する一八九〇年代以降のことである。フランス十九世紀を通して、観念学派を中心とする哲学者たち、メスマーの流れを汲む磁気論者たち、さらには精神医学者たちが、無意識の概念をめぐっていかに混乱した議論を展開していたかはレオン・シェルトーク、レモン・ド・ソシュール『精神分析学者の誕生――メスマーからフロイトへ』(Chertok, Saussure, *Naissance du psychanalyste : de Mesmer à Freud*, 1973, pp. 195–228)に詳しい。精神医学者たちでさえ、もっぱら精神の病的な状態との関連でしか無意識を捉えようとせず、正常な人間の心理にも無意識が深く関わっているとは正面切っては考えなかったとのことである。

こうした当時の混乱ぶりをつぎのようなユゴーのテキストが反映している。降霊術も、クロロフォルム麻酔も、メスメリスムも、ドゥルーズやピュイセギュールの精神医学も、催眠術も、透視も、毒性物質療法も、何もかもいっしょくたにして「超常現象」と規定する粗雑な通念を批判しながら、ユゴーはそのような非科学を科学的に検討し解明する必要性を強調している。こうしたユゴーの言説の背景には、実証主義の「相対主義」があることは論を俟たない。

クロロフォルム麻酔を前にして科学はおじけづいた。生物学上の諸現象、テーブルが言葉を発するという不思議な問題、メスマー、ドゥルーズ、ピュイセギュール、動物磁気の忘我状態、人為的な四肢硬直、障害物を隔てての透視、類似療法、催眠術。こうしたものを前にして、科学は、それらが「超常現象」だと言えるのをよいことに、科学の果たすべき義務を果たさないできた。科学の義務とは、あらゆることを深く掘りさげ、調べ、明らかにし、批判し、確認し、分類することである。(*OCVH*, t. XII, p. 59)(30)

テーブル・ターニングのごく初期の段階（正確には一八五三年九月二十一日）では、ユゴーは「おまえの知力が動物磁気によって極端に鋭敏になっただけのことだ。動物磁気がテーブルを動かし、おまえの頭のなかにある考えをテーブルに言わせているだけなのだ」(Adèle Hugo, *Le Journal de l'exil*, t. II, 1971, p. 279) とシャルルに言ったことがあった。そうしたユゴーではあったが、当時の混乱した科学認識の状況からなんら確信は持てず、彼方の声の介在を認める姿勢を基本的には取ることになったに違いなかった。

この点について、『ある天文学者の回想録』にフラマリヨンの証言がある。「ユゴーは死の数年前、パリで私に個人的に降霊術について話してくれたことが何度もある。『霊』たちの顕現についてユゴーは以前と変わりなく信じつづけていた」(*Mémoires d'un astronome*, p. 229)。

あとでフラマリヨンの「心霊科学」については詳述するが、「心霊科学」のエキスパートであったフラマリヨンがユゴーの降霊術についてどのような見解を持っていたかは興味あるところである。

前にも触れたが、フラマリヨンはポール・ムリスから「降霊術記録ノート」を借りだしてしばらく手許に置いたようで、つぎのように述べている。「その三冊のノートを一読しながら、私は『これはユゴーの手になるものだ』と考えないわけにはいかなかった」。

ユゴーたちが冗談やまやかしで「降霊術」をしているのではないとしたうえで、ほかの事例にも照らして、参加者たちが一時的に「参加者たち全員を集約するような霊的人格」を形作るものであるとする。また、この場合、「支配的で影響力の強い精神はユゴーのそれ」である。そこで、「ユゴーの思念が外に出て、距離を隔てて霊媒（シャルル・ユゴー）の頭脳に働きかける。そのために、霊媒の頭脳が、テーブルを押す手の力によって、文字と単語を作りだすのである」。

だが、霊媒やユゴーあるいは参加者たちの知らない内容をテーブルが言葉にすることがある。フラマリヨンはイギリスの作家ウォルター・スコットが英語で詩を書き取らせた降霊術の実験を例に出している。「テーブルが霊媒の知らない言語で話をする」ことからすると、もうひとつの可能性として、たとえウォルター・スコットその人でないにしても、なんらかの「特定できない霊の顕現という仮説」もあながち排除できないとフラマリヨンはする（*Ibid.*, pp. 235-237）。

フラマリヨンがこのとき読んだ、ウォルター・スコットが英詩を披露する降霊術は「降霊術記録ノート」では現在行方不明の（筆者の推定による）第三冊目の冒頭にあったはずである。おそらく、そこには出席者ピンソンの名前がなかったか、あっても、フラマリヨンにはそれがイギリス人とは認識されなかったのか。ジャン・ゴードン校訂『降霊術の記録』ではこの部分のテキストはアデル・ユゴーの『日記』を転記しており、それには、はっきりと霊媒として「シャルルとピンソン氏がテーブルに着く」（*OCVH*, t. IX, p. 1400）と記載されている。このピンソンは後述のようにアデルの出奔の原因を作るイギリス人将校アルバート・ピンソンなのである。イギリスの名門の出であるピンソンは、フラマリヨンが舌を巻くくらいの英詩を作る教養は持ちあわせていたと考えられる。したがって、フラマリヨンの「霊」の顕現の根拠としては、この事例は最初から不適合なのである。

ミュチニの論考の問題点

ここで、一応、一九八一年にフランスで出版されたジャン・ド・ミュチニ著『ヴィクトル・ユゴーとスピリティスム』に言及しておこう。著者のミュチニは、スピリティスムを始めとする「超心理学の虚偽を暴く立場の研究で知られる外科医」（同書裏表紙著者紹介欄）とのことであり、そうした立場からユゴーの降霊術について考察している。考察に使う「降霊術の記録」は「ユゴーの遺言執行者ギュスタヴ・シモンが一九二八年にルイ・コナール社から出版し、彼方から届いたテキストの全体を収めた『ジャージー島のテーブル』」（Mutigny, *V. Hugo et le spiritisme*, 1981, p. 6）に「パリ国立図書館で閲覧できた友人たちの書簡を始め種々の書簡」などを加えたものとのことである。まず、ギュスタヴ・シモンの『ジャージー島のテーブル』は正しくは『ジャージー島のテーブル・ターニング』であり、一九二八年ではなく、一九二三年に出版されている。この本がユゴーたちの「降霊術の記録」全体を収めているとしているが、まったく不完全な部分的な出版であった。また、このミュチニの著作が一九八一年に出版されていながら、一九六八年出版のもっとも網羅的なゴードン夫妻校訂の『降霊術の記録』にまったく言及がないどころか、その存在すら知らない様子であること、それに加えて、パリ国立図書館に収蔵されている「降霊術記録ノート」にもまったく触れていないことが文献調査の致命的な欠陥といえよう。

このような研究対象の文献に関する根本的な不備のうえに、ミュチニはつぎのような恣意的としか言いようのない説明を「降霊術の記録」のテキスト制作について加えている。テキスト制作の物理的な方法であるが、一八五四年十二月十七日の降霊術について、ミュチニは叩音連打の速度を秒速三打と（単にアルファベットが二十六文字あることから一字あたりの打数をその二分の一の十三とし、これに文字数を掛けただけの数字を全打数として）概算したあと、これを「二年半にわたって」（実際は、降霊術の継続期間は二年と一カ月である）「朝となく夜となく」カウントすることは不可能であるとする。そして、「参加者たちはテーブルの叩音についていくことができず、何も理解することができなかった。テーブルの動くのが見え、テーブルの叩音は聞こえるが、すぐにはテーブルのメッセージが分からず、墓の彼方の啓示がどれほど重要であるか判断がつかなかった。ユゴーがテキストを明瞭な形で書き直して初めて彼らはテキストを理解することができたのだ。十中八九、この暗号解読と校訂の際にヴィクトル・ユゴーはごまかしをしたのであり、それは無意識のうちに行われた。テーブルのテキストを解読・清書しようとしてユゴーはそれと気づかずに自動筆記をしたのである」（*Ibid.*, pp. 80-81）。このような説明が、すでに本論考で示してきた内容からして、いかに降霊術テキスト制作の現実から遠いものであるかは改めて述べるまでもあるまい。

ユゴーたちの降霊術成立の主因である、降霊術テキスト制作主体の無自覚、ミュチニの言葉では「紛れのない二重人格」については、ミュチニはパラフレニー・ファンタスチック paraphrénie fantastique なる精神病にユゴーが冒されていたためとしている。この精神病の症状についてミュチニは『精神医学概説』なる「学生用教科書」（専門的で高度な説明ではなく、一般性の高い説明であることを強調したくて用いた表現であろう）を援用しつつ記述している。この精神病の患者の「行動はほとんど正常である」が、譫妄状態に陥ると、「悪魔憑きの観念、性の転換、非現実的な肉体の変容といった体感幻覚にとらえられることがとくに頻繁に」起こる。すでにこの段階でも誇大妄想は顕著だが、これが昂じてパラフレニー・コスミック paraphrénie cosmique にもなると、「自分が宇宙の運行の原動力、宇宙の変容の中心であると思う」ようにもなる。こうした症状にまで至りうるパラフレニー・ファンタスチックの症状に、ユゴーの言動、作品の記述はかなりよく当てはまるとミュチニは主張する。二年間におよぶユゴーたちの降霊術の営為が単にユゴーのパラフレニー・ファンタスチックの症状に還元される（*Ibid.*, pp. 82-87）というわけで、単純化の極致といえよう。

ユゴーの頭脳の牢獄

とくに叩音の速度が遅い場合やユゴー不在の「降霊術」においては、テキスト制作者が長男シャルル、弟子のオーギュスト・ヴァクリーあるいはユゴー夫人など他の降霊術参加者である場合も大いにありうるわけだが、その場合、彼らにはユゴーの考えからどれほど遠いテキスト制作が可能であったか。

このあたりの事情を『降霊術の記録』の解説でジャン・ゴードンはこう叙述している。「テープルの語ることがユゴー的であることに我々は驚かされた」わけが、その類似の原因として、「マリーヌ＝テラスの小さなグループはユゴーのことを夢に見、ユゴーのことを考え、ユゴーのことを話題にして」（*OCVH*, t. IX, p. 1180）いたこと、つまり、四六時中ユゴーのことで頭がいっぱいであったことをゴードンは挙げている。むろん、「テーブルの語ることがユゴー的である」のは何よりもまずユゴーが最有力テキスト制作者であることに原因があるはずだが、ジャン・ゴードンのようにこの点をまったく斟酌しなくても、テキストが充分「ユゴー的」であることは、降霊術参加者たちに及ぼすユゴーの絶大な影響力だけでも説明がつくということである。

なぜ、ユゴーは周囲の者たちにこれほどの呪縛を持ちえたのか。それは彼らが三重の監禁状態に置かれていたことに大きな原因があるだろう。

第一の監禁状態を作りだしたのはジャージー島という閉鎖空間であった。ジャージー島は英仏海峡のフランス寄り、コタンタン半島の沖に浮かぶ小島で、面積はわずか一一六平方キロメートル。徒歩でも、数時間で端から端まで移動できる狭さだった。

第二の監禁状態を作りだしたのはマリーヌ＝テラスという居住空間であった。街から離れた海辺の一軒家で、客用の寝室まであり、部屋数は充分だったが、家族や弟子はこの家に閉じこもりがちであった。

そして、第三の、もっとも強力な監禁状態を作りだしたのはユゴーの頭脳という閉鎖空間であった。一日平均数時間という降霊術の時間、一日少なくとも三、四時間におよぶ食事の時間、あるいは他の時間も家族と弟子はユゴーと同席し、ユゴーの能弁に耳を傾けていた。現在でも、都市部を除くフランスの家庭では、昼食も勤務先、学校から一旦家に戻って家で家族揃って一時間以上かけて取るし、夕食にも数時間かけ、さらに、夕食後は食後の団欒が数時間続く。まして、ユゴー一家のような閉じこもり亡命家族の状況は推して知るべしである。

一八六三年、『生活をともにした人の語ったヴィクトル・ユゴー』というユゴーの半生記をユゴー夫人が出版するが、これは数年間、昼食のたびにユゴーが語ってきかせた半生のエピソードをユゴー夫人が原稿にし、それにユゴーが大幅に手を入れて出来あがった本とされる。いま問題になっている時代はこれより約十年前だが、少なくとも食事のあいだじゅう、家族と弟子の全員がユゴーの長口上の攻撃にさらされていたことに変わりはないだろう。

こうした言葉による攻撃で、家族や弟子がいかにユゴーの頭脳の牢獄に閉じこめられ、いかにユゴーに洗脳されていたかは次女アデルの情緒不安定と、ユゴーの頭脳からの逃亡とも言える、その家出に如実に表れている。

たまたま島にやってきてユゴー家に出入りするようになった、アルバート・ピンソンなるイギリス軍の将校とアデルは勝手に相思相愛と思いこみ、ピンソンを追って、一八六三年、島を出奔する。両親に無断で大西洋を渡り、カナダのハリファックス、カリブ海のバルバドス島へと、ピンソンの部隊を追ってゆく。ピンソンの冷遇に、夢と現実の区別を失って発狂したアデルは、一八七二年、九年ぶりでユゴーのもとへ帰還する。だが、ついに正気を取り戻すことはなく、一九一五年、八十四歳で精神病院でその生涯を閉じることになる。(31)

そのアデルが出奔の一年半前、一八六一年十二月二十日、父親に切々と胸の内を訴え、ピンソンとの結婚の許可を求める長文の手紙を書いている。

「〔……〕彼は私を愛し、王党派でイギリス人でした。彼は過去だったのです。彼はどんな人間を愛したのでしょうか？　未来の女性、共和主義の女性、フランスの女性をです。彼の眼中にはほかのことなど何もありません！　共和制とフランスが私の形を借りて彼の前に姿を現しました。そのとき、彼には、王制よりも共和制が美しく、イギリスよりもフランスが上であることが分かったのです。ジャージー島に留まるために彼はすべてを拒みました。彼の家が、軍隊でしかるべき地位を用意しました。イギリス上流階級のお決まりの人生コースだったからです。彼は拒否しました。軍隊も、人生コースも、野望も、いったい何になったでしょう！　彼の人生コースは私を愛することであり、彼の切なる望みは私にまみえることでした〔……〕」（*OCVH*, t. XII, p. 1136）。

この同じ手紙でアデルは父親を「世界と進歩のために必要な天才」と呼んでいるが、そのように父親に心酔し、父親の言動を『日記』に克明に記録しているうちに、アデルは父親の思想と感性に完全に染まってしまったのである。上記の引用文で、アデルが自分をフランスの共和制の権化のように言っているのは、ユゴーの、例えば、「民衆の代表であり、フランス共和国の亡命兵士であるこの私」（一八六二年六月三十日付オクターヴ・ラクロワ宛書簡）（Pouchain, *Promenades dans l'Archipel de la Manche avec un guide nommé Victor Hugo*, 1985, p. 115）という表現に符合する。また、引用文の前半は、共和制・王制、未来・過去、フランス・イギリスといった二項対立を基調として成り立っているが、これも、シャルル・ボードワンが『ヴィクトル・ユゴーの精神分析』（一九四三）で実例を挙げて摘出したユゴーのテクスト生成の基本的方法である。さらに、引用文の最後の文は原文では、Sa carrière, c'était de m'aimer, son ambition, c'était de me voir であるが、これは、音節数まで同じシンメトリーの二節より成り立っている。こうしたシンメトリーの構文は、E・L・マルタンが『ヴィクトル・ユゴーの主要小説作品における散文のシンメトリー』(一九二五)で詳細に分析したとおり、ユゴーの文体の特徴である。

ユゴーの言葉で語り、ユゴーの頭で物を考えることしかできないアデル。彼女はまさに父親の頭脳の牢獄に閉じこめられていたことになるが、これを母親はつぎのように言い表している。

「〔……〕家に閉じこもってばかりいる生活、勉学への没頭、あまりにも重苦しい毎日。これらもまたアデルの病の原因なのです。アデルが幾度となく私に言ったことですが、彼女があんなにも勉学に打ちこむのは、勤勉ないまの生活をどこまでも耐え忍び、あなたについていくためなのです」(一八五七年のものと推定される、夫ユゴー宛書簡)(*OCVH*, t. X, p. 1283)。

アデルの場合にもっとも不幸な表れ方をしたわけだが[32]、このようなユゴーの頭脳の牢獄に閉じこめられた閉塞感は多かれ少なかれユゴーの同居人が共有するところであった。降霊術のテキスト生成においても、参加者たちはユゴーの呪縛を逃れえず、ユゴーの絶大な影響を受けていたことは否めない。

ユゴーが制作者であるテキストについては明瞭なことだが、それ以外のテキストについても往々にして、それとまったく意識することなく、絶え間なく変化する「多重人格」の仮面の下で声を響かせていたのはおそらくユゴーであった。降霊術の空間はユゴーが無意識に自らの無意識と一人芝居を演じる演劇空間——あるいは、意識下のカオスに淀んだ諸宗教と諸思想と諸世界観と諸美意識との邂逅・対話を重ね、テキストを紡ぎだす創造的シンクレティズムの空間という性格を強く持つ。ユゴーの頭脳のなかで無限に回帰する、人類のあまたの記憶であったと言ってもあながち言い過ぎではないだろう。

6　到来する「テーブル」の宗教の時代

ドルイド教からキリスト教を経てフランス革命へ

十九世紀という時代は進歩の思想をほぼ無条件に信じていた時代であって、時間軸に沿った物事の段階的前進への信頼、昨日よりは今日、今日よりは明日、過去よりは現在、現在よりは未来が良くなるという素朴な信仰に貫かれていた。段階的進展というフレームは至る所でその有効性を発揮し、「降霊術の記録」は宗教の分野における人類の進歩を社会の進歩と結びつけて、ドルイド教からキリスト教へ、キリスト教からフランス革命へ、フランス革命から「テーブルの宗教」へと進歩の道筋をつけている。このような宗教の推移はむろん反＝カトリック教会的この上ないものであり、カトリック教会のヘゲモニーが著しく減退した十九世紀ならではの発想である。それをそのまま反映して、この、時代を担う宗教の推移をユゴーたちの「降霊術」に現れて表明するのは、ことあろうにイエス・キリスト自身である。キリスト教に対するこれ以上のアイロニーがあるだろうか。

一八五五年二月十一日、十八日、三月十五日、二十二日と立て続けにイエス・キリストが現れて宗教論を展開するのだが、まず、二月十一日と十八日は、原初の宗教であるとユゴーがするドルイド教と、そのあとに来たキリスト教の比較をしている[33]。物質的価値を超えた価値。魂の価値に初めて気づいたのがドルイド教であり、その意味でドルイド教から宗教は始まる。だが、ドルイド教は来世に価値を置くあまり、現世の人間は徹底的に虐待した。これに対して、キリスト教は現世の人間には慈愛を施したが、その分、来世の人間は過酷に責め苛んだ。ドルイド教がこの世で人間の肉体を虐待したのに対して、キリスト教はあの世で人間の魂を虐待した、というのである。

ドルイド教は人間の最初の宗教であり、肉体のなかで魂が実現した最初の急成長である。血に染まった物質の残骸を透過する光をドルイド教は放つ。天の威力で、ドルイド教は肉体を打ち砕く。神の威力でドルイド教は人間を虐殺する。〔……〕キリスト教にあっては、肉体はこの世でしあわせであの世で虐待される。キリスト教にあっては、魂はこの世でしあわせであの世で責めさいなまれる。人間の犠牲のうえにドルイド教は成りたち、神の犠牲のうえにキリスト教は成りたつ。

〔……〕キリスト教とは、偉大なる救世主であると同時に、偉大なる死刑執行人なのだ。地上では涙を流し、天上では火と燃える、それはまなざしなのだ。涙を流す崇高なるものであるとともに、復讐を遂げる恐ろしいものでもあるのだ。キリスト教は現世の傷を癒しながら、来世の傷口を開く。物質的なものにはやさしさを、物質を超えたものには恐怖をキリスト教は投げかける。人間たちには芳香を、恒星たちには煮えたぎる油を注ぎこむ。ドルイド教は地上に地獄を現出させたが、キリスト教は天上に地獄を現出させるのだ。（*OCVH*, t. IX, pp. 1454-1455）

こうしたふたつの宗教のあとを引き継ぎ、人間のありように大きな変化をもたらすのが、「八十九年」だとされる。「八十九年」はいうまでもなく、バスチーユの牢獄を民衆が攻撃することでフランス革命の火蓋が切って落とされた一七八九年、あるいはフランス革命そのものを指す。キリスト教の後継者がフランス革命であるという考え方は長詩『神』だけでなく、この当時すでにユゴーが執筆を始めていた長詩『サタンの終わり』にもかなり明確に表現されている。

『サタンの終わり』では、地球の外と地球上の物語が並行して進行する。地球の外ではサタンが無限の闇のなかをただひたすら落ちつづける。地球上の物語は、カインが弟アベルを殺すのに用いた三つの道具——青銅の釘と棍棒と石——を軸として展開する。第一の青銅の釘は剣となって、ニムロデに地上を征服させ、やがて天上の征服にも向かわせる。第二の棍棒は、十字架に姿を変えて、イエス・キリストの処刑に使われる。第三の石はバスチーユの牢獄となって政治犯を苦しめる。このバスチーユの牢獄は、「民衆」そして「人間」と名乗る巨人に襲われて破壊される。このあたりは単なる構想として未定稿に記載されているにすぎないが。

これと対応するように、地球の外では、かつてサタンの一枚の羽から生まれた「自由の天使」が仲立ちとなって、神がサタンと和解し、額に光を戴いて天に昇るよう、サタンに命ずる。これによって堕天使サタンは消滅する。

「降霊術」による「墓の革命」

ところで、「あまた群衆は立ちあがり、黒い騎手たちはがばと跳ね起きる。八十九年がいななく声が聞こえる。民衆は一跳びするだけでよい。理想はもう鞍にまたがっているのだ」というのが一八五五年三月十五日の記録の結末だが、これを受けて、一週間後の二十二日に再びテーブルに宿ったイエス・キリストは、「八十九年」に当てはめられた馬のメタファーを相変わらず使いながら、先を続ける。(34)

人間解放の営みをフランス革命はキリスト教から引き継ぐのだが、フランス革命は当然ながら現世の改革であり、現実社会の軛から生者たちを解きはなちはするが、死者たちを解放することはできず、キリスト教に捕らえられたままにせざるをえない。こうしたフランス革命の限界を乗り越えるのが、テーブルによる「墓の革命」なのである。「大天使たちの八十九年」であるテーブルは、来世においてフランス革命をやってのける。永遠の懲罰を与え続ける冷酷無比な神に替わって（ということは、キリスト教は絶対王政下のアンシャン・レジームになぞらえられている）、テーブルは死後の世界に自由・平等・博愛を実現する、というのである。

理想は走りはじめる。拍車をひとつ入れるや、あまたの深淵を跳びこえる。封建の城の天守閣から市外区の屋根へ、バスチーユの牢獄から市街へ、領主から農奴へ、王から民衆へ、司祭から哲学者へ、哲学者から無神論者へ、無神論者から神へと突きすすむ。光りかがやく恐ろしいこのグリュプス(35)はダントンを翼に、ロベスピエールを爪に、十四の軍隊を鱗に、火山を鼻の穴に、深淵を耳に持つ。この馬の口は無限なるものを噛みくだき、噛みくだかれた無限なるものは血塗られた馬の轡から泡となって落ちる。いななきで目覚めを吹きとばし、前足で未来を、後足で混沌を蹴りとばす。暴れまくり、後足で立ちあがり、おびえて、〔……〕すべてを空から地上にふり落とす。この馬は乗り越え、乗り越え、乗り越える。人類を自由に、自由を平等に、平等を博愛に運ぶのだ。

闇から逃れたこの馬はどこまで行ったら止まるのか？　この広大無辺の広がりを行く暴れ馬は。この馬の行く手を阻むのは誰か？　この馬の動きを止めるのは誰か？　〔……〕この馬を引きさがらせる恐ろしい闘技者は誰か？　それは子供とその権利なのか？　いいや。女性とその権利なのか？　いいや。男性とその権利なのか？　いいや、そうではない。それは亡霊とその経帷子なのだ。馬は気勢をそがれ、神秘を前にして諦めるだろう。生者たちを解きはなち、死者はキリスト教に捕らえられたままに諦めるだろう。天守閣の防御を揺さぶったあと、墓にぶつかるだろう。後足で蹴っても悪魔にはとどかないだろう。十字架から飛びたつ墓地の鳥と同じくらいしか、その翼は飛ぶことはできないだろう。永遠の懲罰を与える神の権利に取って代わることはないだろう。無限なるものというティベリウス(36)を退位させることはないだろう。星たちのあいだを、槍の先に刺して、炎と燃えるあの神の、おぞましい首を持ち運びはしないだろう。地獄を灰塵に帰することはないだろう。王冠を戴いた夜の死体を、恒星たちの簀子に載せて、公然と侮辱しながら川に引きずってゆくことはないだろう。墓の革命は行わないだろう。

墓の革命を行うのはテーブルなのだ。テーブルは亡霊の権利を宣言するだろう。死者の権利を、墓の塵の権利を、墓のウジ虫の権利を、墓石の権利を、墓の草の権利を主張するだろう。灰の粒の数だけ太陽の光線が生まれる。テーブルは大天使たちの八十九年となるだろう。人間の真実のなかに、テーブルは超自然の真実を投げいれる。テーブルは原子と世界をいっしょにし、人間と動物のあいだの博愛を、動物と植物のあいだの平等を、植物と石のあいだの平等を、石と星のあいだの連帯を証明する。（*OCVH*, t. IX, pp. 1461–1462）

ドルイド教からキリスト教、キリスト教からフランス革命を経て、森羅万象の愛の宗教であるテーブルの宗教へと移りかわる、というわけである。

国民国家の神話形成

相容れない諸宗教、宗教とイデオロギーといったまったく異質なもの同士の恣意的な混同。これは明らかにフランスの国土における宗教とイデオロギーによる社会の変遷に対応している。十八世紀終わりから十九世紀にかけて国民国家が形成され、フランスが初めてフランスという国土固有の神話と歴史を必要とするようになった。それと同時に、その基礎となる超越的価値の再構築を迫られたのである。

いうまでもなく、フランスの国土にはかつてケルト人すなわちゴーロワ（ガリア）人が住んでおり、その宗教がドルイド教であった。その後、紀元前一世紀にカエサルの『ガリア戦記』にあるようにローマに征服されて、その言語と文化に同化され、さらに、ローマが国教とするキリスト教に同化されることになる。(37)王権神授説が物語るように、こうしたカトリック教会の権威を背景として、絶対王政が続き、挙げ句の果てに、それをフランス革命がうち倒すことになるのである。すでに見たように、このような社会的変革の結果、十九世紀を通じて、カトリック教会の覇権が弱まり、近代国家という世俗の権力に取って代わられていく。カトリック教会とキリスト教による死後の世界の表象がもはや効力を持たないならば、それに替わって、科学を標榜する「心霊科学」ないし「近代スピリチュアリズム」が、すなわち、ユゴーにとっては「テーブル」が死後の世界の表象を担わなければならなくなるとは既述のとおりである。

また、ドルイド教を含めたケルト文明見直しの動きは十九世紀初頭にフランスで盛んであり、ユゴー自身も、例えば、一八二三年に出版した最初の本格的小説『アイスランドのハン』で、ドルイド教をクローズアップしている。主人公オルドネルが怪物ハンに立ち向かうハンの洞窟には「ドルイド教の巨大建造物のひとつ」があり、そうした「ドルイド教の祭壇にある石の裂け目は、血祭りにあげられた人間の血をあまりにも深く飲んだため、褐色に変色している」(*OCVH*, t. II, p. 285)という描写がある。一八二一年、ユゴーはパリ郊外の町ドルーへ旅をするが、このドルーという地名を頭のなかでドルイド教と結びつけ(実際、ドルー Dreux という地名はドルイド教の聖職者 Druides に由来している)、「私はこの地で、ドルイド教の遺跡を探している」と七月二十日付けピエール・フシェ宛の手紙に書いている(*OCVH*, t. II, p. 1284)。当時、フランス人のルーツであるゴーロワ人、さらには、その宗教である野蛮なドルイド教が知識人のあいだで一種のブームになっていたこと、ユゴー自身もそれに早くから興味を惹かれていたことが分かるのである。

こうして、あくまでも十九世紀という、ユゴーにとっての現代の視点から、フランスという国土における、過去から現在に至る精神世界と現実世界の進歩の様態を総括したのが、「テーブル」によるイエス・キリストの論述であった。「テーブル」すなわち「近代スピリチュアリズム」が、葬り去ろうとするイエス・キリストの自己否定の言葉を使って、まさにこれ以上にない自己肯定を図ったきわめて巧妙なテキスト生成であるといえよう。

7　シンクレティズム作品成立に向けて

ユゴーと「テーブル」の相互干渉と軋轢

「テーブル」の宗教の時代が到来するといっても、その宗教の内容が示されず、空疎なうちは何も始まらない。それを「テーブル」はついに語りはじめることになるのだが、それがあまりにも気宇壮大で奇矯な宇宙観になることから、「テーブル」は周到にもユゴーとのあいだで完全な共犯関係を準備しようとする。そうした「テーブル」のただならぬ動きにユゴーは警戒感を強め、警戒感を強めるユゴーとのあいだで「テーブル」は軋轢を生むことになる。

「テーブル」とユゴーの共犯関係とは「降霊術」の実験の場を文学創造の場そのものにしてしまうことである。

一八五三年十二月九日、アンドレ・シェニエの「霊」がユゴーたちのもとにやってきて自作の詩を書きとらせる。アンドレ・シェニエはフランス革命期にギロチンの露と消えた詩人である。断頭台にのぼる直前まで書きつづけ未完のまま残した詩を始め、いくつかの詩をシェニエは「テーブル」を介して完成させようとする。そして、そのあと堰を切ったようにシェニエだけでなくほかの「霊」たちも、こぞって自身の文学作品を披露しはじめる。とくに「劇」、シェイクスピア、モリエール、アンドロクレスのライオン、「墓の闇」が頻繁に作品を書きとらせにやってくる。このうち、例えば、シェイクスピアの新たな作品の創作はこんなふうにして始まる。

一八五四年一月二十二日のことである。生前いかに偉大な作品を残した文学者でも死後、神の前に出ると自分の存在の卑小さ、ひいては自分が残した傑作の卑小さを納得する。こうしたことをまず散文で述べたあと、「韻文で語りたい」とシェイクスピアは自分から言いだして、つぎのようにして自作の詩を書きとらせる。

［ユゴー］――拝聴するとしよう。

――この世にあっては大声で話し命じた思索者の王。
ああ、死よ、この男といえども、おまえには服従する！
たてがみの音に生きとし生けるものを震えあがらせる王。
広大無辺の広がりが言う、ライオンのおでましだと。

だが、死が訪れると、その頭とともに思索も傾き、
爪も歯も消え失せる。鼻孔にしわ寄せ唸ったライオンを
もう誰ひとり思いだす者もない。
大空が言う、鳥が一羽やってきたと。

おお、わが神よ、あなたの足元にひざまずかせます、わが勝利の数々を。
ハムレットよ、リア王よ、ひざまずけ！　オセロよ、ひざまずけ！
わが軍旗よ、屈服せよ、栄光の神の御前に！
入れてもらおうではないか、打ち負かされ身を縮め、柱門の下を……

［ユゴー］――いまの一行をもう一度言ってくれないか？
――分かった。
［ユゴー］――では、頼む。
――いま作ったところを最初から最後まで一度読んでみてくれ。
（そこまでのところを全部読みあげた。一行一行詩句を推敲したいかと尋ねる。――そうしたいという返事。）
［ユゴー］――一行目。
――変更なし。
［ユゴー］――二行目。

——変更なし。
[ユゴー]——三行目。
——変更なし。
[ユゴー]——四行目。
——変更なし。
[ユゴー]——五行目。
——変更なし。
[ユゴー]——六行目。
——変更なし。
[ユゴー]——七行目。
——変更なし。
[ユゴー]——八行目。
——変更なし。
[ユゴー]——九行目。
——変更なし。
[ユゴー]——十行目。——どの部分を変えるのか？
——オセロ。
[ユゴー]——どんな言葉に変えるのか？

――ロメオ。

［ユゴー］――十一行目。

――変更なし。

十二行目はつぎの詩句にそっくり変える。――

おまえたちは「人間に」と詠ったが、墳墓は言う、「神に」と。

［ユゴー］――私たちが、イギリス人よりもはるかにおまえに親近感を抱いていることをおまえは知っているか？

――知っている。

［ユゴー］――さあ、詩の先を続けて。

――王冠を戴いてはいるが打ち負かされた捕虜たち。カエサルたちよ、
おまえたちの緋色の凱旋車に祭のなかをつき従っていた捕虜たち。
こうした捕虜たちさながらに、喪に服すわが傑作たちよ、神はおまえたちの頭を垂れさせる。

黒衣に身を包んだハムレットは太陽たちのあとに付き従わざるをえない。
全知全能の無限なる方がおまえたちを縛りつけたのだ、自身の凱旋車に。
おまえたちが位を退いたお蔭なのだ、無限なる方の王位が確立したのは。
おまえたちは王。そして、ジュリエットは女王だった。

シェイクスピアは失墜した。だが、その魂は天に昇った。
［ユゴー］――疲れた。何日にまた来てくれるか？
――水曜日。夜の九時に。

（午前一時閉会。）（*OCVH*, t. IX, pp. 1282-1284）

この引用箇所を含む一八五四年一月二十二日の降霊術の実験全体について言えば、冒頭には「ゲランとユゴー夫人がテーブルを保持する。ユゴーが質問する」という記述があり、降霊術が始まって四つ短い質疑応答があったあと、「ここで、シャルルとゲラン氏がテーブルを保持する」と、霊媒がユゴー夫人からシャルルに交替したことが記録されている。また、ちょうどこの部分以降この「降霊術の記録」が「ユゴーの手書き原稿」によっていることが校訂者ゴードン夫妻の注釈で示されている。前述の概算方法で叩音連打の速度を概算すると、秒速約三・二打となり、全体としては、叩音連打の正確な数と切れ目を出席者が捉えることが困難なほど連打の速度が速いことが分かる。ユゴー自筆の記録が存在していること、テーブルとの対話者がもっぱらユゴーであることも考慮すると、「降霊術の記録」のテキスト制作者がユゴーである可能性のきわめて高い実験の範疇に属する。

引用箇所で重要なのは、シェイクスピアがまさにこの降霊術の最中にユゴーを相手に推敲をし、詩句をあれこれ練りなおしていることである。テキスト制作者がユゴーであるとすれば、これは、つまり、この降霊術の場そのものが、陰のユゴーと陽のユゴー、ユゴーの意識の顕在的な部分と潜在的な部分が緊密な共犯関係を維持しつつ共同作業に従事する文学創造の場と化していることをほぼ意味する。ここではユゴーがシェイクスピアの「声」を使って文学創造を実践していると考えられ、引用箇所の最後でシェイクスピアは元気なのに、ユゴーが「疲れた」と言って実験を打ち切るのも道理といえよう。

こうした降霊術のテキスト生成は、ユゴーが頻々と体験してきた劇作という行為にそのアナロジーを求めることができる。シェイクスピアを主要登場人物とする演劇作品をユゴーが執筆する場合を想定すれば、ユゴーという主体は、自分がシェイクスピアであったならば言葉を発するだろうように「ほんとうらしさ」を追究しつつシェイクスピアの台詞を創りだすことが容易にできる。そして、それは劇中、シェイクスピアの言葉として提示されるが、むろん、実際のところは、シェイクスピアその人（シェイクスピアの実在性に疑問があるとされるが、ここでは一応、実在であったとして）の関与は皆無であり、完全にユゴーの頭脳が考えだした言説である、というテキスト生成とのアナロジーである。

一月二十五日「水曜日」に予告どおり現れたシェイクスピアは同じような調子で詩作を続ける。そして、一月二十七日も、二月一日も、二月三日も、二月六日も、二月九日も同様である。だが、やがて、シェイクスピアは現れなくなる。この間も、テーマは相変わらず神の偉大さと人間の卑小さであり、推敲の執拗さも変わらない。

相互干渉の新たな段階

現存する「降霊術記録ノート」（筆者の推定での）第二冊目がカバーするのは一八五四年二月一日から一八五四年五月三十日までであり、それは偶然いままさに問題になっているこのユゴーと「テーブル」の共犯関係がエスカレートする時期に符合している。この偶然によって、我々はもっとも微妙で重要な「降霊術の実験」に、もっとも信頼度の高いテキストによって、そして、筆者がこの第二冊目の「降霊術記録ノート」全体の複写を所有していることから、その手書き原稿の複写をも参照しながら、アプローチできることになる。

ところで、シェイクスピアが姿を消すのと相前後して、まるでシェイクスピアと交替したかのように、二月十日からは（二月六日に少しばかり顔をのぞかせたあと）今度は、フランス十七世紀の劇作家、モリエールが頻々とテーブルを訪れるようになる。

この二月十日、(38) ユゴーと「テーブル」の共犯関係はまったく新しい段階に突入する。ユゴーと「テーブル」が協力して、ひとつの作品を創ることになるのである。

降霊術の実験開始直後に、突然モリエールはつぎのように宣言する。

「私は韻文でしか話したくない。韻文で私に質問する者だけを相手に、私は韻文でだけ話をすることにする。これが『墓の闇』の命令だ」。

これを受けてユゴーは、モリエールのことを詠った自作の詩句を読みあげる。十七年前に作った「彫像」と題する詩（一八四〇年刊詩集『光と影』収載）の一節で、パリの公園に立った牧神の彫像に、かつてモリエールがおまえに注意をとめ、おまえのことで思いをめぐらしたことがあるかと、詩人が問いかけるものである。

このユゴーの詩の先を、事もあろうに、あたかも日本の連歌のようにモリエールが続けるのである。ユゴーの詩と同じ十二音綴詩句で、「私はその頃を知っている、私はその大理石の彫像を知っている」と、いともたやすく続ける。そして、そのまま、モリエールは自身の詩作に没頭し、シェイクスピアと同じように、あれこれと詩句を推敲する。

オリジナリティーの危機

さらに、そのうちに「テーブル」とユゴーが共同作業をするだけでなく、「テーブル」とユゴーの作品の一部が酷似する、つまり、「テーブル」とユゴーが同じような言葉を考えだすことが起こる。すでにつぶさに分析した一八五四年四月二十五日の降霊術での出来事である。

「テーブル」とユゴーの詩句が酷似する、つまり、「テーブル」とユゴーが文学創造の上で同じようなことを考える。ここでは、降霊術の実験の場でほとんど同時に起こっているが、これが時間軸上での距離を持って起こる場合もあった。同じ一八五四年四月二十五日の実験のもう少し先で「テーブル」は「おまえと私のふたりしか知らない未定稿の半句〔アレクサンドランすなわち十二音綴詩句の半分〕をおまえから借用することを許してもらえるか」と質問し、ユゴーの許可を得る。そのうえで、一行の前半分の六音綴「森の花々」に続く、それと同格の「この夜の小粋な女たち」をつけ加えている。この直後に、ユゴー自身が「確かに『この夜の小粋な女たち』という半句は、私が誰にも読んで聞かせたことのない詩の一部であり、私だけが知っている帳面のなかにある」とコメントを記入している（*OCVH*, t. IX, p. 1363 ; Manuscrits, n.a.f. 14066, folio 86 recto et verso）[39]。

一八五四年四月二十七日の実験では、以前シェイクスピアが創作し披露しようと約束した戯曲を、彼に代わって「劇」が書きとらせる。自身が欠席したこの降霊術の記録を二日後の四月二十九日に読んでユゴーは、この戯曲の冒頭が自分の作品に構想の点で似ていると気づいている（*OCVH*, t. IX, p. 1366 ; Manuscrits, n.a.f. 14066, folio 91 recto）。「劇」が書きとらせるシェイクスピアの戯曲の第一幕は「天国」と「地獄」が会話をかわすものだが、これが、自分が前年の十一月に書いた「星空のふたつの声――天頂と天底」と題する詩と似ているというのである。

ユゴーの詩は「天頂」と「天底」が会話をかわすもので、確かに天の上と下の会話という構成は同じである。天が善を語り、地が悪を語る、「天国」と「地獄」、「天頂」と「天底」のコントラスト、それに細部が、ユゴーの言うように、似ているといえば似ているが、それほどはっきりとした類似ではない。にもかかわらず、ユゴーは「降霊術記録ノート」の四月二十七日の末尾に、四月二十九日の日付けをつけてこうコメントを書き加えている。「こうした類似があるからには、私はこの戯曲のあいだ、この戯曲についてだけ、降霊術の実験にはいっさい参加を見合わせなければならない」（*Ibid.*）。

そして、ユゴーは徹底的にこれを守って、「劇」がこの戯曲を書きとらせた七回が七回とも（最後にシェイクスピア自身が現れて、「自作の戯曲」の続きを書きとらせた一八五四年五月二十八日も含めれば、八回）欠席している。このころユゴーは『雨後の森』と題する戯曲（一八八六年死後出版の『自由劇場』に収められる小品）を執筆中であった。「テーブル」の言葉と同じような言葉を迂闊にも自作に混入させたら、「テーブル」からの剽窃のそしりを免れなくなる。そうした危惧が先に立った。詩的インスピレーションの類似が自身の創作者としてのオリジナリティーを脅かすものとユゴーは深刻に受けとめていたのである。

これ以後も「テーブル」とユゴーの着想の類似は頻々と起こり、それを気にかけてユゴーはそのつど指摘している。こうした指摘は四月二十五日に一件、四月二十七日に一件、五月三十日に一件、十月二十二日に三件、十二月十七日に四件、十二月十八日に二件、翌年三月八日に一件、三月十五日に一件、三月二十二日に一件と度重なっている。一八五五年三月二十二日の記録では、ユゴーは「テーブルを介して私たちに話をする超自然の存在たちが、私たちの作品を知っていると私たちに告げるのも一再ならずだった」とことさら述懐している（*OCVH*, t. IX, p. 1462 ; Manuscrits, n.a.f. 16434, folio 15 verso）。

以上に列挙した類似の見られる実験の大部分が、「闇の視線」、「死」、ガリレオ・ガリレイ、イエス・キリストなどがユゴーの思想の根幹に関わる内容を語ったものである。叙述が本質に迫れば迫るほど、意識と無意識の交流が活発になり、両者の交錯が起こりやすくなるということなのであろう。

シェイクスピアの戯曲を書き取る作業が続いていたときに、ユゴーの文学者としてのオリジナリティーがしだいに脅かされていったわけだが、このことはユゴーの記憶になんらかの痕跡を残していたのかもしれない。ほぼ十年を経て書かれた評論『シェイクスピア』（一八六四）の「天才たち」と題する第二章で、文脈から不自然に逸脱しながら、テーブル・ターニングに触れている。「あらゆる現象を探査することが科学に厳しく課せられた義務である」という観点から、故なくテーブル・ターニングを嘲笑する世の風潮をまず強く戒める。そうしたテーブル・ターニング擁護のあとで、今度は天才たちについて語る段になると、「[デルフォイで巫女が神託を得るのに使った]三脚床几とかテーブルとかは詩人たちのインスピレーションとはまったく関係がない。詩人たちのインスピレーションは完全に直接的なものだからだ。巫女は三脚床几を使ったが、詩人は使わない。詩人は彼自身が三脚床几なのだ。神の三脚床几なのである。[……]天才は自分の頭脳のなかに自分に必要なものを備えている」(*OCVH*, t. XII, pp. 170-171)と述べている。つまり、文学者のインスピレーションはなんらテーブルの助けを借りるものではないというのである。ということは、ユゴー自身のインスピレーションもまたテーブルからまったく独立しているとわざわざユゴーは主張していることになる。

8 「闇の口」が語る

「テーブル」の宇宙観

文学創造をめぐる「テーブル」とユゴーの一体化が進行しつつある、まさにそのとき、決定的な啓示が「テーブル」によってもたらされる。それは一八五四年四月二十四日の降霊術の実験においてであった。

この降霊術の実験について、まず、基本データを示すことにしよう。この記録が現存する「降霊術記録ノート」に収載されているものであることは言うまでもない。記録の冒頭に「テーブルに着くのはヴィクトル・ユゴー夫人、シャルル・ユゴー。オーギュスト・ヴァクリーが筆記する」と記載されている。つまり、ユゴー不在のままで降霊術の実験は始まるのである。だが、冒頭「そこにいるのは誰か？／劇。／話してくれ。／ヴィクトル・ユゴーはどこにいるのか？／（ヴィクトル・ユゴーが入ってくる。）／VH――私はここにいる。おまえの話を聞こう」と記録されるやり取りがあり、ユゴーがすぐに降霊術の実験に参加している。さらに、「ヴィクトル・ユゴーはどこにいるのか？」と「テーブル」がユゴーの参加をことのほか気にかけていることが分かる。以後、ユゴーは五時間三十分におよぶこの実験の最後まで積極的に実験に参加する。

また、叩音連打の速度をこれまで同様の方法で概算すると、秒速約四・四打となる。

この降霊術全体の構成はきわめてシンプルである。すでに引用した冒頭の「……VH――私はここにいる。おまえの話を聞こう」のあと、前日の議論を「劇」は続ける。それを受けてヴァクリーが質問し、その質問に「劇」が答える。ここまでは冒頭の記載のとおり、ヴァクリーの筆跡である。つぎにユゴーが質問するのだが、このユゴーの長い質問は、手書きの「降霊術記録ノート」では、最初の二行と一語がヴァクリーの筆跡、つぎの二行がユゴーの筆跡、そのつぎの二行と四語がヴァクリーの筆跡、そして、つぎの十五行がユゴーの筆跡となっている。そのあとにユゴーの質問に対する「劇」の長い答えが来ているが、これは最初の十四行がヴァクリーの筆跡、そのあとの二十五行、すなわち「劇」の答えの終わりまでがユゴーの筆跡となっている（末尾には「ヴィクトル・ユゴーの筆記による」とユゴーの筆跡のコメントが挿入されている）。続いて、ユゴー夫人と「劇」の一問一答がある（ユゴー夫人の質問と、そのあとの「劇」の答えの最初の二行だけがヴァクリーの筆跡、あとはユゴーの筆跡である）。そのつぎはユゴーと「劇」の二番目の質疑応答となり、それにユゴーと「劇」の三番目の質疑応答、さらにユゴーと「劇」の四番目の質疑応答が続き、この降霊術は終わる。これらの質疑応答はすべてユゴーの筆跡で記録されている。この記録全体の末尾に「これらの最後の六ページはヴィクトル・ユゴーによって筆記された」とユゴー自身が記入している。これはf八一 verso からf八四 recto までの六ページ、まさに前述の二番目から四番目までの質疑応答全体に相当する。

以上のうちで、ユゴーと「劇」の二番目の質疑応答が「テーブル」の宇宙観を明らかにするものとなっている。

神は被造物のあいだにバランスが取れるように、こんなふうにしたのではないかと私は思う。つまり、動物たちは、人間のように考えることができない。そのかわり、人間に見えないものが見える。夜、犬が吠えるのも、犬が亡霊や霊魂を見ているからではないのか。この点について教えてくれないか、とユゴーが「劇」に問いかける。

この問いに対する「劇」の答えがまさに核心を突いている。その答えを細大もらさず訳出することにする。

人知を超えた欠陥には、人知を超えた埋めあわせがあるものだ。動物とは、魂を閉じこめた牢獄である。その牢獄には窓が開けられており、その窓は無限なるものに向かって開かれている。

けれども、その窓は低くて、狭い。おまけに、太い格子がはまっている。太い格子の影が落ち、光はほそぼそと、換気孔ほどの開口部から差しこむ。動物には人間が見え、天使が垣間みえるのだ。動物のまなざしは睫毛の一方の先では光のなかに注がれ、睫毛のもう一方の先では理想のなかに注がれている。鞭で打たれながらも、犬の目には天使たちがほほえむのが見える。吠えることで犬はとつとつと何かをしゃべっているのだ。犬のおしゃべりは、あの偉大な聾唖者である神にしか分からないが。唸り声をあげることで動物は赤ん坊のように泣いているのだ。動物の泣く声は、あの偉大な、もの言わぬ老人である神の耳にしか聞こえないが。人間が口にする言葉には祈りの半分が入っている。動物の声には祈りのもう半分が入っているのだ。地上には耳が無数にある。口ひとつに対して、耳はふたつある。一方の耳は罪を許す耳であり、もう一方の耳は罪を罰する耳だ。動物という動物、花という花、石という石は人間と神のあいだにある。そうしたものたちの魂は人間には見えない。そうしたものたちには神の素顔が垣間みえる。そんなわけだから、夜のとばりが降りると、洞窟から、巣から、森から、波間から、暗闇から、至るところから、壮大な音が湧きあがる。それは祈りの声なのだ。獣の口から、鳥のくちばしから、魚のひれから、牢獄から、独房から、地下牢から、湧きあがる祈りの声なのだ。四六時中泣きつづけ、けっして涙をぬぐうことのない瞼のあげる祈りの声。神は言いたもう。おまえたちの声は聞こえるぞ、と。すると、ライオンはじっと辛抱し、鳥はさらに安らかに眠り、犬はきゃんきゃん鳴きながら天使たちの衣にじゃれつく。「許し」というのが、人間の言葉で動物たちにもなんとか分かるただひとつの言葉なのだ。ほかの言葉がことごとく海に落ちたところで、さまざまな想念のうち、ひとつとして溺れることはないだろう。「許し」こそがノアの箱船なのだから。(*OCVH*, t. IX, p. 1360 ; Manuscrits, n.a.f. 14066, folio 82 recto et verso)

いかにこのときの降霊術がユゴーのテキストに近かったか。この部分を分析することで確認してみよう。

度重なる詩句の一致

一八五四年四月二十四日の、この「劇」の答えを受けてユゴーが、いま聞いた考えに沿った詩句を自分は書いたことがある、と「劇」に知らせる。薔薇が蝶に向かって言う言葉で、「私のところへおいでよ。私のつぼみというつぼみには魂が宿っているから」という詩句である。これは、先にも触れた一幕韻文劇『雨後の森』の第二場で、登場人物としての薔薇が、やはり登場人物としての蝶に言う台詞である。こうした一致を奇異に思ったユゴーは、「私は当てずっぽうにこの詩句を作ったのか。それとも私は、犬が夜そうするように、何かを垣間みたのか」と「劇」に質問する。「劇」はつぎのように答える。これが三番目のユゴーと「劇」の質疑応答となる。

そうだ。おまえは垣間みたのだ。だが、魂を宿しているのは薔薇だけではないのだぞ。いったいどうして、おまえたち詩人は、薔薇や蝶のことばかり愛情をこめて詩に詠い、アザミとか、毒キノコとか、ヒキ蛙とか、ナメクジとか、毛虫とか、蠅とか、ウジ虫とか、ダニとか、寄生虫とか、滴虫とかのことは詩に詠わないのか？　ほんとうに、こうしたものたちこそ、不幸なものたちなのだぞ。小石とか貝殻とかといえども、そうだ！　南京虫は？　蚤は？　シラミは？　オオムカデは？　サソリは？　ワモンゴキブリは？　ワラジムシは？　カニは？　エビは？　ガチョウは、いったいどうして詩に詠わないのか？　下等なものたちが苦しんでいるというのに、なぜ、おまえたちは同情しないのか？　途轍もなく小さいものが途轍もなく大きいものから、いつだってごみ扱いされ、痛めつけられているのに、なぜ、おまえたちは同情しないのか？　なぜ、ラチュード(40)に同情して、ハツカネズミには同情しないのか？　なぜ、ペリソン(41)に同情して、彼の話に出てくる蜘蛛には同情しないのか？　なぜ、ローマ人がウツボに投げ与えた奴隷たちに同情して、ウツボには同情しないのか？　なぜ、円形闘技場に投げこまれたキリスト教徒に同情して、猛獣たちには同情しないのか？　なぜ、ヨブ(42)に同情して、彼にとりついたレプラ〔ハンセン病〕に同情しないのか？　なぜ、見てくれのよいものが苦しんでいると同情し、見てくれの悪いものが罪のつぐないをしていても同情しないのか？　なぜ、加工ずみのものを憐れみ、未加工の物質は憐れまないのか？　どちらも憐れんでしかるべきなのだぞ。鉄といえども苦しみ、青銅といえども苦しみ、刑罰用の首かせといえども苦しんでいる。拷問台といえども苦しみ、長靴形拷問具といえども苦しみ、大砲といえども苦しみ、ギロチンの刃といえども苦しんでいる。ジャンヌ・ダルクに同情するなら、ジャンヌ・ダルクを火あぶりにした火刑台にも同情してもよいではないか。ソクラテスに同情するなら、ソクラテスを殺した毒ニンジンにも同情してもよいではないか。イエス・キリストに同情するなら、イエス・

キリストをはりつけにした十字架にも同情してもよいではないか。これから先は、こんな気持ちで創作に当たるがよい。拷問に使われた種々の道具や、イエス・キリストを十字架に打ちつけた四本の釘。これらのものの苦しみをおまえが是非とも詩に詠うよう、この際、強く頼みおくぞ。(*OCVH*, t. IX, pp. 1360-1361 ; Manuscrits, n.a.f. 14066, folio 82 verso - 83 verso)

この「劇」の言葉に対して、ユゴーは「おまえが私に言うのと同じような考え方で、今朝、私は詩句(とくに、キノコについての詩句二行)を書いたが、おまえはその詩句を知っているか。それから、以前には、キリストを十字架に打ちつけた四本の釘のことを詩に書いたが、その詩句をおまえは知っているか」と「劇」にきく。

この問題の、ユゴーが「今朝書いた」とする詩句だが、これは先にユゴーが言及したのと同じ戯曲『雨後の森』の第三場あたり、とくに、主人公ドゥナリウスのモノローグを指している。雨後の森を青年ドゥナリウスがさまよう。しっとり濡れて生き返ったように美しい自然のただ中で青年は、孤独な夢想に身をゆだねながら、延々と独り言をいう。このモノローグから、とくにユゴーが強調している「キノコについての詩句二行」の前後を訳出してみよう。

ここでは、すべてが不思議なオペラを歌っている。
至るところから、岩から、花々から、黒ずんだ幹から、
〔……〕

草地から、葉から葉へ落ちてゆく水の滴から、
広大無辺のなかにおわすお方に挨拶する枝々から、
蝿から、風から、穏やかに神の加護を受ける巣から、
発される、いろいろな音階が、見えないお方の耳には聞こえる。
化け物じみた隠花植物がふるえるのを草は感じ、
ぶざまなキノコが誰も知らない歌を歌う。
この暗い森では、すべてがおとなしく、すべてがいたいけない。
〔……〕
木々の幹や黒い根にあいた穴いっぱいに
こけや草がはえ、これら小さな洞穴に
小さな神々が身をひそめているのを見るかのようだ。
あちらこちらで縮れ毛のキューピットがお腹を出している。（*OCVH*, t. IX, pp. 20–21）

引用箇所では、蝿やキノコが登場し、第三場から第四場にかけては、石やロバや蛙や日陰の蔓草やマンドラゴラやイラクサやツバメや西洋カボチャが登場人物として登場し台詞を口にする。このあたりのことを（あるいは第一場、第二場にも似たようなことが起こっているので、それも含めて）ユゴーは念頭に置いていると思われる。

もう一方の「キリストを十字架に打ちつけた四本の釘」であるが、これは、一八五四年四月四日

の日付がある「福音書を書いた者たち」と題する詩（未定稿を集めた詩集『竪琴の音をつくして』に収められて、死後、一八八八年に出版された詩）の第二節を指す。キリストが息を引きとり、まだ、何も書かれていない福音書を前に、ルカ、ヨハネ、マルコ、マタイの四人の弟子がじっと憂いに沈んでいると、キリストを十字架に打ちつけていた四本の釘がどんどん大きさを増し、生命を宿すに至った。その先を以下に訳す。

第一の釘は不思議な飛び方をする鷲となり、
第二の釘は牛となり、第三の釘は獅子となり、
第四の釘は天使の形を取った。
閃光を羽とし、光線を目として持った天使の形を。
　やがて、高いゴルゴタの丘から飛びたって、
　十字架をあとに、
　おぞましい枕辺をあとに
　おのおのが闇のなかを、
　これら四人の弟子の耳もとへやってきて、
　自分の知っていることを語ってきかせた。（*OCVH*, t. IX, p. 791）

「テーブル」が命令する

以上二種類の詩句を「劇」が知っているかどうかをユゴーが「劇」に尋ね、それにつぎのように「劇」が答えたのが、四番目すなわち最後のユゴーと「劇」の質疑応答である。

私が言っているのはきわめて厳密なことなのだぞ。はっきりと言っておく。森羅万象について詩人たちがこれまで抱いてきたような、漠然とした感情を、私は問題にしているのではない。ヘシオドスが抱いた感情、ホメロスが抱いた感情、「かつて、いちじくの木があった」と詠ったときホラティウスが抱いた感情、ルクレティウスが抱いた感情、ウェルギリウスが「半獣神シレノス」という作品のなかで抱いた感情[43]、シェイクスピアが『マクベス』のなかで抱いた感情、アイスキュロスが『縛られたプロメーテウス』のなかで抱いた感情、モリエールが『アンフィトリヨン』や『プシシェ』のなかで抱いた感情、おまえ自身が作品の随所で、とりわけ、大砲たちを憐れんだ「不幸に流す涙あり」[44]で抱いた感情。こうした感情を問題にしているのではない。おまえの命を問題にするのと同じように、私は動物たちや花々や石たちの命を問題にしているのだ。私ははっきり言い、はっきり示す。召使いたちに命令するのと同じように、私は、詩人たちに私の意に沿った詩を作るよう命令する。マリヨン[45]にあって美を復権させ、トリブーレ[46]にあって醜さを復権させたあとを受けて、ヒキ蛙にあって不幸を、アザミにあって絶望を是非ともおまえに復権させてもらいたい。この、おまえの家では是非とも、トラのことを憐れみをもって語り、ミミズのことを尊敬の念とともに語ってもらいたい。以後、是非とも、おまえは、オオカミの温厚さ、ヒョウのやさしさ、ライオンの気の弱さを話題にしてもらいたい。例えば、おまえのトランクで眠る詩のなかに、私はこんな詩句を読んだことがある。「気持ちはよいが、突然ライオンに出くわしてしまう」この森。詩句は美しいが、ライオンにかわいそうなので、これを変えるよう私はおまえに勧告する。（*OCVH*, t. IX, p. 1361 ; Manuscrits, n.a.f. 14066, folio 83 verso - 84 recto)

このあと「午後七時三十分」という閉会の時刻と前掲の「これらの最後の六ページはヴィクトル・ユゴーによって筆記された」というコメントが続き、この四月二十四日の「降霊術の記録」は終わっている。

この降霊術の最後で、自らが指定する内容の詩を書くように「テーブル」は不遜にも「命令」をしているわけである。

ユゴーがこの命令を受けた直後に命令を守ろうと試みた形跡が見られなくもない。前述の『雨後の森』のほかには、例えば、長詩「夜聞こえる泣き声」（一八五六年刊『静観詩集』収載）である。この詩は、手書き原稿に付された日付からして、問題にした四月二十四日の降霊術の直後、二十五日から三十日にかけて執筆されている。この世の生のむなしさ、石が、暴君たちや悪人たちの魂が死後罰を受ける姿かもしれないこと、死後の世界は確実にあるが不可知なこと。こうしたことが詠いあげられたあとにくる、とくに、結びの節は注目に値する。

心を動かされた柏は、物思いに沈む杉に合図を送っている。
夢見る岩は、あたかも聖堂のなかの聖職者のよう。
　辱めを受けて涙する聖職者。
張りめぐらした巣の真ん中で、じっと動かず、蜘蛛は
瞑想にふけっている。星空のもとで夢想しながら、ライオンは
　唸り声をあげている、「神よ、許しを与えたまえ！」と。（*OCVH*, t. IX, p. 323）

これだけの詩句のなかに、動物、植物、鉱物が（すなわち、人間以外の被造物がすべて網羅的に）詠いこまれており、そのうえ、神による「許し」のテーマが詩全体のしめくくりとして登場している。四月二十四日の降霊術のテーマのうち重要なふたつがここに凝縮しているわけである。だが、ユゴーが本格的にこの「テーブル」の「命令」を実行に移すには半年が経過しなければならなかった。これに対応するのが、ユゴーの哲学詩の最高傑作にして、その宗教思想の中心を表現したとされる「闇の口の語ったこと」である。長女レオポルディーヌの不慮の死をバネに、彼方の世界の秘密を探ろうとした『静観詩集』（一八五六）という詩集全体の、到達点をこの詩は示してもいる。

四月二十四日の降霊術の記載とこの詩を比較するに当たって、まず四月二十四日の降霊術から「命令」に関係するところを抜きだして整理してみよう。つぎの五点になる。

(1)　動物、植物、鉱物のひとつひとつが魂を宿している。それらは魂の牢獄である。

(2) 動物、植物、鉱物には、人間には見えない、現世を超えたもの、亡霊や神が見える。
(3) 動物、植物、鉱物は夜、祈りの声をあげる。
(4) 動物、植物、鉱物の魂は罪深い魂であるが、神が自分たちに「許し」を与えることを切望している。
(5) どんな下等な動物、植物、鉱物も魂を宿し、苦しんでいるのだから、詩人はそれらを憐れみ、それらのことを詩に詠わなければならない。

(5)は「命令」そのものであり、(1)から(4)が「命令」の背景となる――詩人によって表現されるべき――「テーブル」の世界観である。(1)から(4)には明瞭には表れないが、こうした世界観の前提となっている要素がいくつかある。まず、(6)人間、動物、植物、鉱物という存在の序列(ユゴーはのちに「被造物の梯子」と呼ぶ)。(7)生前の行いの良し悪しによって、魂がこの序列のなかで上昇したり、下降したりする輪廻転生。(8)人間は疑うという罰――真実を知りえないという罰――を受けていること。これら三点はすでに一八五三年十二月二十七日の実験で「テーブル」が表明している。ただし、このとき、「テーブル」は動物と植物のこととして考えを述べ、鉱物のことには触れていない。

『降霊術の記録』の解説でジャン・ゴードンも指摘しているが、一八五三年十二月二十七日の実験で興味深いのは、魂の不滅、前生の罪の報い、「許し」の時の到来についてはユゴー自身が「もうずっと以前から考え、言っている」ことであるとしながら、ユゴー夫人がこうつけ加えていることである。「けれども、動物や植物のことは別ですよ。動物や植物に魂があるなどとは、夫は思ってはいません」（*OCVH*, t. IX, p. 1268）。

ということは、上記の(1)から(4)だけでなく、その前提となっている(6)も、ユゴーは「テーブル」の啓示を待って初めて考えるようになったというのである。このユゴー夫人の意見にユゴーは反駁する気配をまったく見せない。そして、一八五四年四月二十四日の降霊術で啓示を受けて以後、同じようなテーマが扱われるときには、このときの啓示と(6)(7)(8)がユゴーたちと「テーブル」の了解事項となる。同年六月十九日、七月七日、八月十六日、九月十一日、九月二十日の実験においてのことである。

ユゴー夫人の証言によると、人間以外の被造物に魂があることをユゴーは想定していなかった——つまり、この点だけが「テーブル」の啓示による——ということだ。ユゴー夫人の証言があったとき、ユゴー自身が訂正しなかったくらいであるから、ユゴー自身それほど意識していたわけではないが、人間以外の被造物に魂があることをユゴーは漠然と思わないわけではなかった。例えば、一八三七年四月にユゴーが書いたとされる「アルブレヒト・デューラーに」と題する詩（一八三七年刊詩集『内心の声』収載）にこんな一節がある。

神のみひとりが知りたもう、あの野性の土地で、
ひそかに炎に熱せられるこの私が、こんなことをしばしば感じたのを、
森のいたるところに生い茂る異形な柏の木々が、

私と同じように、心臓を鼓動させ、魂をそなえて生き、
笑ったり、また、闇の中で小声で話しあったりしているのを。（辻昶・稲垣直樹訳）（*OCVH*, t. V, p. 598）

また、「テーブル」の啓示(6)の「被造物の梯子」（これはのちに、人間を中心として、人間から動物、植物、鉱物へと降りてゆく部分と、人間から天使へと昇っていく部分に区別して語られる）については、韻文劇『クロムウェル』（一八二七）の「序文」につぎのような、この主題の萌芽が見られる。

「人間の運命と同じように人間には二面性があること、人間のなかには動物的なものと知的なものが、肉体と魂があることを、キリスト教は人間に教えた。被造物全体を含む存在のふたつの連鎖があるが、このふたつの連鎖に共通の輪、このふたつの連鎖の交点が人間であると、詰まるところは、この宗教は人間に教えたのである。存在のふたつの連鎖の一方は、物質的な側面を持った存在の連鎖であり、もう一方は肉体を持たない存在の連鎖である。一方は石に発し、人間にいたる連鎖。もう一方は人間に発し、神に終わる連鎖である」（*OCVH*, t. III, p. 47）。

命令の過小評価とその実行

このような背景、そして、すでに示したユゴーと「テーブル」の詩句の一致があったからこそ、ユゴーは一八五四年九月十九日の実験の冒頭で「テーブル」の「命令」を過小評価する、つぎのような発言ができたとも考えられよう。

「『想念』と名乗る存在はさらに先を行き、私に詩を作るよう『命令』した。捕らわれの身で罰を受けている存在たち——透視力のない者の目には静物としか映らないものを形作っている存在たち——に憐れみをかけさせるような詩を、である。私は従った。『想念』が私に依頼した詩を私は作った（まだ完成はしていないが）。分かりやすくするために、説明的にならざるをえなかった。細かい説明もしなければならなかった。以前から私が考え、新たな啓示によって敷衍したことについて細かい説明をしなければならなかった。この詩のなかでは、正確に言えば、二点私は「テーブル」から借用した。ウジ虫になったクレオパトラと、牢獄から徒刑場に至る段階とである。できれば、注をつけて、この借用のことを明示する必要があると思っている」(*OCVH*, t. IX, pp. 1432-1433)。

枝葉末節の二点しか「テーブル」の啓示には負うところがないというのである。「テーブル」の啓示のなんともはなはだしい過小評価と言わなければならない。ここでユゴーが作ったと言っている詩こそが哲学詩の最高傑作「闇の口の語ったこと」(完成はこれより三週間後の十月十三日）なのだが、このなかで、まず、ユゴー自身が借用したと公言している二点について見てみよう。「ウジ虫になったクレオパトラ」は第三一八行目と第三一九行目の「そして、墓場の底で悪臭を放つ、汚れた頭蓋骨を／かじるウジ虫となった魂は、こう言う、私はクレオパトラだ、と」を指し、「牢獄から徒刑場にいたる段階」は第二九六行目の「罰の段階のうちで、人間は牢獄であり、動物は徒刑場である」を指している。また、彼に詩を作るよう命令したのは正しくは「劇」であったが、それをユゴーは「想念」と言い違えている。これを、ユゴーにとって個々の霊が誰であるかはそれほど問題にならないことの表れである、とジャン・ゴードンはしている（*OCVH*, t. IX, p. 1175）。我々の立場からして、テーブルを介して語っているのがユゴーの無意識、超自我、あるいは二重人格のもうひとつの人格という単一の存在であるとするならば、「霊」の個性に重きが置かれないのはしごく当然である。実際、一八五四年十二月十七日の「降霊術の記録」に付した「メモ」でも、ユゴーは「物事を簡略にするため」として、その日テーブルを介して語った「霊」を「テーブル」とだけ呼んでいる。

ところで、「ウジ虫になったクレオパトラ」と「牢獄から徒刑場にいたる段階」の二点どころか、『闇の口の語ったこと』という詩には「テーブル」の啓示と共通点が多々見られ、「『闇の口の語ったこと』は純粋にユゴー個人の創作という面よりは、テーブルの宗教が形を取ったものという面のほうが強い」とジャン・ゴードンは指摘している（*OCVH*, t. IX, p. 1176）が、筆者も同意見である。というよりも、両者を微に入り細をうがって比べてみれば、共通点に満ちていることは誰の目にも明らかである。

一部のみを紹介してみよう。先に整理した啓示の(1)（万物が魂を宿す）、(2)（人間以外の被造物には現世を超えたものが見える）、(3)（万物は祈りの声をあげる）、(4)（万物が神の「許し」を切望している）。それに「命令」(5)（どんな下等なものも憐れみ、詩に詠え）。これらは、そっくりそのまま――「蜘蛛」「ウジ虫」「ナメクジ」「カニ」「ヒキ蛙」「動物」「花」「石」「アザミ」「蠅」「唸り声」「涙」「祈り」といった言葉までまったくそのまま――「闇の口の語ったこと」の、例えば、つぎの一節に移しかえられているのである。

醜いもの、恥ずべきものを思って涙せよ。
涙せよ、下劣な蜘蛛に、ウジ虫に、
冬にも背中を濡らしたナメクジに、
見れば、葉から垂れさがっている卑しいアブラムシに、
醜悪なカニに、おぞましいムカデに、
おどろおどろしいヒキ蛙に。やさしい目を、いつも
神秘の空に向けている、ヒキ蛙はかわいそうな化け物。

〔……〕

憐れみをかけよ！　物という物のなかに魂を見よ。
ああ！　独房も拘禁を受けているのだ。
囚人に同情するだけでなく、差し錠にも同情せよ。
非衛生な徒刑場の奥にある鎖に同情せよ。
斧と首切り台は忌まわしいふたつの存在。
人の体と同じように斧も苦しんでいる。首切り台も
頭と同じように苦しんでいる。おお、天上の神秘よ！
人の体は斧を刃こぼれさせ、斧は人の体に深々と食いこむ。
互いに相手に小声で言い合う、「この人殺し！」と。

〔……〕

モアの祈りもむなしく、クマになったヘンリー八世、(48)
イノシシになったセリム、(49) それにブタになったボルジア(50)が、
崇めるべきお方に向かって叫び声をあげる。かつて頭に
司教冠を載せていた者たちも動物に、
かつて王であった者たちも砂粒に、かつて皇帝であった者たちも草になり、
ありとあらゆるあさましい思いあがりと、ありとあらゆる激昂が、
打ち砕かれる。どんなに残忍な者もやさしい心根に変わる。
猫が小鳥をぺろぺろ嘗め、小鳥が蠅に口づけする。
禿鷹は暗闇で雀に言う、「すみません!」と。
ヒイラギやアザミもやさしく撫でる。
唸り声という唸り声が溶けあって祈りの声となる。
石たちが自らの極悪非道を反省する声が聞こえる。
花という名の、あのすべての独房が
わなわなふるえる。岩がどっと泣きくずれる。
静かな墓から腕がにょっきり現れる。
風は唸り、夜は嘆き、水は悲しむ。
ほろりと心を動かされながら、天上から見おろすお方の目の下で、

この地上という深淵全体が、壮大なすすり泣きに満たされる。

希望を持て！　希望を持て！　希望を持て、あわれなものたちよ！

永久に続く悲しみはなく、治らない病はない。

　久遠の地獄もありはしない！

苦しみは神のもとに達する、放たれた矢が的に当たるように。

諸々の善行は、天上の扉を開ける
　見えない肘金なのだから。（*OCVH*, t. IX, pp. 385-387）

この引用箇所の最後のところでは、先の啓示(4)（万物が神の「許し」を切望している）がとくに強く詠いあげられている。

さらに、啓示(1)から(4)の前提となる要素の啓示(6)(7)(8)もすべてが実に大がかりに「闇の口の語ったこと」のなかで展開されている。

最初に、(6)（「被造物の梯子」）である。これは、例えば、つぎの詩句にみごとに再現される。

おまえは見る、不思議な山の傾斜でも見るように、
混然とした物音をたてながらごった返し、闇の底から、
暗い天地の万物の大群が、おまえの足もとへと昇ってくるのを。

岩はずっと遠くに、動物はすぐそばにいる。

おまえは、高くそびえ立つ生きた山頂のように見える!

だが、言え、おまえは思うのか、論理で割りきれないこうした存在が我々の目を欺くと?

おまえの目に映る、この被造物で出来た梯子が途中で切れているのだと?

〔……〕

岩から木へ、木から獣へ、
そして、石から徐々におまえのほうへと昇っていくこの生命が、
深淵のふちの切り立つ崖にもたとえられる人間のところで止まってしまうのだと?
いや、この生命はひるまず、見事に昇りつづけて、
目に見えぬ世界へ、そして重さをもたぬ世界へ入っていき、
卑しい肉体をもったおまえの目には見えなくなり、青空を満たすのだ、
暗いこの世界を照らす鏡である、まばゆく輝くあの世界、
人間と隣りあっている存在や、人間から遠く離れている存在、
清らかな精霊、光りかがやくその姿が、その清らかさを示している、あの万物を見ぬく力をもった存在、
人間が本能でつくられているように、光でつくられているあの天使たち、こうしたもので青空を満たすのだ。(辻・稲垣訳)(*OCVH*, t. IX, p. 375)

この一節は、先に見た『クロムウェル』の序文のイメージ――人間が被造物の梯子の中心点となるイメージ――とも一致している。

つぎに(7)（生前の行いの良し悪しによって、この梯子で、魂が上昇・下降する）、(8)（人間は疑うという罰を受けている）であるが、これは、例えば、つぎのような部分に照応する。

人間にあっては、魂は行動する。善を行ったり、悪を犯したりして、
精霊のほうへ上昇したり、動物のほうへ下降したりする。

〔……〕

向上しつつ自由を確保するために、
魂がその前世を忘却しなければならない、
被造物のなかの唯一の点、それが人間なのだ。
なんたる神秘！　あらゆる事物の入り口で、人間精神は目がくらんで夢うつつになる。
人間には神は見えない。だが、神のもとへ行くことはできる、
いつも目の前にある、善の光をたどることで。
人間以外のもの、木や岩や、唸り声をあげる動物には
神が見える。それなのに、遠いところで縛られている、そのつらさ。（*OCVH*, t. IX, p. 381）

この最後のところには、先の啓示(2)（人間以外の被造物には現世を超えたものが見える）が明瞭に

現れている。(8)〔人間は疑うという罰を受けている〕についても、いまの引用のもう少し先に、「疑うことが人間にとって力であり、罰である」(*OCVH*, t. IX, p. 383) という一致する内容の詩句がある。

同様のテーマが交錯しながら螺旋を描くようにして何度も再登場する構成を、この「闇の口が語ったこと」という詩全体は持っている。このことから、以上は、いくつか例を見てきたにすぎないのであって、「テーブル」の啓示のすべてが、この詩のなかで執拗に反復されていると言えるのである。

「語り」の二重構造

これほどまでに「テーブル」の啓示に負うところの多いこの詩には、ジャン・ゴードンは触れてはいないが、「テーブル」の啓示に負うことを暗示する実に周到な仕掛けが施してある。

引用した部分にもあったが、この詩には「涙せよ」とか「憐れみをかけよ」とか「魂を見よ」とか、命令口調が頻出する。こうしたことの原因でもあるが、詩の冒頭はつぎのようになっていて、ユゴーのほかの詩にはあまり見られない、特異な語りの形式をこの詩は採用しているのである。

> 人間は夢想しながら、宇宙の深淵に降りていく。
> 私はさまよった、ロゼル湾〔ジャージー島の東部にある湾〕を見おろす巨石遺物の近くを、
> 岬が半島のように長く延びているところを。

亡霊が待ちうけていた。落ち着きはらった暗い亡霊は
私の髪をつかんた、すると、その手は大きくなった。
亡霊は私を岩の頂に運んで、こう言った。

「知るがいい、万物は自分の掟や、目的や、たどるべき道を心得ていることを、
星から虫からにいたるまで、広大無辺な宇宙は、おたがいの言葉に耳を傾けていることを、
宇宙の万物はそれぞれ自分の心をもっていることを。〔……〕(辻・稲垣訳)(*OCVH*, t. IX, p. 372)

つまり、「闇の口の語ったこと」という詩の内容全体が、この冒頭の叙述に加えて、いみじくもタイトルが表すように、「亡霊」が語ったことなのである。「亡霊」の冒頭の啓示からして、「テーブル」の啓示(1)と(3)と重なっていることから、この「亡霊」が「テーブル」を指していることは疑う余地がない。そうしてみると、ユゴーとしては、第三者どころか、「テーブル」から聞いた話であると断ったうえで、「テーブル」との対話によってまとめあげた自身の宗教哲学体系を記述していることになる。

「言うまでもないことだが、神秘の側[51]から送られてきた詩句のひとつとして私は自分の詩句に混ぜたことは決してない。神秘の側の着想のひとつとして自分の着想に混ぜたことも決してない。そうした詩句や着想は常に厳格に『未知なる者』の側に帰してきた。『未知なる者』こそがそれらの

唯一無二の作者なのだから。」（*OCVH*, t. X, p. 459）。

このように「アンドロクレスのライオンに」と題する詩（一八五九年刊『諸世紀の伝説』第一集に収載）の手書き原稿（一八五四年二月二十八日と日付がある）の欄外に、ユゴーは書きそえていた。これを峻厳に実行して、「闇の口の語ったこと」の内容全体をユゴーは、未知なる「亡霊」の着想に帰したわけである。

9　「闇の口の語ったこと」を中心とするシンクレティズム

世界表象の超《メタ》＝空間

一八五四年四月二十四日の最重要の啓示を伝えた「未知なる者」が「劇」であることはいくら注意しても注意しすぎはしない。劇とは無数の登場人物が自己の想念を縦横に語る、歴史と地域と言語の無限の可能性に向かって開かれた超《メタ》＝空間である。かくして、ユゴーの降霊術の空間は「未知なる者」、すなわち古今東西のあらゆる詩人たち、あらゆる思想家たち、あらゆる政治家たち、あらゆる宗教者たち、要するにありとあらゆる人間たちが造化の秘密を託す言説の、沸々と煮えたぎる坩堝と化す。時が満ちて、この坩堝から黄金を取りだす錬金術師がユゴーであることは言うまでもない。

坩堝で生成された黄金ともいえる宗教哲学詩「闇の口の語ったこと」が、ユゴーが一八五四年九月十九日の実験で述べた「以前から私が考え、新たな啓示によって敷衍したこと」であったならば、

「以前から私が考え」たことがこの坩堝には大量に流れこんでいるはずである。「闇の口の語ったこと」はユゴー自身の宗教思想の集大成ともなるわけである。

「テーブル」の啓示の(1)から(8)が有効であるためには、そのようにして在る万物が、そのようにして在るためにはどのようにして生じたのかという記述が、論理的に必要な基礎となる。こうした万物の創生すなわち創世について、ユゴーは「テーブル」の啓示を得ることなく自分自身で創作している。「闇の口の語ったこと」では、詩の始まりとともに「亡霊」はこれを叙述する。

話そうではないか。

神は重さをもたないものしか創らなかった。
神が創ったのは、輝かしくて美しく、清らかですばらしい、
だが不完全なもの。もしそうでなければ同じ高みに位置して、
被造物は創造者と等しいものとなり、
こうした完全なものは、無限の中に姿を消し、
神と混じりあい、神とひとつになってしまっただろうから。
そして被造物は、あまりにも完全で明るいために、
神の中にたち戻って、存在しなくなっただろう。
預言者が瞑想する、神が創ったものというのは、
存在するためには、ああ、深遠な神秘よ！　不完全でなければならなかったのだ。

こうして、神は宇宙を創り、宇宙は悪をつくったのだ。

創られたものは、洗礼の光に飾られて、
私たち亡霊だけが、いまでも記憶しているあの天地の始まった時代には、
輝きわたる翼に乗って、燦然たる天空を飛翔していた。
万物が歌、快い香り、炎、まばゆいばかりの光。
被造物はさまよった、金の翼を羽ばたいて美しい光の中を、
あらゆる香りに代わるがわる、もてなされながら。
すべてが漂い、すべてが飛んでいたのだ。（辻・稲垣訳）（*OCVH*, t. IX, p. 373）

神は重さをもたないものしか創らなかったので、創られたものはすべてそれ自体が光であるとともに、光の中を飛びかい、飛びまわっていたというのである。これはグノーシス主義でいうところの「至高神」の領域、「プレーローマ」の概念にきわめて近い。

グノーシス主義的なるもの

グノーシス主義とは、キリスト教成立とほぼ同じ時期、西暦一世紀から三世紀にかけて、ユダヤ教、キリスト教、プラトン主義、ギリシア神話、東方のゾロアスター教などを取りいれながら、地

中海世界に興った新しい宗教神話体系である。グノーシスとは「真の知識」を意味する。「真の知恵」ないし「叡智」とも言いうる。こうしたグノーシス主義に則り、神話を含めておびただしい文書が執筆されたが、とくに、二十世紀半ばにエジプトのナイル川上流の町で発見された『ナグ・ハマディ文書』は現存するその代表とされる。

グノーシス以前に地中海世界で一般に流布していたプトレマイオス天文学では、月の世界から下、すなわち「月下界」と「地上界」が悪の領域であり、月の世界よりも上にある星の世界「星辰界」は神の領域に属するとされていた。ところが、グノーシス主義では「星辰界」も悪の領域に属するとされる。「星辰界」を含めたすべての「物質世界」は悪の存在である。「星辰界」のさらに上に、「至高神」の領域すなわち「プレーローマ」(「光の世界」)ないし「オグドアス」(「八番目のもの」)がある。この「至高神」の領域こそが「魂」の故郷である。人間にあっては、肉体は「物質世界」に属し、悪であり、「魂」こそが真の自己であって「至高神」と同質である。人間はグノーシスすなわち「真の知識」に覚醒し、自己が「霊的存在」であることを再認識して、「至高神」の領域に戻らなければならない。

グノーシス主義を概説すれば以上のようになるが、『ナグ・ハマディ文書I』(一九九七)のまえがきで編者のひとり、大貫隆がこれをさらに精密化し、「『グノーシス主義的』と呼ばれ得るための」要件としてつぎの五つを提示している。

① 「至高神」と「現実の可視的・物質世界」との間には絶対的な断絶がある。
② 人間の「魂」あるいは「霊」(「本来的自己」)は「至高神」と同質である。

③「本来的自己」は「可視的・物質的世界」に「落下」し、そのなかに捕らえられて、自らの出自を忘れてしまっている。

④人間の「自己」が解放されるには、「至高神」が派遣する啓示者あるいは呼びかけの声が人間の「自己」を覚醒しなければならない。

⑤「可視的・物質的世界」の終末とともに、「本来的自己」は「至高神」の領域へと回帰する（『ナグ・ハマディ文書I』二―三頁）。

「闇の口の語ったこと」からの引用文中に「神は宇宙を創り、宇宙は悪をつくった」とあり、これは引用文の先で展開される、以下に引用する内容の先取りと言える。「神は宇宙を創り、宇宙は悪をつくった」ということは、神が創ったのは光の世界「プレーローマ」であり、その先は神が創ったのではなく、神の被造物たる宇宙（あるいは造物神、デーミウールゴス）が自己増殖的に悪をつくったことになる。「闇の口の語ったこと」の当該部分を韻文ヴァージョンとするならば、これに対応する散文ヴァージョンが、ほぼ同時期の一八五三年から五四年に執筆されたと推定されるユゴーの未定稿にある。それには「神はもともと、目に見えない物質を創造した。悪はもともと、目に見える物質を創造した。そうしてみると、まず、第一の被造物、すなわち神の被造物がある。そして、第二の被造物、すなわち悪の被造物があるのだ」（*OCVH*, t. IX, p. 1022）という一節がある。この一節により、グノーシス主義的な万物創造の二段階性をユゴーが念頭に置いていたことがさらに明らかになる。

その著書『グノーシス――神秘のヴィジョンと結合に関する秘教的伝統』のなかでダン・マーカ

ーはつぎのように述べている。「ほとんどすべてのグノーシス体系において、最初の実在が第二の実在を生じさせたとされる。この第二の実在は全体性あるいはプレーローマと呼ばれるものであり、オグドアスと同等のものである。それから時を移さず、無知が存在のなかに入りこむのだが、ここにおいて、その詳細についてはかなり多様性に富んだ記述がなされている」(Merkur, *Gnosis*, pp. 121-122)。その多様性に富んだ記述のひとつとして、マーカーは「人間の楽園追放に対するエヴァの責任という聖書的概念」(*Ibid.*)を挙げている。ユゴーはこれに直接言及することはないが、後述する「女性の聖別式」(『諸世紀の伝説』第一集収載)におけるエヴァ解釈をおそらく暗に含みながら、つぎのような変化が悪を生じさせたとしている。

ところが、最初の過ちが犯されると、
それが最初の重さとなった。
神は苦しみを感じた。
重さは形をとった。そして
〔……〕落ちていった、取り乱した天使を道連れにして。
悪が生まれたのだ。それから万物は重さを増しながら、だんだん悪化していった。
霊気は空気になり、空気は風になった。
天使は精霊になり、精霊は人間になった。
魂は落ちていった、宇宙の悪の数を増しながら、

禽獣の中へ、樹木の中へ、さらにくだって、
あの醜くて目の見えない、考える小石の中へまでも。
〔……〕悪とはすなわち物質。暗黒の木。宿命の果実。（辻・稲垣訳）（*OCVH*, t. IX, p. 373）

「神」と同質のプレーローマにあった「霊」あるいは「魂」（言いかえれば「本来的自己」）が「可視的・物質的世界の中に『落下』し、そこに捕縛され」（『ナグ・ハマディ文書Ｉ』三頁）るわけで、ここまでのところは、「『グノーシス主義的』と呼ばれ得るため」の要件の①から③に相当する。「被造物の梯子」において同じ物質の牢獄に閉じこめられた「魂」でありながら、ユゴーは人間と動植物・鉱物を区別する。つまり、人間のみが原初の記憶を忘却し、自己の判断で善も悪もなしうる道徳的主体となる。動植物・鉱物は自らの犯した罪を知りながら、物質に幽閉されて行動の自由がなく、罪を贖うすべがない。人間は生前の行いの善し悪しによって、死後、天使、精霊にも、動植物・鉱物にも輪廻転生しうる。輪廻転生については一節を設けて詳述するが、グノーシス関連では『ナグ・ハマディ文書Ⅳ』第Ｖ写本第二文書『パウロの黙示録』第八章にも記されている。罪深い魂は「投げ落とされた。下に投げ落とされた魂は、［それのために］用意されていた身体の中に［入った］」（同書、二六頁）。ただし、ここでの身体が「人間以外の動物のそれも含めているのか分からない」（同書「解説」二七五頁）とのことである。

これに対して、グノーシス主義において「被造物の梯子」が鉱物世界にも及んでいるとする見解もある。著書『グノーシス――東方正統宗教の秘境的伝統についての研究と解釈』第一巻のなかで

ボリス・ムラヴィエフはつぎのように記しているのである。

「宇宙はその構成要素の壮大な梯子を内包し、その梯子は、生命の源である絶対者から発して、多数の枝分かれをしつつ、『外皮』、すなわち、あまた惑星の周囲の衛星すべてに代表される『表皮』にまで達するのである」(Mouravieff, *Gnôsis*, t. 1, p. 101)

こうした世界の生成をめぐるグノーシス神話を類型化するのによく知られた分類がハンス・ヨナスが『宗教としてのグノーシス』で提唱するものである。ヨナスによれば、マニ教を代表とする「イラン型」と、ヴァレンティノス派を代表とする「シリア型」のふたつの類型がある。「イラン型」は「光」として表現される神格と「闇」として表現される悪という、対立するふたつの原理が最初から存在するとして世界を始める二元論である。「シリア型」は始源の「光」である神格の暗黒化ないし「流出」によって、「闇」を含めた世界が生じるとする一元論である (Jonas, *The Gnostic Religion*, p. 105, pp. 236-237)。この分類からすれば、ユゴーの世界の生成は後者の「シリア型」に属するといえる。

グノーシス主義では物質の世界が終末を迎えるとき、物質に閉じこめられていた「魂」は「至高神の懐の中に」(柴田有『グノーシスと古代宇宙論』一四六頁) 回帰する。これが「闇の口の語ったこと」では、黙示録的な壮麗なヴィジョンとともにつぎのように描出される。

神は視線をじっと注ぎ、暗闇を引きつける。
悪が神に祈りを捧げる陰鬱なごみだめの奥から、

神を讃える声が口ごもりながらも壮大に
自らの方に湧きあがってくるのを目のあたりにして、
大天使たちの世界の間に、仲間はずれの世界を
迎えいれることだろう。
〔……〕ああ、いにしえの追放が消えてなくなる！
深みが高みに「愛している」と言うときに！
ああ、追放されたものが戻ってくる！
崇高な天の奥がなんと眩しく輝くことだろう！
深淵の闇が「祝福あれ！」と叫び、
なんと光がいや増すことだろう！（*OCVH*, t. IX, p. 388）

ここにかなり明瞭な形で、グノーシス主義的とみなしうる五つの要件のうち、第五の「霊」あるいは「魂」の「至高神の領域への回帰」が表現されていることが分かる。「至高神が光の世界から派遣する啓示者」あるいは「呼びかけ」が人間の「自己」を覚醒させる必要があるという、残りの第四の要件については、ユゴーの天才論がほぼこれに相当する。ユゴーの天才論が大きく展開するのは、長編評論『ウィリアム・シェイクスピア』の第三章「天才たち」と、『静観詩集』収載の「聖職者たち」と題する詩においてである。前述のように、人間は誕生と同時に前世の記憶、原初の記憶を消されて、真実を知らず、道徳的主体となるのであるが、例外的

に「その頭脳が神のなかに根を下ろし」(*William Shakespeare, OCVH*, t. XII, p. 171)、世界についての真の知識をある程度持った人間たちがいる、というのである。これが天才たちであり、「聖職者たち」である。「そうだ、これら思索者たち、これら賢人たちのおかげで、／私には見える！　と口にするこれら異常者たちのおかげで、／闇が顔となり、沈黙が声で満たされる！／魂として、人間は、神のなかで身を震わせ、／現実存在として、人間は、／大胆な進歩に身を委ねることになる。／口のきけない者も黙ってはいない。／すべては輝く。地上の暗黒は天上の純白で明るく照らされる」(*Les Mages, OCVH*, t. IX, p. 362)。

真実を洞察する力のある、これら天才たちのおかげで、人間においては、その内部の魂は神との合一を実感でき、現実の場面では光に向かう社会の進歩を実現することができる。暗黒の世界も天上の光を受けて、光輝くことになるのである。この詩のタイトルは一応「聖職者たち」と訳しておいたが、そのフランス語 mages はラテン語 magus (複数形が magi) から来ていて、これはもともと古代ペルシア語 magu がギリシア語に借用され magoi となったものである。元来、イラン古代のメディア王国において宗教儀式を司っていた聖職者の氏族を指していた。ゾロアスター教の聖職者も同様に magus (magi) と呼ばれていたということであるから、この語をユゴーがわざわざ用いたのは、後述するマニ教、ひいては、グノーシス主義に対するレファレンスであると考えることもできよう。

ところで、創世神話については、ユゴーはシリア型グノーシス主義の流れを汲むことは指摘したが、世界の表象についてはあまりにも端的にマニ教的である。マニ教がイラン型グノーシス主義を代表していることはいうまでもなく、したがって、ユゴーにおけるグノーシス主義はある意味ではシリア型とイラン型の折衷といえよう。

とりわけマニ教においては、神格の本質である「光」と、悪の本質である「闇」との戦いとして、創世と宇宙の歴史が叙述される。死の床に就いたユゴーが譫言で言ったとされる言葉「これは昼と夜の戦いだ」も、いまわの際に言ったとされる「黒い光が見える」(Maurois, *Olympio ou la vie de Victor Hugo*, 1954, p. 564) も、期せずして「光」と「闇」の敵対を表現している。それほどまでに、「光」と「闇」の二元論はユゴーの発想の中心に食いこんでいたのである。

このあまりにも明瞭な証左はシャルル・ボードワンが『ヴィクトル・ユゴーの精神分析』のなかで計量的に提示するところである。『静観詩集』第一部、第四部、第五部、第六部、それに、詩集『諸世紀の伝説』から「サチュロス」「哀れな人々」「父親殺し」「良心」の詩四編を加えた全テクスト(邦訳した場合のこの合計は四百字詰原稿用紙で千三百枚見当)から、二項対立をすべてボードワンは抽出した。それを、例えば昼と夜、炎と闇、朝と夕方、明るいことと暗いことなどを総括して光と闇の二項対立に還元するなど、一般性のより高い二項対立に大別している。その結果、総計七三六の二項対立のうち、光と闇が二三八・五(二種類の二項対立のいずれにも算入する場合には、それぞれに〇・五ずつ加算するという操作がしてある)、善と悪が一二四、誕生と死が九四、喜びと悲しみが七五・五、相対するふたつの方向が七二・五、大と小が二七・五、愛と憎悪が一七、その他が八七となっている。このうち、マニ教の二元論に合致する光と闇は全体の三二・四パーセント、善と悪は一六・八パーセントで、このふたつを足すと四九・二パーセントとなる。驚くべきことに、五〇パーセント、ふたつにひとつはマニ教的な二元論をベースしていることになるのである(Baudouin, *Psychanalyse de Victor Hugo*, 1943, pp. 243-262)。

光と闇、善と悪、崇高とグロテスク(一八二七年の『クロムウェル』の「序文」以来の世界観)といったマニ教的二元論は、さまざまなレベルのシンメトリーの構成によってユゴー作品を規定している。まず、文体レベルのシンメトリーについては、すでに少し触れたが、ユジェーヌ＝ルイ・マルタンが『ヴィクトル・ユゴーの主要小説作品における散文のシンメトリー』と題する著作でつぶさに解明している。マルタンによれば、ユゴーの散文は、隣り合うふたつの文章の音節数がきわめて近いという特徴を持ち、そのふたつの文章がいわば音節数のシンメトリーを形成する傾向がある。これに構文および文意のシンメトリーが加わる重層的な例も多々見られるとのことである。

「最初の過ちが犯されると、/それが最初の重さとなった」という「闇の口の語ったこと」の一節に関連して、これがエヴァの過ちを暗示している可能性があることにはすでに言及した。エヴァが蛇にそそのかされて、知恵の実を食べたことにより、人間が楽園を追われたとする、『旧約聖書』中よく知られた人間堕落のストーリーである。これをグノーシス主義は逆転し、人間が真の知識に目覚め、造物神(デーミウールゴス)の支配を離れる契機となったとする肯定的なストーリーに書き換える傾向がある(『ヨハネのアポクリュフォン』III二八―三一、『ナグ・ハマディ文書I』九五―一〇二頁)。この傾向を受け継ぐ形で、ユゴーは、エヴァがカインを身ごもったことを、人間の「良心」(「本来的自己」)の、時間を超えた旅の始まりとして言祝ぐ。

事物や生ある物が放つ眼差しは、
祝福された海原や、神聖な森林や、司祭のような木々から出た眼差しは、
一瞬ごとにその思いを深めながら、じっと注がれていた、
尊く美しい顔かたちをもったこの女性に。
ひと筋の愛の光が長々とエヴァのほうに射していた。あまたの深淵から、
闇や青空から、谷間の底から、山の頂から、
花々から、さえずる小鳥から、おし黙った岩から。
そのとき、エヴァははっとして感じたのだ、体のなかにわが子が動くのを（« Le Sacre de la femme », *La Légende des siècles*, *OCVH*, t. X, p. 440）

この「女性の聖別式」から始めて、聖書、古代神話、北欧神話から歴史の記述にいたるまで、あらゆるジャンルの既存のテキストを総動員して、人類に関わる神話と歴史をユゴーが再構築したのが、詩集『諸世紀の伝説』である。それはとりもなおさず人間の「本来的自己」がいかに発現し、人類がいかに光に向かって進歩を遂げてきたかを跡づけた人類史であるとユゴーは認識していた。

この詩集の最後を飾るのは、当然ながら、二十世紀に向かっての人類史の展望である。これを描いた「大空」という詩で、当時としては最先端の科学技術であった飛行船の人類的貢献が詠いあげられる。「この船は持つ、神聖で清らかな使命を、／大空の高みにただひとつの国民を、最初で最後の国民を／作りあげるという使命を。／光りかがやく空間を自由に天翔け、／青空に酔いしれて、自

由を光のなかに／飛翔させるという使命を」（« Le Plein ciel », *Ibid.*, *OCVH*, t. X, p. 656)。飛行船は国境を無に帰せしめ、諸国民をひとつに結びつける。それとともに、世界を質量つまり闇つまり悪から解放し、天上の光のなかに参入させる。造物神の支配を逃れ、プレーローマに回帰することこそ飛行船が実現すべき人類の未来とされているわけである。グノーシス主義においては「世界と人間の歴史は『光』の解放に向けての絶え間ないプロセスであり、宇宙におけるありとあらゆる営みも、歴史上のありとあらゆる出来事もこうした観点から捉えられる」(Jonas, *The Gnostic Religion*, p. 233) とすれば、ユゴーの野放図な人類史再構築の原動力もグノーシス主義的ヴィジョンであったと認めうる。

グノーシスの鏡、ユゴーの鏡

テーブルの啓示(1)から(5)がなされた四月二十四日の降霊術の実験で、そうしたテーブルの啓示がなされる前にもっぱら話題になっていたのは、人間の心と行為の本質を映す「天上という鏡」であった。これは前日二十三日に行われた、二十四日と同じ「劇」の論述の繰りかえしと続きであり、「劇」の論述はつぎの二点に要約できる。第一点は、人間の行動については、行動よりも先に、その行動を起こそうとする意志があるのではなく、その行動の鏡像がある、ということである。例えば、ルイ＝ナポレオン（のちのナポレオン三世）が一八五一年十二月二日にクーデターを起こしたが、彼のクーデターを起こす意志がクーデターを起こしたのではなく、クーデターの鏡像がルイ＝ナポレオンが子どものころからすでにあり、彼をそそのかしたからクーデターが起こった、とするのである。第二点は、「天上という鏡」は昼間は人間の「行動と意志」を映し、夜は人間の「良心」を映す、ということである（*OCVH*, t. IX, pp. 1358-1359 ; Manuscrits, n.a.f. 14066, folio 80 verso -81 recto）。

グノーシス主義でも、天上の鏡、あるいは鏡像が事物の生成に大きく介在する記述が少なくない。「宇宙の創生のプロセスも、魂の落下も、あるいは一般的に言って、神的本源の下降運動そのものも、上方の『光』が下方の『闇』に反映することから始まった」とする「神話的観念」がグノーシス主義においては「広く見られる」とハンス・ヨナスは指摘している。これが、ヘルメス・トリスメギストスの『ポイマンドレース』においては、「人間」が「下方の諸元素に反映したその神的形象の鏡像」の美によって下方に引き寄せられ、「自然」のなかへ落下したとする、ナルキッソスのモチーフに変形する（Jonas, *The Gnostic Religion*, p. 161）。また、『ヨハネのアポクリュフォン』には、至高神が「光の水の中に彼自身の像」を見て、その像が実体となることで、自己分化を遂げるさまが描かれている（ヨハ・アポB二七、『ナグ・ハマディ文書I』三二頁）。さらに、ケルン大学所蔵のいわゆる『ケルンのマニ教古写本』はマニの前に天使が現れるさまをつぎのように記述している。「私の体が充分成長しおえた時期に、突然、私の前に、あのとても美しく崇高な、私自身の鏡像が降臨し、現れた」（Tardieu, *Le Manichéisme*, p. 14）と。いずれも鏡像が実体をもち、実在となるさまを語っている。

これにもっとも近い状況が現出するのが、ユゴーの作品では『レ・ミゼラブル』におけるジャン・ヴァルジャンの改心の場面である。南仏ディーニュの町でミリエル司教の限りない慈愛に触れたあと、野原をさまようちにジャン・ヴァルジャンは「本当に自分の目の前に、おぞましい姿のジャン・ヴァルジャンがいるのを、不気味な顔があるのを見」るのであり、やがて、この自分の像に対面する形で司教の像が現れ、「司教とジャン・ヴァルジャンを彼の良心は交互に」見つめる。「夢想が長引くにつれて司教の姿はしだいに大きく見えてきて輝きだし」、「ジャン・ヴァルジャンの方はしだいに小さくなり、薄くなって」ゆく。鏡に映ったかのような正反対の価値を担った映像が向き合い、そのうちに、「司教の姿はまばゆい光でこのろくでなしの魂をいっぱいに満たし」、ミリエル司教の像にジャン・ヴァルジャンは自己同一化をはかるのである。以後、ジャン・ヴァルジャンは司教と同じ慈善の道を歩む（*Les Misérables*, 1-II-13, *OCVHJS*, *Roman II*, pp. 91-92）。

ほかにも『レ・ミゼラブル』には、実像と鏡像との関係であるシンメトリーのパターンは実に枚挙に遑がない。主人公ジャン・ヴァルジャンの名前にしてからがシンメトリーとなっている。Jean Valjean はジャン・ヴラジャン Jean Vlajean が変化した名前であるとされている。Vlajean の Vla（=v'là!）は voilà!（「そこに……がある」という意味の一応、前置詞に分類される語）の短縮形であって、Jean Vlajean は「Jean が、そこに Jean が」という意味になる。ジャン・ヴァルジャンの名前において中央の部分はほとんど意味を持たず、単なる Jean のシンメトリックな繰りかえしにすぎないと考えられる（Journet, Robert, *Le Manuscrit des Misérables*, p. 31）。

登場人物の配置の上でも、シンメトリーが力を発揮している。まず、ジャン・ヴァルジャンとナポレオンは同じ一七六九年生まれとされている。この同い年のふたりが、六九と対称の関係にある九六という年にそろいもそろって運命の岐路を迎える。一七九六年、ナポレオンはイタリア遠征軍総司令官としてはなばなしい戦功を収め、以後十九年におよぶ栄達の足がかりを作る。同じ一七九六年ジャン・ヴァルジャンは窃盗の有罪判決を受け、以後やはり十九年にわたる徒刑場での苦難の生活を始める。ふたりは十九年後の一八一五年にディーニュの町ですれちがい、その運命を入れ替えるのである。以後、ナポレオンは没落し、ジャン・ヴァルジャンは上昇する。一八一五年は「人類の未来の見通しが一変した」(*Les Misérables*, 2-I-13, *OCVHJS*, *Roman II*, p. 169) 年であり、この年を境に、それまで軍事力でナポレオンが進めてきた社会の変革をジャン・ヴァルジャンが引き継ぎ、「イエス・キリストの聖なる法」(*Ibid.*, 1-V-11, *OCVHJS*, *Roman II*, p. 149) によって推進することになる。

周到にもこの同じ一八一五年に生まれたと設定されるコゼットとエポニーヌも陰と陽、すなわち闇と光のシンメトリーを形作る。そして、この陰と陽がやはり一八二三年と一八三二年という対称の年号で逆転するのである。一八二三年には、コゼットは「やせて顔色が悪く」ぼろを身にまとい「陰気」で「醜い」子 (*Ibid.*, 2-III-8, *OCVHJS*, *Roman II*, p. 317) であって、反対にエポニーヌは「見るにも心地よいくらい、ほがらかで、清潔で、栄養がよく、はつらつとして元気」であって、「たいそうかわいらしい」子 (*Ibid.*, pp. 318-319) である。それが一八三二年になると、コゼットはジャン・ヴァルジャンの愛情と富のおかげで見違えるように「美しく」、「背丈はすらっと伸び、肌は白く、髪はつややかで」、上等の服を着て、「青春の歓び」に浸り、健康で明るい娘になっている (*Ibid.*, 4-III-5, *OCVHJS*, *Roman II*, p. 707)。エポニーヌのほうは、親のテナルディエがおちぶれたために、寒空の下、やつれた体にシュミーズとスカートをつけただけの「目は輝きが失せ、あつかましく下品で、歯が何本か抜けた」娘になりはてている（*Ibid.*, 3-VIII-4, *OCVHJS*, *Roman II*, p. 583)。一八三二年にはふたりはともにマリユスを愛し、マリユスを軸とする対称の関係を形作るのである。一八三二年ジャン・ヴァルジャンがテナルディエを訪問する、ちょうどその日の午前中、エポニーヌはマリユスの部屋を訪ねるのだが、このとき物語のシンメトリーを補完するかのように具体的な物としての鏡が現れる。マリユスの部屋に入ったエポニーヌは「あら、鏡があるのね」（*Ibid.*, 3-VIII-4, *OCVHJS*, *Roman II*, p. 585）と気づく。夕方、再びマリユスの部屋に入ったエポニーヌは、「陰気なしゃがれ声で」恋の歌を歌いながら「鏡に向かってほほえみかけ」る。エポニーヌの「ほほえみ」はひめやかに片思いを告白し、「陰気なしゃがれ声で」歌う恋の歌はかなわぬ恋の行く末を暗示する（*Ibid.*, 3-VIII-16, *OCVHJS*, *Roman II*, p. 617)。鏡の向こうで、正反対の価値を持つ、エポニーヌの対称形として恋を成就させるのはむろんコゼットということになる。

ストーリーの展開そのものにも、正反対の価値を持つものへの変容という価値の逆転が随所で活かされている。ジャン・ヴァルジャンはミリエル司教宅で銀食器を盗んだが、この罪悪がかえって彼を善の道に向かわせた。市長時代にジャン・ヴァルジャンはジャヴェールの見ている前で、荷車の下敷きになったフォーシュルヴァンなる老人を助ける。持ち前の人並みはずれた怪力を発揮し、自分の正体を見破られる危険を冒してのことだった。その結果、案の定ますますジャヴェールの疑いを招くことになる。さらに、市長としての人脈を活かして、フォーシュルヴァンをパリのプチ＝ピクピュス修道院の庭師に推薦までしてやる。だが、のちにパリでジャヴェールたち官憲につけ回されたとき、今度は、プチ＝ピクピュス修道院に逃げこんだところを、庭師のフォーシュルヴァンに助けられる。自分自身を危険にさらす自己放棄の行為が、あとになって九死に一生を得る自己救済の筋となって返ってくるのである。工場主のマドレーヌの命令で工場を首になったと思いこんでファンチーヌはマドレーヌを憎んでいたが、その憎む当の相手に救われ、手厚い保護を受ける。自分の身代わりになって徒刑場送りになろうとしているシャンマチユを助けるために、市長としての地位をかなぐり捨ててジャン・ヴァルジャンはアラスの重罪裁判所に自首するが、この捨て身の行為がのちに彼が新しい人間として再生する契機となる。ジャン・ヴァルジャンの脱獄も、艦船のマストに宙吊りになった仲間の徒刑囚を命がけで助けようとして海に落ち実現できたものだった。

このような、マイナスがプラスに一八〇度転化し、実体化する逆転のシステムを象徴するのが、鏡による上下対称の映像変換である。武装蜂起のバリケードにマリユスも参加するが、ひょんなことからコゼットがマリユスを愛していることを知ったジャン・ヴァルジャンは、マリユスが心配で居ても立ってもいられずバリケードに潜入する。そのコゼットの気持ちを知るきっかけが、鏡による上下対称の働きなのである。このエピソードを語る第四部第一五編第一章のタイトル自体がBUVARD, BAVARDであり、音節数も文字数も同じならば、一字を除く個々の文字もすべて同じで二語が対称の関係になっている。「おしゃべりな吸取紙」というタイトルである。コゼットが偶然、食器戸棚の上に吸取紙帳を開いたまま置き忘れる。いちばん上の吸取紙には、前日マリユスに宛てて書いた手紙の文面が染みてそっくりそのまま文字が左右逆の複写になっている。それが、食器戸棚の上に傾いた状態で載っている鏡に映って、ジャン・ヴァルジャンの目に入る。手紙を読んだジャン・ヴァルジャンにコゼットの心が初めて分かるというものである。

「手紙の文面が鏡に反映していたわけだ。その結果、幾何学でいうところの対称が実現した。そんなわけで吸取紙の上で逆になっていた手紙の文面がもとに戻り、本来の正常な向きになった」(*Ibid.*, 4-XV-1, *OCVHJS, Roman II*, p. 910)。反転し人に理解できないかたちになっていた無価値なものが、鏡と吸取紙の位置関係からするといわば上下対称によって本来の向きを取り戻し、人に理解できる価値あるものに変容する。鏡の上下対称の効果によって、事物は価値を獲得する。ある意味では鏡は事物をマイナスからプラスの実体へと変える錬金術の変換装置といえるわけである。

鏡に映ることにより、正反対の価値が意味を持ち、実体を持ち、場合によっては実在となる。これはグノーシス主義の発想に酷似しているといわなければならない。実際、ユゴー自身、マニ教を扱ったテキストで、「光」と「闇」の戦いの叙述のあと、「無限なるものが計り知れないものを映していた。鏡のなかのように、光がそこに浮かんでいた」と、宇宙空間そのものが鏡を宿し、鏡のなかでその反映によって光と闇が生成する、壮大な鏡の機能を暗示しているのである (*Solitudines Cœli, OCVH*, t. IX, p. 435)。

カバラ的なるもの

ユゴーとグノーシス主義との関わりを論じた研究はこれまでまったくと言ってよいほどなかったが、カバラとの関わりを論じた研究は古くから見られるところである。一九一〇年刊の著書『ヴィクトル・ユゴーの哲学（一八五四―一八五九年）』でポール・ベレが、一九二九年刊の著書『ヴィクトル・ユゴーの宗教』でドニ・ソーラがすでに言及している。このうち、ポール・ベレはかなり明確な指摘を行っている。森羅万象に魂が宿っていると考えるアニミズム。そうした魂が、罰を受けつつ神の「許し」を願う贖罪の機構。このふたつの合体がテーブルの啓示(1)（万物が魂を宿す）、(2)（人間以外の被造物には現世を超えたものが見える）、(3)（万物は祈りの声をあげる）、(4)（万物が神の「許し」を切望している）の基礎になっている。このアニミズムと贖罪の機構の合体に加えて、テーブルの啓示(7)（生前の行いの善し悪しによって魂が「被造物の梯子」のなかで上昇または下降する）についてもポール・ベレは、アレクサンドル・ヴェイユが翻訳刊行したカバラの書『創造の神秘』（パリ、一八五五年刊）に記載がある、としているのだ（Berret, *La Philosophie de Victor Hugo*, 1910, pp. 47-48）。だが、ベレはユゴーが同書を読んだとは言わず、ヴェイユと会話を重ねたと述べるに留まっている。また、マックス・ミルネールは著書『フランス文学における悪魔』のなかで、一八四三年刊行のアドルフ・フランク著『カバラあるいはヘブライ人の宗教哲学』と「闇の口の語ったこと」との類似を挙げているが、「証拠がない以上、ヴィクトル・ユゴーがアドルフ・フランクを読んだとは断言できない」（Milner, *Le Diable dans la littérature française*, t. II, 1960, p. 401）としている。[52] ユゴーがカバラと接した経路はこのように複数考えられる。どの経路を経由したにしても、ユゴーがカバラの基本的な教義をある程度理解していたことは確かである。

カバラの基本教義を吟味しつつ、「闇の口の語ったこと」を中心としてユゴーにおけるカバラ的なものの射程を計測してみることにしよう。

まずもって、カバラとはいかなるものか。[53]

カバラとはもともと語としては「伝承」を意味し、ユダヤ神秘主義の教義全体を指す言葉として十三世紀以降用いられている。カバラの教義の起源はむろん『聖書』の記述とその解釈にまで遡る。新プラトン主義、グノーシス主義などの影響を受けて、六、七世紀に神秘思想としての体系をある程度成すに至った。この頃までの伝承が形を取った、ヘブライ語の古典的な文献が『イェツィーラー（創造の書）』である。その後、スペイン、ドイツ、南フランスなどでカバラは発展し、十三世紀後半にスペインで、今日までカバラ文献の最高傑作とされる『ゾーハル（光輝の書）』が著される。作者は不詳で、作者複数説もある。十五世紀終わりにユダヤ人がスペインから追放され、ヨーロッパ各地に離散するが、これを契機に『ゾーハル（光輝の書）』はヨーロッパのユダヤ民族全体に広まり、その後、数百年にわたって強い影響力を行使した。

ユダヤ人のスペイン追放から半世紀を経た十六世紀半ば、パレスチナ北部、上部ガリラヤのサーフェードという町がユダヤの宗教研究の一大中心地となった。ここで執筆活動を行ったイサーク・ルーリア（一五三四―七二）とその学派であるルーリア学派の文献が『ゾーハル』と並ぶ重要なカバラ文献とされている。

つぎに、カバラの基本的な教義は何か。

聖書的な「人格的創造神」の概念とのあいだで長い葛藤はあったが、カバラは結局のところはそうした「神」のありようを脱却し、無限なるもの、捉えがたいもの、完全なるもの、絶対的なるものである「エン・ソーフ」を「神」の概念とするのが通例である。これは、このあとの「流出」による世界の生成とあいまって、新プラトン主義の「神」あるいは絶対者に近いものといえる。

グノーシスにおいては、「神」は自らと同質の存在を創造し、これがプレーローマという、神性と光で充満した世界を形成することはすでに述べた。カバラでも、五世紀ごろまでの揺籃期においては、とくにエゼキエル書に描かれる「メルカーバー」すなわち「神の車」の幻視を根幹とするメルカーバー神秘主義などでは、プレーローマの形成およびプレーローマへの魂の回帰といった、きわめてグノーシス主義的世界観が採用されていた。だが、後代のカバラでは創造は、無限かつ非限定かつ完全なエン・ソーフの「ツィムツーム」（制限）すなわち自己の有限化、限定、不完全化によって行われるとするのが基本的である。

「闇の口の語ったこと」には「神が創ったのは、輝かしくて美しく、清らかですばらしい、だが、不完全なもの」という一節があった。これはこの詩の散文ヴァージョンでは、「何かを創造するためには、完全なるものが自身とは違うものを創造する必要があった。一方、完全でないものとは、不完全なものである。そうしてみると、被造物とは、不完全なものということになる」（*OCVH*, t. IX, p. 1021）となっている。グノーシス主義ではプレーローマの段階では存在は神と同質とされたが、カバラではすでにこの段階から存在は、神とは異質なものであり、完全な神が不完全になったもの、つまり、神が制限されたものだということが強調される。この点については、ユゴーの創世はカバラ的といえよう。

「万物は重さを増しながら、だんだん悪化していった」という「闇の口の語ったこと」の「流出」であるが、シャルル・モプシックは『カバラの偉大な文献』のなかで、サーフェードの地でスペインのカバラを継承したカバリスト、モーセス・コルドヴェロのつぎのような言葉を引用している。

「魂たちには天上での存在がある。セフィロトのひとつティーフェレースから下位の現実世界まで段階を追って展開する流れが魂たちである。存在から存在へ、また、存在から存在へと、魂たちは今の存在に達するまで流れを下ってきたのである。」（Mopsik, *Les Grands textes de la Cabale : les Rites qui font Dieu*, 1993, p. 401）天上から現実世界までの段階的な「流出」が存在という存在をあらしめているわけである。

とくにモーセス・コルドヴェロがまとめるカバラの基本教義においては、「エン・ソーフ」が自らを「制限」して「流出」するのだが、その「流出」は十の霊的な力すなわちセフィロトを持つ。エン・ソーフに近いものから順に①ケセル（王冠）、②ホクマー（知恵）、③ビーナー（識見）、④ヘセド（慈愛）、⑤ディーン（正義）、⑥ティーフェレース（調和）、⑦ネーツァハ（忍耐）、⑧ホード（壮麗）、⑨イェソード（基盤）、⑩マルクース（王国）のセフィロトである（Safran, *La Cabale*, 1972, p. 412 ; Bischoff, *The Kabbala*, 1985, p. 36 ;『ユダヤ神秘主義』一九五七年、三六一頁）。これらセフィロトが①から順に⑩までエン・ソーフから流出する第一の世界がアツィールース（流出世界）である。アツィールース（流出世界）の最下位の⑩マルクース（王国）のセフィロトが流出する先が第二の世界、ベリーアー（創造世界）であり、さらにその先に第三の世界、イェツィーラー（形成世界）、そして、第四の世界、アジーヤー（活動世界）がある。この四つの世界を下に行けば行くほど、霊性が減少し、それがそのまま物質性の増加とみなされる。最下位の世界であるアジーヤー（活動世界）が物質世界に相当する。エン・ソーフ流出の機構は「カバラの木」または「生命の木」として樹木になぞらえて表現されることもある。また、中心のエン・ソーフから「流出」が表面に向かって進み、後の世界が前の世界の殻となる球体になぞらえて表現されることもある。

では、こうした「流出」のなかで霊魂はどのように位置づけられるのか。いわば霊魂論を展開し、この問題に最も直截に答えているのが『ゾーハル』である。『ゾーハル』によれば、「いっさいの霊魂が創造のはじめから先住していた」。つまり、「流出」以前から観念として存在しており、「流出」が始まるとともに「清浄無垢な天衣を纏って」アツィールース(流出世界)にいた。そして、その後、この世界を出て、ついには「現世の肉体のなかへと降下」した(『ユダヤ神秘主義』三一八―三一九頁)。

そうなると、つぎに問題になるのは、こうした霊魂が宿る肉体を変える、つまり、輪廻転生である。輪廻転生はカバラにおいても重要な教義のひとつなのだが、これは節を改めて論じることにする。ここでは、個々の霊魂の善行とすべての霊魂の救済という「闇の口の語ったこと」の思想に関連する部分のみを扱うことにしよう。

「闇の口の語ったこと」では、人間のみが道徳的な主体として行動の自由を持つことになっていた。このため、人間は動植物・鉱物に哀れみをかけると同時に、みずからの善行の積み重ねによって、それら動植物・鉱物を含む万物の救済に貢献する義務を負う。「善行は天上の扉を開く/見えない肘金なのだ。/〔……〕/生者たちよ、もう一度繰りかえすぞ、/おまえたちは有徳な行為をなすことによって、おまえたちの頭上に/天上を増やすという、あの威厳ある務めを果たすことになる。/心正しい者は誰であろうと/天国の招来のために努めているのだ」(*OCVH*, t. IX, p. 387)。

この、森羅万象の救済に資する人間の努力についてはカバラの教義に記載がある。『ゾーハル』の著者に近い人物で『ゾーハル』を広めることに功績のあったモーセス・デ・レオンの論述を引用しながら、『カバラの偉大な文献』のなかでシャルル・モプシックがつぎのように述べている。

「『人間がこの世で成就する戒律と善行の本質は、自らの魂を良き方向に向けること、そして、善良にして偉大なるものを天上に回復させ、溢れるばかりの天上の光の流れを自らの上に招きよせることにある』とモーセス・デ・レオンは人間の聖なる行為についての持論を要約している。人間が自らの魂を完成させること。天上の世界に原初の姿を回復させること。地上の世界と人間自身の上に、天上からの善き光の逆流を招き寄せること。これら三つが、人間がこの世で成就する戒律と善行の本質的な働きなのである」(Mopsik, *Les Grands textes de la Cabale*, p. 194)。

人間の善行が自らの救済のみならず、全世界の救済に貢献するというのである。この点まさにカバラは「闇の口の語ったこと」の論点を先取りしているといえよう。

輪廻転生の起源

テーブルの啓示でも、また、それを受けた「闇の口の語ったこと」でも最も特異で最も重要な、全体の要となる思想は輪廻転生の思想であった。つまり、天使、精霊、人間、動物、植物、鉱物という「被造物の梯子」のなかで魂が生前の行いの善し悪しによって生まれ変わり、上昇したり下降したりするというものである。

輪廻転生の思想自体はインドにもエジプトにもギリシャにもあったものである。インドではバラモン教、エジプトでは『死者の書』、ギリシャではピタゴラスやプラトンの思想などに見られる。起源についてはインド起源説、エジプト起源説、あるいは、プリミティブな人間社会にある程度共通の霊魂観といった見方がある。

すでに扱ったように、グノーシス主義においては、動植物まで含むかどうかは不明ながら、少なくとも人間への死後の魂の転生は認めている。カバラについては前の節で詳述を避けたが、実のところ、『ゾーハル』やルーリア学派がかなり大がかりに輪廻転生の思想を展開しているのである。カバラでは「ギルグール」というヘブライ語を用いて「輪廻転生」を表す。

『ゾーハル』によれば、人間は善行を積むことによって、死後、天上で着る衣を織ることができる。だが、罪深い者はこの衣を織ることができず裸でいるか、衣を織っても衣に穴があいていて天上には帰れない。地獄送りになるが、なかには、別の肉体に入って新しい生を受ける者もいる（『ユダヤ神秘主義』三一九―三二〇頁）。

ユダヤ人のスペイン追放を経た十六世紀、この追放という事態を反映して、とりわけサーフェードにおいては、刑罰として地獄送りが後退し、代わりに魂の追放が強調される。「もしアダムが全人類の魂を含み、それが今や無限に多くの幹と枝に分かれ個々の形態をとって全人類に配分されているとするなら、魂の遍歴はすべて結局は、その堕落を追放によって償わなければならない、ひとつの原魂の遍歴にほかならないことになる。おまけに個々人の場合には、それ固有の振舞が作り出すつねに新たな追放の無数のきっかけがつけ加わる。ギルグールはここでは包括的に世界法則として登場する」（『ユダヤ神秘主義』三七四頁）。

原罪によって魂が堕落し、その報いが輪廻転生であるというのである。これはまさしく「最初の過ちが犯され、〔……〕悪が生まれる」と、天使が精霊になり、精霊が人間になり、動植物・鉱物のなかにまでも「魂が落ちていった」とする「闇の口の語ったこと」の輪廻転生観に符合する。さらに、この、人間のみならず動植物・鉱物にまでも輪廻転生することについても、ルーリア学派は「野生の動物や植物や石へ、魂および魂の火花が追放される」(同書、三七五頁)として認めている。

ところで、テーブルが輪廻転生の思想を打ち出したのは一八五四年四月二十五日の実験においてであり、その記録を先に長く引用したのだった。この実験の二日後、四月二十七日にはテーブルに「輪廻転生」の抽象概念が宿り、ついでその直後に「インド」の抽象概念が宿って話をしている。二十七日の実験にはユゴーはテーブルとの着想の類似を慮って参加しておらず、また、内容は「輪廻転生」が「私は石から神に至る最短距離の道筋だ」と言うなど概ね二十五日の啓示の追認である。だが、「西洋は神を人間のなかに宿らせるが、私は動物のなかに宿らせる」(*OCVH*, t. IX, p. 1365 ; Manuscrits, n.a.f. 14066, folio 89 verso) といった、輪廻転生を自らの特質とする抽象概念「インド」の発言からしても、少なくとも当時のユゴーの仲間たちには、「輪廻転生」が分かちがたくインドと結びつく頭脳の回路があったことは明白である。

この感覚は歴史的にも妥当なものであって、例えば、カバラの輪廻思想もバラモン教が新プラトン主義を経由して影響を与えたものとされている (Bischoff, *The Kabbala*, p. 68)。

仏教に向かうベクトル

それでは、バラモン教における輪廻転生とはいったいどのようなものなのか。紀元前一五〇〇年からインド亜大陸にアーリア人が侵入・定住するが、紀元前一二〇〇年から紀元前四〇〇年にかけて、彼らの世界観と社会規範全般を規定するバラモン教とその聖典『ベーダ』が成立する。この『ベーダ』のうち、最も新しく紀元前六〇〇年から四〇〇年にかけて成立したのが、『ベーダ』の終結部であり、最重要部分ともされる『ウパニシャッド』である。

「ユゴーによる『ウパニシャッド』のリライト――詩集『諸世紀の伝説』第二集収載『最高存在』」と題する論考でクローディーヌ・ル・ブランは、ユゴーが『ウパニシャッド』のなかから、ブラフマンおよびインドラに関する部分について、その思弁的な記述を神話化してリライトしていることを指摘している。『ウパニシャッド』においてブラフマン（「梵」）は絶対存在であり、インドラは神格のうちのひとつである。ユゴーがこうしたリライトを行ったのは一八七〇年であり、それを詩集『諸世紀の伝説』第二集に収載して出版したのは一八七七年である。ユゴーがリライトの原典にしたのはG・ポチエ訳『東洋の聖典』*Les Livres sacrés de l'Orient* とのことであるが、これが出版されたのは一八四七年であり、一八五四年四月二十四日に輪廻転生に関するテーブルの啓示がなされる七年前である（Le Blanc, *Une Réécriture hugolienne des* Upanishad, 2001, pp. 11–12)。テーブルの啓示の時点でユゴーが『ウパニシャッド』についてある程度知識を持っていた可能性もないわけではないことになる。

輪廻転生の思想が『ベーダ』に明確に登場するのはこの『ウパニシャッド』になってからとされている。サンスクリットで輪廻転生を表す言葉はサンサーラ samsâra であるが、この言葉が使われるようになったのも『ウパニシャッド』においてである。

『ウパニシャッド』では輪廻転生について諸説が展開しているが、これを、西暦八世紀に生きた

『ウパニシャッド』解釈の最高権威シャンカラに従って要約すると概ねつぎのようになる。死後、人間の個我 âtman の運命は「神道」devayâna、「祖道」pitryâna、「悪道」kastâ adhogatih の三つに分かれる。明知 vidyâ を得た人の個我は解脱し、「神道」を通って原初のブラフマンの世界に回帰するのであって、輪廻転生はしない。生前に善行を積み、正しく祭祀を行ったが、明知のない人の個我は死後、天に昇り、月の世界に達する。月でしばらく業の果報を享受したあと、月から虚空、風、煙、霧、雲、そして雨になって地上に落ち、稲などの植物の種子になって人間あるいは動物に食べられ、精子になって母胎に宿り転生する。こうしたプロセスを経て人間あるいは動物に輪廻転生する運命を「祖道」という。生前に祭祀を行うこともなく、悪行を重ね、もとより明知もない人間の個我は死後、地獄に堕ちる。自らの背負った悪業に相当する地獄の責め苦を受けたあと、再び現世に戻される（中村元『シャンカラの思想』一九八九年、四八五―四九二、六〇〇―六〇三頁）。

こうした生前の業 karman によって個我が輪廻転生する「業報輪廻」の思想が紀元前三〇〇年ごろ、仏教に取りこまれることになる。当初、地獄、餓鬼、畜生、人間、天上の五道を経巡る「五道輪廻」であったものが、やがて、畜生と人間のあいだに修羅を加えて「六道輪廻」になる。輪廻転生の原動力になる生前の善悪の業には身体的行為だけでなく、言葉を発する行為、考える行為も含まれる。直前の生だけでなく、その前の生、そして、さらにその前の生と無限に過去に遡り、そのすべての業が蓄積される。「因果応報」によって個我は自身の業を全的に引き受け（「自業自得」）、それによって個我の輪廻転生が決定づけられる。たとえ、天上に輪廻転生してもそれまでの善行の蓄積を享受し終わると、また人間以下の輪廻の形に落下する。こうして、輪廻転生には終わりがないのである。

このような輪廻転生の無限の連鎖を断ち切るためには、煩悩を滅し、無明 avidya を脱して明知 vidyâ を得る。つまり、解脱しなければならない。解脱するためには、よほどの素質に恵まれ、よほどの修練を積まなければならず、これは常人にできることでない。そうなると、救われるのはごく一握りの宗教的エリートだけで、大多数の人間は救われないことになる。これが個我が個我の努力によって救われる、出家者中心の小乗仏教 hînayâna であり、釈迦入滅後ほぼ一〇〇年、紀元前三〇〇年ころに確立された仏教の姿である。

その後さらに数百年を経過した紀元前後、在家信者を中心に、一部の出家者を巻きこんで、新しい仏教の形が生まれる。それが大乗仏教 Mahâyâna である。大乗仏教はさらに百年以上の時を経て『阿弥陀経』Sukhâvatîvyûha『法華経』Saddharmapuṇḍarîka-sûtra などの仏典によって体系化される。

『阿弥陀経』においては、極楽浄土の主人であり、無量の光を宿した阿弥陀仏の慈悲にすがり、「南無阿弥陀仏」の名号を唱えれば、阿弥陀仏の力で輪廻を脱し、極楽浄土に往生できるとされる。また、『法華経』のなかの『観世音菩醍普門品』においては、慈悲を徳とする観世音菩薩（観音）の名を唱えれば、苦難を救われ、解脱できると説かれる。いずれも、小乗仏教の自力仏教に対して他力仏教である。つまり、個我の努力によらず、より大きな超越存在の慈悲によって、輪廻の連鎖を断ち切ることができるという教えなのである（梶山雄一『輪廻の思想』一九八九年、二一一―二九頁）。

「闇の口の語ったこと」に話を戻せば、すでに引用した「希望を持て！　希望を持て！　希望を持て、あわれなものたちよ！／永久に続く悲しみはなく、治らない病はない。／久遠の地獄もありはしない！」に始まるその終結部においては、動植物・鉱物に宿った魂までもが救済されるさまが描かれる。これには「諸々の善行は、天上の扉を開ける／見えない肘金なのだ」に見られるように、人間の努力による全世界救済という面もある。だが、それよりも、「ありとあらゆる動物の唸り声がひとつに溶けあう祈りの声」と絶対者の「永遠の愛の光」（*OCVH*, t. IX, p. 386）による全世界救済という面のほうが強い。この終結部は、義人ヨブへの言及、キリストとベリアル（サタンの別称）の一体化、神とベリアルの和解というように『聖書』から着想を得てはいるものの、輪廻転生をしていた者たちが「業報輪廻」の連鎖から救われる点、彼らの祈りと絶対者の慈愛が救済を招く点からすれば、大乗仏教にも呼応しているといえるのである。

ユゴーにおける仏教の直接的影響は今後明らかにされるべき課題であるにしても、この大乗仏教への接近は「闇の口の語ったこと」、ひいては、その基礎となった「降霊術」の営みのシンクレティズムをより豊かなものにしていることは否めないのである。

第三章　スピリチスム
――アラン・カルデックの「科学的宗教」

1　実証主義の時代の「科学的宗教」

キリスト教の先を行く「宗教」

ユゴーの「降霊術」が明確化したドルイド教、キリスト教、フランス革命、「近代スピリチュアリズム」の変遷からフランス革命という社会性を捨象し、もっぱら人間の魂のありように、言い換えれば、宗教性にのみ的を絞って、「近代スピリチュアリズム」をドルイド教、キリスト教の発展形態と認識したのがアラン・カルデック Allan Kardec、本名ドゥニザール＝イポリット＝レオン・リヴァイユ Denizard-Hippolyte-Léon Rivail であった。ユゴーと同じ十九世紀のパラダイムを生きながら、カルデックは「近代スピリチュアリズム」の科学としての面を大幅に強調し、カトリック教会に替わる宗教的権威にまでも「心霊科学」を至らしめようとした。

アラン・カルデックがこのような道に踏みだしたそもそもの原因は彼の受けた教育に見いだすことができる。

カルデックは一八〇四年、フランス第二の都市リヨンに生まれた。リヴァイユ家は十五世紀にまでさかのぼる旧家で、父は裁判官をしていた。リヴァイユ家の宗教はカトリックで、カルデックは生後八ヶ月のときに洗礼を受けた。一八一四年ないし一八一五年、十歳のころ、進歩的な父の方針もあり、また、王政復古、ナポレオン一世の百日天下と続いた政情不安と戦乱を避ける目的もあって、スイスの寄宿校に入れられ、教育を受ける。教育家ペスタロッチ（一七四六―一八二七）がスイスのイヴェルドンに開いた実験的な寄宿校である。

人間とは自由に主体的に自己形成していくものであり、教育は、そうした人間の自己形成において、道徳と知性と技能とが調和的に発展するように導くものである。こうした教育を民衆層の青少年にほどこすことで、社会が改善される。個人主義に基礎を置き、身分・職業によって規定される「在る人間」から、不断の努力によって自分で自分のアイデンティティーを確立してゆく、絶えざる生成としての人間、「成る人間」にラディカルに方向転換をはかったのがペスタロッチの教育理念といえよう。このような教育理念によって、ペスタロッチは近代教育学の礎を築いたとされている。

イヴェルドンにはカルデックはほぼ四年いたとされるが、十歳から十四歳までの多感な少年時代のことであり、そのインパクトは計り知れない。ペスタロッチの教育理念に大いに感化されたことは疑いようがなく、カルデックは自分自身も教育者の道を選ぶ。一八二四年ごろからパリに出て、ペスタロッチの理念に副った学校を設立するだけでなく、算数の教科書を執筆したり、教育改革の提言を出版したりした。

教育理念だけでなく、教育組織の運営までも、カルデックはペスタロッチに学んだというべきであろう。小規模な私塾であったにしても、理念に基づいてその実現のために自ら教育組織を作ったことは、後に彼が「心霊科学」の研究を行い、その研究成果を教え広める「心霊学会」なる組織を作るうえで格好のトレーニングになったものと思われる。

「霊界通信」に対する強い懐疑

ユゴーが一八〇二年生まれ、カルデックが一八〇四年生まれであるから、ふたりはわずか二歳違いで、ほぼ同世代に属する。したがって、空間的広がりを持った出来事については、同じようなときに同じような出来事を経験することになる。ただ、それに対する反応には、置かれた状況の違いも加わって、著しい個人差が生じることは充分想定しうる。

第一章で述べたようにフォックス姉妹の「霊界通信」が大西洋を渡り、一八五三年からパリでも大流行する。一八五三年九月にユゴーは早くも「霊界通信」を試み、ほどなくこれにのめり込んでいる。英仏海峡の孤島に暮らすユゴーとは違ってパリにいたカルデックは「霊界通信」の常軌を逸した流行を目の当たりにして、これを軽蔑したか、警戒したのか。流行から二年近く経過し、ジャージー島のユゴーたちがテーブル・ターニングに終止符を打つ、わずか五ヶ月前の一八五五年五月になって始めて友人宅で「霊界通信」を試みている。

カルデック自身「近代スピリチュアリズム」の起源をフォックス姉妹に求めて、つぎのように述べている。

観察された最初の出来事はいろいろな物が動き出すことだった。これは一般にテーブル・ターニングとかテーブルのダンスとか呼ばれた。こうした現象は最初にアメリカで観察されたものらしい。というよりも、むしろアメリカで再登場したといったほうがよいだろう。それというのも、この種の現象がはるか古代から見られたことは歴史の明らかにするところだからである。突拍子もない音とか、はっきりした原因もなしにコツコツ叩く音とか、不可思議な出来事をともなってこの現象は起こった。それはアメリカから発してヨーロッパに、そしてほかの地域にあっという間に広まった。(Kardec, *Le Livre des esprits*, 1857, p. IV)

同時代の知識人たち、とりわけユゴーはこの非現実の現象を前に最初は極度に疑い、嘲笑しておきながら、それほど時を移さず信を置き始めた。これに対して、「近代スピリチュアリズム」の出自についての知識を持ち、その流行ぶりを冷めた目で見ていたカルデックは最初に試みたあともかなり長い期間、懐疑的な状態に留まった。

「降霊術を信じるようになるには、わたし自身、一年以上も試してみなければならなかったのです。これをもってしても、わたしが軽々しく信じたのではないことはお分かりでしょう」と、後にカルデックは『スピリチスムとは何か?』*Qu'est-ce que le spiritisme ?*(一八五九年刊)で当時を述懐している(*Ibid.*, p. 10)。

実証主義のパラダイム

一年間試してみて、ようやく「霊界通信」が現実の出来事であることにカルデックは確信を持つにいたったわけだが、このことが、カルデックが「霊界通信」に全幅の信頼を置き、それを徹底的に極めようとする、ある種の原動力になっていることは否めない。このころから彼の降霊術に「真実」と名乗る霊が現れるようになる。

「この世界を導く真実の霊」(Kardec, *L'Obsession*, 1868, p. 217)を始めとするあまた霊たちが造化の秘密、霊魂の運命をカルデックにつぎつぎと伝えに来る。こうした霊たちの言葉を「霊界」の真実と信じてカルデックは毫も疑うことなく、テーマ別に分類し、コメントをつけて体系化した。それを余すところなく収録したとされるのが『霊の書』*Le Livre des esprits*(一八五七年刊)である。

教育による民衆の善導をめざしたペスタロッチ流の教育者であり、教育組織運営の経験があってみれば、カルデックがこうした「真実」を民衆に知らしめ、民衆を教育しようとする動きは当然と言えば当然で、「真実」の霊のほうが彼にその「聖なる任務」を命ずる。一八五七年、彼の守護霊が現れて彼に彼の前世の名前を伝える。彼は、フランスにドルイド教の盛んだった紀元前数世紀に前世を送っており、彼のそのときの名前はアラン・カルデックであった。以後、ドゥニザール＝イポリット＝レオン・リヴァイユはアラン・カルデックと名乗り、宗教家として生まれ変わるのである。

転生が同じフランスの国土で行われていることからすると、カルデックは十九世紀の国民国家の枠組みに従った発想をしているのであって、さらに、その土着の宗教であるドルイド教の流れを汲むというのも、国民国家形成とともに高まった共同体意識を反映していると考えられる。[1]

加えて、カルデックはきわめて十九世紀的な科学主義をも信奉していたのである。「スピリチスムとは、霊たちの本質、起源、運命、そして霊たちと肉体世界との関係をあつかう科学である」(*Qu'est-ce que le spiritisme ?*, p. 8) とカルデックは明言している。

彼は「降霊術」を霊界についての科学と信じて疑わなかった。「近代スピリチュアリズム」の英語 modern spiritism とほぼ同義で、いまや普通名詞にもなっているフランス語 spiritisme (スピリチスム) はカルデックの造語である。

またカルデックは「スピリチスム」が実証主義のパラダイムに依拠していることも当然ながら熟知している。「私はもう一歩踏み出して、つぎのように言おう。スピリチスムを人々に受け入れさせたのはまさに今世紀の実証主義なのだと。そして、こんなにも急速にスピリチスムが広まったのも部分的には実証主義のお蔭なのであって、一部の人が言うように、幻想や超自然を好む傾向が再び強まったからではないと」(*Ibid.*, p. 34)。

『霊媒の書』は一八六一年刊の初版では『実験スピリチスム。霊媒の書あるいは霊媒および霊能者の手引き』*Spiritisme expérimental. Le Livre des médiums ou Guide des médiums et des évocateurs* というタイトルになっており、「霊媒の書」の前に「実験スピリチスム」Spiritisme expérimental という言葉が冠してあった。これはコントが強調した、実証科学における実験の重要性を踏まえた表現で、カルデックは実証科学としてのスピリチスムの特質を明確に打ち出していたわけである。この四年後、医学者のクロード・ベルナールが『実験医学序説』*Introduction à l'étude de la médecine expérimentale*（一八六五）を出版する際、ともすれば医者の勘と個人的な技量に頼りがちだった医学を実証科学と規定するために「実験医学」médecine expérimentale という名称をことさら採用したことは知られている。カルデックの「実験スピリチスム」Spiritisme expérimental はこれを先取りするものであった。

すでに見たように実証主義はその重要な要素として相対主義を含む。こうした相対主義を念頭に置いてカルデックは、科学の領域の拡大により超自然が自然の側にしだいに取りこまれることを根拠として「霊界通信」を正当化してもいる。

超自然は自然の法則の外にあるものだ。こうした自然の法則以外に実証主義はいかなることも認めない。だが、実証主義は自然の法則のすべてを知りつくしているのか。いつの時代にも、原因の分からない現象は超自然とみなされた。科学によって新しい法則が発見されるたびに、超自然の境界線は後退してきた。さて、そんなか、スピリチスムが新しい法則を発見するにいたる。その法則によって、死者の霊との交信は、二千キロ離れたふたりの人間の交信を電信が可能にするのと同じくらい自然なことだとされる。そして、ほかのあらゆる霊的現象についても自然なこととされるのだ。〔……〕スピリチスムは奇跡も超現実も行わない。そのかわりに、今日まで奇跡や超現実とされてきた事柄を、法則によって説明し、まさにその説明によって、そうしたことが現実にありうることだということを証明する。このようにしてスピリチスムは科学の領分を広げる。この点において、スピリチスムはそれ自体、科学なのだ。（*Ibid.*, pp. 34-35)

フォックス姉妹の「霊界通信」におそらく着想を与えたと考えられるのがモールス信号による電信業務の開始であったことは第一章で示した。「二千キロ離れたふたりの人間の交信」を可能にする電信がここでも登場するが、これはいうまでもなく、日常レベルの現実をはるかに超える、一般人にとっては摩訶不思議としか言いようのない出来事である。そのため、これが「霊界通信」という超現実のアナロジーとしてきわめて説得力に富んでいたことは想像に難くない。こうしたアナロジーまでも巧みに援用して、科学の進歩による世界の相対性を論証し、カルデックは、「スピリチスム」がまさに実証主義の時代にふさわしい科学であると位置づけるのである。

こんなわけでカルデックはみずからの「スピリチスム」を必然的に「科学」と同等に扱った。一八五八年には『心霊誌』*Revue spirite* なる学術誌を刊行し「パリ心霊学会」Société parisienne des études spirites なる学会を組織した。

週に一度、学会員たちを集めて「心霊科学」の「実験」にいそしみ、その成果をふまえて『霊の書』（一八五七）[2]、『スピリチスムとは何か？』（一八五九）[3]、『霊媒の書』（一八六一）[4]、『スピリチスムによる福音書』（一八六四）[5]、『天国と地獄』（一八六五）[6]、『スピリチスムによる創世・奇蹟・予言』（一八六八）[7]などを矢継ぎ早に刊行した。

「霊界通信」の「科学性」の根拠

「スピリチスムが科学である」ことを主張するためにカルデックは彼なりに、オーギュスト・コントの実証主義を基礎として、同時代の科学がこらしていた（そして、その多くは現代の科学も踏襲している）さまざまな意匠を最大限に模倣している。

「霊界」が人間の側の単なる想像ではなく事実として存在することが証明でき、「霊界」についてのディーテイルも事実であると承認しうるためには、この世の人間のひとりとしてそこへ出向いて自らの目で（知覚で）それを確かめることができない以上、客観的かつ明証的であると誰もが認めうる（直接的知覚と等価値の）方法で「霊界」の様子が伝えられなければならない。そのためにまず第一に必要なのは客観的で有効な（と、少なくとも信じうる）通信手段だというのは論を俟たない。「スピリチスムは科学としての面を持つのだから、スピリチスムには科学的な言語が必要である」（*Le Livre des médiums*, p. 194）。この「科学的な言語」を供給したのが、フォックス姉妹による「霊界通信」のモールス信号化だったことはすでに指摘した。フォックス姉妹のモールス信号はすぐにテーブル・ターニングの形を取った。テーブル・ターニングが単なるでたらめな音の羅列ではなく、知的な内容を伝えてくることこそ重要だったとしながら、カルデックはテーブル・ターニングの進化をつぎのように辿り、「霊界通信」のメディア（媒体）の理論化と正当化に努めている。

最初は数を打ったり、イエス・ノー・タイプの答えをするだけだった、叩音による通信「チプトロジー」typtologie はやがて「アルファベット・チプトロジー」typtologie alphabétique（いずれもカルデックが『霊媒の書』で使う用語）に進化する。カルデックが説明するその方法はユゴーたちが実践したものと寸分違わない。「テーブルは個々のアルファベットを得るのに必要な数だけ音を叩く。すなわちaを得るのに、一打、bを得るのに二打、以下同様といった具合である」（*Le Livre des esprits*, p. 178）。「この方法では、ある程度の長さの通信を得るために厖大な時間を要するのは明か」（*Ibid.*）である。だが、「何ページもの通信の筆記を得るのに忍耐強くこの方法を用いた人々もいた」（*Ibid.*）とカルデックは証言している。プリミティブなテーブル・ターニングに固執したのは、離れ小島のユゴーたちだけではなかったわけだ。

カルデックによれば、「この、時間がかかって不便な通信方法に替わる方法を指示したのは霊であった」（*Ibid.*, p. VII）。しかも「アメリカでも、フランスでも、ほかの地域でも同時に、この方法を用いなさいという助言がなされた」（*Ibid.*）。一八五三年六月十日のこと、パリで、これより四年も前から（「テーブル・ターニング」のパリでの流行からすれば年数があわないので、これとは関係なく、すでに、ということだろうが）「霊界通信」を熱心に実践してきたある人物に「霊」がこう告げたという。

「隣の部屋へ行って、小さい籠を取ってきなさい。それに鉛筆を取りつけて、鉛筆を紙の上に載せるようにしなさい。そして籠の縁に指を置きなさい」。

『霊媒の書』でカルデックは詳述する。この籠というのは物を運ぶための籠ではなく、取っ手のない単なる物入れの籠で、柳の枝や木の枝などで編んだ、直径十五センチから二十センチのものである。この籠の底の中央に先端の芯の部分が突き出るようにして鉛筆を刺し、鉛筆をしっかりと固定する。篭の縁に霊媒が二本以上の指を置く。鉛筆を紙の上に紙に接するように置いて、篭全体が紙の上で平衡を保つようにする。霊媒に霊が宿ると、霊媒の指が動いて、鉛筆が紙の上に文字を書くというものである。（*Le Livre des médiums*, p. 190）。

これがさらに簡便になったものがプランシェットであり、プランシェットとは長さ十二から十五センチの板で、高さ五センチになるように三本の脚がついたものである。三本の脚のうち、一本には鉛筆が取りつけられていて、二本は先端が丸くなっているか、象牙製の小さな玉がついていて、紙の上で滑りやすいようになっている。（*Ibid.*, p. 192）。

こうした器具を介して間接的に霊媒が文字を書く方法をカルデックは「間接的サイコグラフィー」と呼び、さらに、これに対して、霊媒が手に持った筆記用具で直接文字を書く方法を「直接的サイコグラフィー」と呼ぶ。「間接的」にしろ「直接的」にしろ、霊媒は常に「自動的に腕や掌を動かして文字を書くのであって、自分が何を書いているか（少なくとも通常の場合は）まったく意識しないのである」（p. 193）とカルデックは断言する。

いうまでもなく、カルデックたちの「霊界通信」においては、大量の情報を短時間に伝達するのにもっとも便利なこの「直接的サイコグラフィー」がもっともよく用いられた(8)。霊媒が自分の書いている内容を毫も意識しないと断言する必要のある所以だ。

「直接的サイコグラフィー」をはじめとする「科学的言語」を介して、さまざまな「霊たち」がカルデックに「霊界」および「霊」、世界の成り立ちについて豊富な情報をもたらす。その際、「霊たち」が自分が「霊」であることを自分で名乗ること、つまり「霊界通信」を行う現実世界の者が

「霊」だと勝手に決めてかかるのではないことがポイントであるという。そのことによって、推論によらず、事実によって「霊」の存在が確認されるとカルデックはする（*Le Livre des esprits*, p. VII）。また、「まさに墓の彼方の存在たちがやって来て我々に彼らの置かれた状況を描写したり、彼らの行っていることを語ったり、彼らの新しい生のありとあらゆる転回点に立ち会わせてくれたりするのだから、我々に示されることは事実である」（*Ibid.*, p. 71）とカルデックは主張する。「霊」であることが明らかな「霊たち」が自分自身のことを語るのだから、語られた「霊たち」自身に関する事柄は事実である。これが「霊界通信」が「科学」であるとする、カルデックの第二の根拠だ。事実に基づいて人を罰する近代刑法において、もっとも重視される要件のひとつが犯人の自供だが、「霊」の自供とでも言いうる、これと同じ種類の発想といえよう。

そのうえ、カルデックはただひとつの霊の言うことを取りあげるのではなく、あくまでも、「多数の霊が一致して教えることを合わせた結果」（*La Genèse, les miracles et les prédictions selon le spiritisme*, p. 8）を斟酌するとする。さらに、霊の啓示を受ける人間の側についても「ひとりの人間だったら、騙されることもあるだろうし、自分で思い違いをすることもあるだろう。だが、何百万人という人間が同じことを目で見、かつ耳で聞いたならば、話は別なのだ」（*L'Evangile selon le spiritisme*, p. 11）とカルデックは述べる。

科学の実験で多数の実験結果が一致することがその実験結果が客観的事実であることの証明になる。例えば、『実験医学序説』（一八六五）でクロード・ベルナールはつぎのように述べている。「学説を覆すような事実としての実験結果を我々は細心の注意を払って吟味しなければならない。

なぜならば、より少ない事実としての実験結果しか含まない古い学説を、より多くの事実としての実験結果を含む新しい学説に変えることにこそ真の進歩は常に存するからである」(*Introduction à l'étude de la médecine expérimentale*, p. 72)。

同じように、多数の「霊界通信」の結果が一致するのだから、「霊界通信」の結果は客観的事実であり、それは考察に値するとカルデックは主張している。そうした多数の「霊界通信」の一致が「霊界通信」の科学性の第三の根拠となるわけである。(9)

こうしてその科学性・客観性のおかげで、「霊たち」のもたらす情報はオーギュスト・コントのいう観察された現象と同等のものとなり、知識の対象となりうる。これを基礎にして、つぎにカルデックはコントの「現象のあいだに恒常的に存する法則」を探る。「沈思黙考のなかで行われる真摯で絶えざる探究」(*Le Livre des esprits*, p. XXX) によって「霊たち」の情報を体系化するわけだ。この体系化を指して、カルデックはスピリチスムの哲学的な面という。

カルデックがまとめた宗教哲学の体系、いわゆるカルデシスムとはいったいいかなるものか。カルデシスムのバイブル、『霊の書』は長大な著作で、微に入り細を穿った、迷宮のように複雑な記述になっているが、これを咀嚼し要点のみをつぎに再構成してみることにしよう。

2 「転生」する「霊たち」

「霊世界」とは何か

キリスト教のあとを引き継ぐ宗教の構築を企図するカルデックは、基本的にはキリスト教を基盤とし、一神教の立場を取る。世界のあらゆるものを創造した神は当然、物質だけでなく、非物質も創造した。物質的なものは目に見える世界すなわち「肉体世界」monde corporelを形づくり、非物質的なものは目に見えない世界、すなわち「霊世界」monde spiriteを形づくる。

「霊世界」には神によって創られた「霊たち」がいる。

「神は永遠なるものなのだから、神は絶え間なく創造を続けている。とはいっても、霊たちのうちの各々がいったいいつ、どのようにして創られたかは誰も知らない。そこにこそ神秘がある」(*Le Livre des esprits*, p. 35)。

カルデックの宗教はユダヤ教からキリスト教にいたる系譜の継承であって、それから逸脱しながら西欧の宗教思想世界を潜在的に拘束したカバラやグノーシスとは明らかに一線を画している。新プラトン主義の影響が色濃く残るカバラにおいては、森羅万象は唯一絶対の「神性」から「流出」したものであり、創造されたものではなく、すべてが一であり、一がすべてであることからして、創造主と被造物の二項対立はない。グノーシスにおいては、カルデックのいう「霊」にほぼ当たる非物質存在「プレーローマ」を創造した「至高神」と、物質世界を創造した「造物主」（ギリシア語でdemiurgos）がおり、世界の創造は二分割ないし二段階の形を取る。これに対してカルデックでは、造物主としての神が直接的にすべての「霊」を創造するのである。

つぎにカルデックの用語でいう「肉体世界」（＝物質世界）と「霊世界」（＝非物質世界）の境界がどこにあるかだが、カバラにおいてはすべてが「流出」のプロセスにすぎないところから、この区別はあろうはずがない。グノーシスと同時代のローマ世界においてほぼ共通の世界観であったプトレマイオス天文学では、「物質世界」は月から下の世界つまり「月下界」と地上であり、「霊世界」は月から上の星の世界つまり「星辰界」と神の世界つまり「英知界」とである。これに対してグノーシスは「星辰界」と神の世界のあいだで境界線を引き、星辰界も含めて星辰界以下が物質世界、神の世界のみが非物質の「霊世界」であるとする。魂の惑星間の回遊を考えるユゴーはプトレマイオス天文学と同じところに物質世界と非物質世界の線引きをしている。カルデックは後述のように、他の天体も地球と同じように魂が肉体を得て試練を受ける物質世界としていることから、グノーシスと同じところに物質世界と「霊世界」の境界を設けている。

こうした「霊世界」において創造された「霊たち」は「肉体世界」（＝物質世界）に「転生」するとカルデックは考えている。「転生」の起源は遠い古代にまで遡ることを指摘しながら、古代からの「転生」と近代のスピリチスムの「転生」とは根本的に異なるとする。

転生の教義は別に新しいものではなく、ピタゴラスの焼き直しだという人がいる。スピリチスムの教義が近代の発明によるものだなどと我々は一度として言ったことはない。スピリチスムは自然の法則なのだから、この世の始めから存在していたはずである〔……〕。周知のように、ピタゴラスが輪廻の体系を考え出したのではない。インドの哲学者たちやエジプト人から学んだのだ。インドやエジプトには大昔からあった。〔……〕しかしながら、これも周知のことだが、古代の輪廻 mêtempsycose と近代の転生 rêincarnation の教義とのあいだには、つぎのような大きな違いがある。つまり、人間の動物への転生、あるいはその逆の動物の人間への転生は霊たちが絶対に否定するという違いである。(*Ibid.*, p. 105)

ピタゴラスとはあの「ピタゴラスの定理」で知られた紀元前五、六世紀のギリシアの数学者である。彼はまた宗教家でもあり、自ら教祖となって「ピタゴラス教団」を率いた。その教義に「輪廻」の思想がある。このような人間と動物のあいだの「転生」すなわち「輪廻」について、カルデックの「霊界通信」で「霊」はつぎのように語っている。

「知性原理 principe intelligent が霊となり、人間の段階に入るのに充分なレベルに達すると、知性原理はその原始的な状態ともはや関係がなくなり、木が種子でなくなるのと同じように動物の魂ではなくなる。肉体の影響とか、物質的存在に固有の自己保存の本能とかから生まれる情念。人間においては、もはや、そうしたものや肉体そのもの以外には動物的なものはなくなるのである。そこで、これこれの人間がこれこれの動物の霊の転生であるとは言えないのであり、したがって、いわゆる輪廻は正しくはないのである」(pp. 278–279)。

さらに「人間の肉体に宿った霊が動物の肉体に宿ることがありうるのか?」というカルデックた

ちの質問に「霊」は「そうなったら、後退することになってしまう。霊は後退しない。大河は水源に逆流することはない」と答える。これにカルデックは「動物が直接、人間に生まれ変わったり、逆に人間が直接、動物に生まれ変わったりするという意味では、輪廻は間違いである」と念押しのコメントをつけ加える。そして、そのような「輪廻」が間違いである理由として、「霊が教える転生が、人間の本性の上昇する進行、種としての人間の進歩に基礎を置いている」ことを挙げている(p. 279)。

「知性原理」が進歩し、動物の段階を脱して人間の段階に達した。これからも進歩するのだから、人間に宿った霊はたとえ個としても動物に逆戻りすることはない、とするのである。

ダーウィンが『種の起源』を出版したのは一八五九年のことである。カルデックの『霊の書』出版は一八五七年だから、その二年前にあたる。だが、動物から人間にいたる進化の考え方をカルデックが先取りしたというよりも、十九世紀のパラダイムである同じ「進歩」の思想からそれを必然的に導きだしたと考えるのが適切であろう。元来、ダーウィンが「適者生存」や「自然淘汰」の概念をバーバート・スペンサーの社会進化論をはじめとする同時代の、主として社会を対象とした進化の思想から導きだしたことは周知のとおりである。生物学の分野でも、すでにフランスのラマルクは十九世紀初めに「獲得形質の遺伝」や「用不用説」といったダーウィンが「進化論」で援用する概念を提出している。カルデックとダーウィンはそれぞれ同一の知的環境から「進化論」を構想するにいたったと考えるべきである。ただ、カルデックの場合は肉体の進化のみならず、それと並行する「霊」の進化の不可逆性をも想定するところがまったくもって独創的である。

「霊」はすでに充分進化したのだから、充分進化した人間のみが唯一「霊」の宿る特権的な存在となる。あらゆる被造物のなかで人間だけに「霊たち」は「転生」する。きわめて十九世紀的な考え方といわなければならない。(10)

「インドやエジプトには大昔からあった」とカルデックは述べているが、人間の魂が動物など人間以外にも転生する「輪廻」は原始宗教レベルでは多くが共有する、かなり一般的な概念であった。フランス土着の宗教であり、カルデックもその流れを汲むと自認するドルイド教にも見られる。ただ、これを体系化したのは確かにバラモン教、ヒンドゥー教、そして仏教といった一連のインドの宗教であり、オルフェウス教、ピタゴラス、プラトンなどの古代ギリシアの宗教思想であった。カバラの教典『ゾハール』にも「輪廻」の教えが記されているが、グノーシスにおいては「輪廻」は必ずしも明確ではない。カバラ経由とも考えられなくもないが、カルデックと同じ十九世紀に生きながら、ユゴーは明らかに「輪廻」を受けいれている。ユゴーが魂は鉱物、植物、動物、人間、精霊、天使と「被造物の梯子」の六段階に(つまり、仏教の「六道」と同じ数の段階に)「輪廻」するとしたことはすでに見たとおりである。

十九世紀市民社会の基本である個人主義を反映して、ユゴーにおいても、カルデックにおいても、「霊」は個として「輪廻」または「転生」をするとされている。ただ、ユゴーの場合は、「おまえたちは死ななければ、信じることはできない」(一八五四年一月二十九日「降霊術の記録」*OCVH*, t. IX, p. 1293)と「墓の闇」がユゴーに言うように、「霊世界」のことは結局のところ不可知とされる。そして、「おまえたちの身内の死者は、死後、彼方の世界で始まるおまえたちの生の一部分にほかならない。彼らの墓は、死後おまえたちが住む住処のひとつの様相、死後のおまえたちの魂の一面なのだ。おまえたちが死ぬと、おまえたちは彼らになり、彼らはおまえたちであり続ける。天空では、人と人は落ちあうのではなくて、溶けあうのだ。天国には口はひとつしかない。愛はその口の二枚の唇なのだ」（一八五四年九月三日の「降霊術の記録」*OCVH*, t. IX, p. 1429）と語る「死」の言葉から推量すると、カバラのように、死後は「霊」はより大きな存在に溶けこんでしまい、個としての存続は許されない疑いも生じる。

これに対して、個としての人間の成長と建設をペスタロッチから叩きこまれたカルデックは、「霊」の個人主義を徹頭徹尾貫くのである。

「霊」が宿る唯一の存在である人間にも、個としての存在をカルデックはもとより認め、人間はつぎの三つの要素が分かちがたく結びついた総体である（これはむろん三位一体の発想である）とカルデックはする。

① 動物と同じ「生命原理」によって生きている、動物と同じような肉体あるいは物質的存在。
② 転生して肉体に宿り、魂となった霊。
③「植物の種子において胚芽のまわりにある胚乳のように」霊を最初に包み、魂と肉体の仲介をする、半ば物質的なもの。カルデックはこれをペリスプリ（*Le Livre des esprits*, p. 64）と呼ぶ。ペリスプリ pêrisprit（＝pêri＋esprit）とは esprit のまわりにあるものという意味のカルデックの造語である。

①でいう生命原理 principe vital とは電気で動く器具における電気の働きのように、物質と結び

つくことによって物質に命を与えるものである。植物、動物、人間、つまり成長したり動いたりするものはすべて宇宙全体の生命原理の源から、生命原理の分与を受けて命を持つ、ともカルデックは考える（*Ibid.*, pp. 27-30）。

デカルトが明確化した肉体と魂の二元論があって、肉体に魂が宿る。それに、むろんデカルトにはないペリスプリという第三の要素が加わって、肉体と魂の媒介となる。カルデックの場合は二元論ではなくて三元論なのだが、同じ三元論でも、カルデックが一括りにしている①の「生命原理」と物質性を分離した「生命原理」・物質・魂の三元論[11]ならば、十八世紀モンペリエの医学者ポール＝ジョゼフ・バルテスが『人間科学の新原理』（一七七八）で提唱している。植物、動物、人間、つまり成長したり動いたりするものすべてが内包する生気という意味での「生命原理」は言うまでもなくアリストテレス以来の生気論 vitalisme の系譜に属する。カルデックを特徴づけるのはこの「生命原理」への言及ではなく、ペリスプリという概念を提出したことにあるといえる。

人間の死、「霊世界」への回帰

人間が死ぬとどうなるか。

生命原理はその宇宙全体の源に吸収され、肉体は滅びる。だが、魂は霊となって存続し、それを取り巻くペリスプリも存続する。このペリスプリは霊が肉体を持って生きた世界の大気の影響を受けており、霊の生前の姿を留める（*Ibid.*, p. 72）。霊が地上をさまようとき、このペリスプリが霊のエーテル状の体となり、通常は目に見えないが、ときとして目に見えることがある。これが幽霊なのだ。また、霊自体も現実の存在であり、「場合によって視覚、聴覚、さらには触覚によって感知されうる」ものである（p. X）。

ここにもまた、人間が個人であるのと同じように、霊もまた個であるとするカルデックの考えが表れている。一個の霊が魂となって一個人に宿る、一対一の関係が成りたっているのである。人間が死ぬと、その肉体に宿っていた霊がペリスプリとともに「霊世界」に戻るのだが、なんと、このとき、彼よりも前に死んだ親兄弟や親しい人々が彼を迎えにやってくることがよくあるとされる。「地上にいるあいだ行方が分からなくなっていた人に再会する」こともある。「霊世界」の人々には再会することになり、「肉体世界」に留まる人々はこれを訪問することになる（p. 77, 150）。とくに日本のお盆にあたる十一月二日の「死者の日」（これは最近日本でも十月三十一日のハロウィンとの関連で話題にのぼることがある）には「彼を呼ぶ人々」のもとに「生前、人に知られた姿」（p. 159）で「霊たち」はやってくる。

ところで、「霊世界」に戻った霊は生前の個としての記憶を保つ。「出来事であれ、彼が考えたことであれ、どんな細かいことでも、霊は思い出すことができる。だが、必要がない場合には、霊は思い出すことをしない」（p. 154）。

さらに「霊世界」では霊は直前の生だけでなく、それ以前のすべての「転生」の記憶も取り戻す（p. XI）。「旅人が辿ってきた行程さながらに、これまでの過去のすべてが霊の前に展開する。ただし、すべての過去の行動をひとつ残らず思い出すというのではなく、現在の霊の置かれた状況に影響のあるものを思い出すのである」（p. 155）。

「霊世界」に留まっている状態の霊をカルデックは「さまよう霊」esprit errant と呼ぶ。「数時間から数十万年まで」(p. 118) どれほど「霊世界」にさまよってからかは霊によってまちまちだが、霊は早晩、地上に「転生」し、「転生した霊」esprit incarné となる。

地上に「転生」するといってもカルデックによれば、地球以外にあまたの天体が霊の「転生先」となる。「善悪の程度の違いはいろいろだが、地球上に転生したあらゆる霊が人類を形成する。我々の地球がもっとも遅れた世界のひとつであるから、地球上には良い霊よりも悪い霊のほうが多い。だから、地球にはこれほど多くの背徳行為が見られるのである」(p. 389)。

なかでも地球はずいぶんと劣った天体とみなされているようだが、「純粋さ」によって優劣のある様々な天体に霊は幾度となく「転生」を繰り返す。上級の天体に「転生」できる完成度に達しない霊は何度も同じ天体、場合によっては何度もこの地球に「転生」する (p. 84)。だが、その都度、異なる環境に置かれるから、霊は新しい経験をすることになり、各々の「転生」は決して無駄にはならない (p. 85)。

このように霊が「転生」を繰り返すことをカルデックはその教義の根幹とする。「あらゆる霊はみずからの完成をめざす。神は霊たちに肉体の生を送らせる試練によって、完成に近づく方法を与える。正義なる神は、霊たちが最初の試練でできなかった、あるいは成し遂げられなかったことを、新たな生において成し遂げる機会を与える。〔……〕転生の教義、すなわち、人間に何度も人生を繰り返させることを認める教義だけが、道徳的に劣る条件のもとに置かれた人間に対して神が行う正義を考えるとき、我々に唯一納得できるものである。この転生の教義だけが、我々に未来を納得させ、我々にしっかりとした希望をもたせてくれる唯一のものだ。それというのも、この教義だけが我々の過ちを新たな試練によってつぐなう方法を我々に与えるからだ。このことは理性がそれを我々に示し、霊たちがそれを我々に教えてくれている」(p. 83)。

「肉体世界」への「転生」を繰り返すたびに試練を経て、霊たちは「純化」され「完成」に近づく。「霊たちの歩みは常に先に進み、決して後退することはない。そのヒエラルキーのなかをしだいに上昇し、到達した階級から下がることは決してない」(p. 92)。

「霊」の階級

「我々人間の観点からすると途轍もなく長い時間を要する霊の進歩」(p. 91) であるから、霊の階級も実にニュアンスに富む。こうした霊の階級をカルデックは大きく「不完全霊」Esprits imparfaits「優良霊」bons Esprits「純粋霊」purs Esprits の三つの位階に分け、その各々をさらに細分化して、全部で十階級とする。これからすべての階級を微細に検証してみれば分かることだが、驚くほど日常レベルの道徳観に近い区分である。

いちばん下から始めると、第三位階の「不完全霊」の特徴は「物質性が霊性に勝っていること。悪に向かう性癖があること。無知、傲慢、エゴイズム、そして、これらに起因するあらゆる悪しき情念を持つこと」(p. 45) である。

「不完全霊」はさらに五つの階級に分かれる。最下位の「第十階級の不純霊」Esprits impurs は

「悪に向かう性癖があり、悪がこの階級の霊の関心事」となる。「この階級の霊が転生して宿った人間たちは、邪悪で堕落した情念が生み出すあらゆる悪、つまり、耽溺、残酷、欺瞞、偽善、強欲、極度の吝嗇に向かう傾向を持つ。彼らは往々にしてわけもなく、悪を犯す快楽のためだけに悪を犯し、善を嫌って、いつでもと言ってよいくらい、ことさら心正しい人々をひどい目に遭わせる」(pp. 47–48)。

「第九階級の軽薄霊」Esprits légers は「無知で、ずる賢く、軽率で、冷やかし好き」である。何が真実で正しいかということにはお構いなしで、なんにもで首を突っこむ。上級の霊の召使いになることが多い。

「第八階級の衒学霊」Esprits faux-savants は「かなり博識ではあるが、実際の知識以上に自分が知識を持っていると過信している」。彼らの言うことには「いくらか真実は含まれるが、きわめて愚かな誤り」もある。「うぬぼれ、傲慢、嫉妬、固執」といったものにとらえられている(pp. 48–49)。

「第七階級の中性霊」Esprits neutres は「善を行うほどには良くはなく、悪を行うほどには悪くはない」。善悪どちらにも同じくらい傾いている。

「第六階級の騒動霊」Esprits frappeurs et perturbateurs はひとつの階級を成すというよりも、「不完全霊」の五つの階級のどの霊も場合によってこれに当てはまる。音をたてたり、物体の異常な移動を引きおこしたりして、みずからの存在をアピールする。空気や水や火や地殻に働きかけて、天変地異を起こさせるのもこうした霊である(p. 49)。

第二位階の「優良霊」の特徴は「霊性が物質性に勝っていること。善を行う欲求を持っていること」(p. 50) である。霊としては善を行う気持ちを人に起こさせ、人を悪の道からそらせる。この霊が「転生」して宿った人間は「善の心」と「同胞に対する好意」に満ちており、「傲慢さにも、エゴイズムにも、野心にも駆りたてられることはなく、憎悪も、恨みも、羨望も、嫉妬も抱くことはない」。民間信仰で「守護霊」と呼ばれたり、古代ギリシア世界で「神々」と呼ばれたりしたのはこうした霊たちである。

この第二位階の霊はさらに四つの階級に分けられる。「第五階級の善意霊」Esprits bienveillants の特徴は「人間に善行を施したり、人間を守ったりすること」だが、まだ知的には完成されておらず、その知識には限界がある。「第四階級の知的霊」Esprits savants の特徴はその博覧強記ぶりである。道徳的な問題よりも学問的な問題に関心が高い。「第三階級の賢明霊」Esprits sages は「きわめて高いレベルの道徳的価値」をそのきわだった特徴とする。「無限の知識を持つには至らないが、人間と物事についての絶対に過つことのない判断を行うにふさわしい知的能力」を備える。「第二階級の高等霊」Esprits supérieurs は「博識と知恵と善の三つを一身に集め」、人間に知ることが許されるかぎりの、霊世界についてのもっとも正確な知識を人間に授ける (p. 51)。

この上に、第一位階にして第一階級の「純粋霊」がいる。「純粋霊」は物質の影響をまったく受けず、「ほかのレベルの霊に対して、知的にも道徳的にも絶対的な優位」を持つ。この、他の追随を許さない第一階級の「純粋霊」は「霊のあらゆる階級を辿り終え、物質の不純さのすべてを脱皮している。被造物に許された完成の頂点を極め、もはやいかなる試練を受ける必要も、いかなる贖罪をなす必要もなくなっている。肉体への転生はもはや必要なく、神の懐のなかで永遠の生命を全うする」のである。こうした「純粋霊」が一般に「天使とか、大天使とか、セラフィムとか」(p. 52) 呼ばれるものだ。この「至福の霊、純粋霊」(p. 82) は「永遠の幸福」(p. 74) のなかにいるが、何もしないでいるわけではない。労働に価値を置くカルデックにとっては、「永遠の無為の状態は永遠の拷問」なので、「純粋霊」は「純粋霊」なりの活動を持つとされる。「純粋霊」の活動は「神の命令を直接受けとめて、それを宇宙全体に伝え、それが実行されるように気を配る」(p. 258) ことである。

「神はすべての霊を分け隔てなく単純で、無知なものとして創造した」(p. 53)。つまり、あらゆる霊がみな平等に、劣った存在として創られ、いちばん下の階級から出発する。「転生」を繰り返し地上での試練を経るうちに、ひとつずつ階級を昇ってゆく。神の試練を素直に受けいれて努力する霊は早く「純粋霊」というゴールに達するが、なかなか素直に試練を受けいれない霊はゴールから遠くに留まる。すべては霊の個としての努力にかかっているのである。

というわけで、カルデシスムは霊の絶対的平等と自助努力の重要性を主張する。機会の平等と自己形成に重きを置く近代市民社会の教育学を反映しているのである。

「霊世界」に戻ると霊は親しい人々と再会すると書いたが、たとえ親しい人々に再会しても、個々の霊によって進歩の速度が違うのですぐに別れ別れになるという。また、霊が階級を上昇し、純粋になればなるほど、霊のまわりにあるペリスプリも物質の影響を脱して、いっそう希薄なエーテル状になる (p. 132)。

期間の長短はさまざまだが、「さまよう霊」として「霊世界」に留まったあと、霊は必ず人間に「転生」する。

「霊は常に自由意志を持つ。この自由意志によって、霊の状態では、霊は肉体世界の生においてどんな試練を受けるかを選択し、人間に転生した状態では、ある行為を行うか否かを決定し、善と悪のどちらかを選ぶのである。人間から自由意志を奪ったならば、機械と同じことになってしまう」(p. 188)。神が霊に自由意志を与えるのは「神が霊にその行動と行動の結果についての全責任を負わせる」(p. 137) からである。

霊が人間生活で試練を受けるためには、善と悪の判断を自分でしなければならない。そのためには、善と悪が事前に分かっていてはならない。そこで、「肉体生活に戻ったとき、さながら幕が降りてその目に見えなくするように、霊は一時的に以前のあらゆる生の記憶を失う」(p. 188)。こうして初めて人間はみずからの行動の主体となるのである。この点は、ユゴーが示す「輪廻」の諸形体における人間の特質にきわめて近い。すなわち、ユゴーにおいては、人間は前世の記憶を消されることにより、道徳的主体となり、自らの判断に従って善をも悪をも行いうる。そして、その責任を自ら引き受け、死後、褒賞を受けたり、刑罰を受けたりするのである。

ところが実際は、潜在的にはそれまでの「転生」の経験が無駄にならないようにもなっている。前の「転生」で習得したことについての記憶を人間は「直観」によって保持し、「この直観が霊の進歩を助ける」のである。「そうでなければ、毎回、ゼロからの出発になってしまう。前の転生で到達したところから今の生を始めるわけだ」。卓抜な計算の能力など、生まれつき驚くべき才能に恵まれた人がときどきいるが、それは「その人自身が意識しない、魂の前世での進歩のお蔭」である（p. 103）。

さて、霊が人間に「転生」するのはいつ、どのようにしてなのか。

霊が魂となって肉体と結びつくのは「受精のとき」なのだが、「この結びつきはまだ流動的」である。母親の胎内で赤ん坊が育つにしたがって結びつきは強固になっていき、赤ん坊がこの世に産声をあげる瞬間に決定的となる。妊娠中、結びつきが流動的といっても、受精のあとはほかの霊が割りこむことはできない。ただ、赤ん坊に宿った霊が恐れをなして、生まれてから受ける「自分が選んだ試練を回避したいと思うようになった」（p. 168）場合には、赤ん坊の肉体との関係を断つことができる。そうなると、赤ん坊は流産あるいは死産となる。霊は「転生」する赤ん坊を改めて選びなおす。また、霊に性の違いはないので、どの霊も人間に「転生」するとき、男性にも女性にも生まれかわる。

人間に子供の時代があるのは、子供の時代には人間はまわりの影響や感化を素直に受けいれ、それまで霊として持ちつづけてきた欠点を改めやすくなるからである。だからこそ、子供のしつけや教育にたずさわる者の役割は大きい（p. 178）とカルデックは力説する。

カルデックとペスタロッチ

カルデックのいう霊の運命をまとめてみよう。

霊はあの世とこの世、すなわち「霊界」と「肉体世界」とのあいだを行ったり来たりする。ふたつの世界をピストン運動しながら霊は、最下位である第三位階・第十階級の「不純霊」から、最上位である第一位階・第一階級の「純粋霊」まで徐々に階級を上がっていく。

こうした階級を決定する価値が「霊性」の「純度」である。「不純霊」の「不純」とは「霊性」の純度が低く「物質性」が高いことであり、「純粋霊」の「純粋」とは逆に「霊性」の純度が高く「物質性」が低いことである。「霊性」の純度は「善」の度合いであり、「物質性」は「悪」の度合いとされる。となると、「霊」の十階級を決定する第一の価値は善悪、つまり道徳性ということになる。悪の例としてカルデックは「耽溺、残酷、欺瞞、偽善、強欲、極度の吝嗇」を挙げていた。善はこの逆であり、つまるところ、カルデックのいう善悪は最初に指摘したように、一般常識の善悪となんら選ぶところがないと言える。

それではカルデックの主張の特徴は何か。「霊」の十階級を決定するもうひとつの価値を知性に置いていることである。第二位階・第三階級の「賢明霊」が「無限の知識を持つには至らないが人間と物事についての絶対に過つことのない判断を行うにふさわしい知的能力」を備えるとされ、最高位の第一位階・第一階級の「純粋霊」が道徳的だけでなく「知的にも絶対的な優位」を、他のレベルの「霊」に対して持つとされる所以である。(12)

道徳性と知性。それに、後述するが、職業技能。この三つが一個の人間のなかで調和的に発達するのが人間の自己形成であるとは、ペスタロッチの教育論の基本である。カルデックがあくまでも「霊」を個として捉え、その、個としての完成を志向するのも、ペスタロッチが道を開いた個人主義教育論にのっとっている。

ペスタロッチが『隠者の夕暮』（一七八〇）で展開した理論に「生活圏」というものがある。人間個人の生活を、個人を中心として同心円状に形成される、異なる環境との関係として構造化したものである。人間の内面世界があり、それを三つの外界の「生活圏」が取り囲む。第一の生活圏は「居間」の生活圏すなわち家庭。第二の生活圏は身近な生活環境としての「職業」の生活圏。そして第三の生活圏は、「居間」の父子の関係すなわち家父長的な人間関係を共同体にまで拡大した「国民」としての生活圏、「国家」である。こうした同心円構造の生活圏の中心、個人の内面世界の中心にペスタロッチは「内的感覚」inneren Sinnというものがあるとする。この「内的感覚」が人間の道徳の導き手であり、善悪を人間に示唆する「内的証言」である（『隠者の夕暮』一七八〇年、『ペスタロッチー全集』第一巻、一九五九年、三六九―三九二頁、虎竹正之『ペスタロッチー研究』一九九〇年、二八―二九頁）。

ペスタロッチ研究でも知られるナトルプとシュプランガーのふたりの見解を総合しながら、教育学者のオットー・ボルデマンはこうした「人間独自の道徳的意識」（ナトルプ）にだけペスタロッチが「神」を見ていたこと、「我々のうちに住む神こそ、ペスタロッチーの神であった」（シュプランガー）ことを示している。「子供たちが真の人間となりうるように、彼らのうちにある神的なものを引き出し、その成長を助けるという神から課された彼の使命のうちに、彼の宗教は存在する」

（シュプランガー『ペスタロッチー』一九八〇年、一〇一－一〇二頁）というのである。きわめて古典的な人間観だが、人間精神の根幹部分に「神」が宿っているとペスタロッチは考えるわけである。これをカルデックも踏襲して、「人間は神の法をその良心に抱きもっている」（*Le Livre des esprits*, p. 285）と述べている。そのうえ、この根幹部分の「神」はカルデックにおいては、魂となって人間に転生した霊の本質でもある。

地上では、そうした霊が「居間」の生活圏、「職業」の生活圏、「国家」の生活圏という三つの生活圏のなかで成長してゆくとなれば、ペスタロッチそのままだが、このうち「国家」の生活圏にはカルデックはあまり重きを置かない。もっとも、ペスタロッチにしてからが、「国家」の生活圏は「居間」の生活圏の父子関係を延長したものとしているのだから、いま我々が考える近代国家とは著しく異なり、人間から遊離した権力機構の側面は持ちあわせていない。したがって、カルデックにあっては、三つの生活圏が二つになっていても、それはペスタロッチの三つの生活圏が二つに集約されたもの、原理的にはかなり近いものと考えられなくもない。

この二つの生活圏を支配する規律として、カルデックが持ちだすのが、「労働の法」である。労働は生活の糧を得る手段であるだけでなく、「精神を向上させる方法」（p. 308）でもある。だから、「労働を怠れば、精神は未発達のままに留まってしまう」（同右）。これは「職業」の生活圏を指しているが、労働は「居間」の生活圏をも規定する。「親が子供のために働かなければならないのと同じように、自然の法は子供に親のために働くことを強制する。〔……〕同じ家庭の家族たちが互いに助けあうようにしむけるために、子が親を思う愛情と親が子を思う愛情を神は生まれながらの人間感情としたのだ」(p. 310)。

「国家」だけでなく、共同体あるいは社会というものに対するカルデックの認識自体は驚くほどナイーブである。「人間は誰ひとりとして能力をすべて完全に備えているわけではない。社会的な結びつきによって、人間は互いに他を補完しあい、お互いの充足を得て、進歩する。それゆえに、人間は互いに他を必要とし、ひとりひとりばらばらではなく、社会生活を営むようにできているのである」(p. 341)。

共同体の論理ではなく、人間ひとりひとりの結びつきが社会を成りたたせるとカルデックはするのだが、それゆえに社会の悪も個人の悪に還元されることになる。「正義の法を実行に移さない人間がきわめて多いこの世界においては、各人が報復に訴えて、社会の不安定と混乱を招いている」(p. 392)。

共同体や社会は個人の営みが行われる環境にすぎないのであって、それ自体固有の論理は持ちあわせていないわけである。

そうなると、人間を含めた社会全体を規定する論理は何か。

「自然の法」

カルデックによれば、それは「自然の法」である。社会は自然の側から、すなわち神の側から規定される。「自然の法は神の法であり、人間の幸福に役立つ唯一の真の法である。自然の法は人間がなすべきことと、してはならないことを人間に指し示す。自然の法を守らないときだけ人間は不幸になる」(p. 283)。

カルデックは「聖なる自然の法」(p. 283)として、「崇拝の法」「労働の法」「繁殖の法」「生命維持の法」「生命破壊の法」「社会生活の法」「進歩の法」「平等の法」「自由の法」「正義・愛・慈善の法」を挙げる。「崇拝の法」は、人間は神を崇めるものであるとする。「労働の法」は、人間は労働をするものであるとする。「繁殖の法」は、人間は子供をつくり、種族を繁殖させるものであるとする。「生命維持の法」は、人間は生きとし生けるものと同じように生命を維持していこうとするものであるとする。「生命破壊の法」は、繁殖とのあいだに均衡を保つため、また、人間が生まれ変わるために、人間の表層の肉体部分だけは死を免れないとする。「社会生活の法」は、すでに見たように、人間はひとりでは生きていけず、必ず社会生活を営むものであるとする。「進歩の法」は、人間は個人としても人類全体としても進歩するものであるとする。「平等の法」は、神はあらゆる「霊」を同じように平等に創り、あらゆる人間は神の前で、そして、死を前にして平等であるとする。さらに、貧富の差など、この世での不平等は神が人間に、ひいては「霊」に与える試練の違いにすぎないとする。「自由の法」は、これもすでに見たように、「霊」には自分がどんな肉体に宿ってどんな試練を受けるかを選ぶ自由があり、人間には善を行うか悪を行うかを選ぶ自由があるとする。「正義・愛・慈善の法」は、人間が正義を重んじ、同胞に対する愛と慈善の心を持つとする。

これら「自然の法」は、少し吟味してみると、「自由、平等、博愛」というフランス革命の理念を含み、これに、労働の尊重、進歩の思想を加えた、フランス革命以後の近代市民社会の論理をほぼそのままなぞったものであることが分かる。近代市民社会の重要なルールである私有財産の尊重にしても、「正義の法」の項でカルデックは「財産は労働がもたらす成果であり、労働の権利や生存の権利と同じくらい犯すべからざる自然の権利である」(p. 393) とこれを肯定している。

ここには産業社会の矛盾も階級対立の深刻さも影を落としてはいない。社会問題を度外視したまったく楽天的なところで、近代市民社会の市民寄りの基本ルールが「自然の法」として追認されているのである。そして、「自然の法」は神の定めた法であり、「この神の法は神自身がそうであるように、永遠であり、かつ不変である」(p. 283) と、「神」の側からの正当性に裏打ちされてもいるわけである。

3　実証主義的キリスト教

キリスト教の変革

一神教の神が定めた世界のシステムがあり、「霊界」と「肉体世界」の往復運動を繰り返して試練に耐えながら、そのシステムのなかで「霊」が道徳と知性の完成をめざして進歩していく。個としての人間の自己完成を、ペスタロッチは当然ながら一生のスパンで考えたが、カルデックは複数の生を貫く「霊」のキャリアとして捉えたのである。「最高善」を身につけるために人間の魂は不滅であることが要請されるとカントは『実践理性批判』(一七八八) で述べたが、カルデックはそれを「霊」の不滅という形で具体化している。

教育者であったペスタロッチが社会での人間のありようを考えたのに対して、カルデックは個人と超越的価値との関係、生と死を超えた超現実的な人間のありように思いをいたしたのであり、教育の世界以上に宗教の世界に入りこんでいたわけである。カトリック教会からすれば異端以外の何ものでもない新時代のキリスト教。カルデックはそれを、「霊界」との直接的な「通信」によって、新時代のパラダイムである実証性を確保しつつ志向したのである。

『霊の書』（一八五七）でスピリチスムの理論面を、『霊媒の書』（一八六一）でその実践面を詳述したあと、『スピリチスムによる福音書』（一八六四）でカルデックは『新約聖書』の書きかえを企図している。矛盾に満ちた言い方だが、実証的キリスト教とでも言うほかはない、新しい『新約聖書』解釈を誰はばかるところなく打ちだしているのである。前述のように、十九世紀は実証主義と科学主義、さらには近代国家の覇権を前にして、カトリック教会の影響力が急速に減退していった時代だが、そうした脱教会権力の時代ならではの、自由奔放なキリスト教の換骨奪胎といえる。

形式の面でも、『霊の書』は「霊界通信」の啓示をカルデックが解説する形を取り、『霊媒の書』はカルデック自身の論述の形を取っていたが、『スピリチスムによる福音書』は、「真実の霊」をはじめとするあまた霊たちの啓示を随所に援用しながらも、『新約聖書』のテキストに対する、スピリチスムの側からの新解釈と、カルデック自身の論考が主要部分を占めている。イエス・キリストの言葉を弟子たちがそれぞれ自分なりの視点で記述したのが『福音書』であるとするならば、まさにこの本は、「霊」の言葉をカルデックが自らのスピリチスムの視点で記述した、カルデック自身の福音書となっている。

『スピリチスムによる福音書』

カルデックは教会のドグマ論争に対する予防線を張ることからこの本を始める。『新約聖書』が記述するキリストの生涯に関わる事象をつぎの五つのカテゴリーに分ける。通常の人間と変わらないキリストの行為、キリストの起こした奇蹟、キリストがなした預言、教会のドグマを形成するうえで使われたキリストの言葉、そしてキリストが残した道徳的教訓の五つのカテゴリーである。

このうち前の四つは長い歴史のなかで論争の的となってきたが、五つ目の道徳的教訓だけは誰しも「たとえ不信心者でも敬意を払わないわけにはいかないもの」(p.9)である。この道徳的教訓の部分だけを「この本はもっぱら対象」とする。難解さゆえに、誰でも理解できるわけではないので、それをわかりやすく咀嚼することをめざすというのだ。

この本でカルデックがまず第一に企図するのはキリスト教およびキリストの相対化である。この相対化を行うためにカルデックは宇宙の理《ことわり》の絶対性を持ちだす。「偉大なる真実は永遠のものであり、これらの真実を高位の霊たちが地上にもたらしたのであるが、彼らは地上に来る前から、そうした真実を知っていたにちがいない」(*L'Évangile selon le spiritisme*, p. 26)。

カルデックに先立つこと百年以上前、十八世紀前半に「原初の啓示」という考え方が耳目を集めたことがあった。世界各地に散らばっていた宣教師たちから、各地の土着の宗教についての報告がヨーロッパにもたらされたが、そのそれぞれに多くの類似点が見られただけでなく、キリスト教の説話とも共通点があった。これだけ似ているからには、太古の昔、世界各地で同じ真実が地上に伝播されたにちがいない。つまり「原初の啓示」がなされたにちがいない。そして、むろん「原初の啓示」をもっともよく現在に伝えているのがキリスト教だ、というわけである（Albouy, *La Création mythologique chez Victor Hugo*, 1968, p. 36）。

キリスト教以外の宗教に真実があるとすること自体、教会の歴史からすれば画期的な逸脱で、十九世紀になって本格化するキリスト教の相対化の先駆けといえよう。カルデックはこれを一歩も二歩も先に進めて、キリスト教以前にも以後にも「真実」の啓示はあったのであり、キリスト教が「真実」の特権的な体現者ではないとする。キリスト教から完全に切り離されたところに「真実」はあり、それが「高位の霊たち」という直接的な情報媒体によって、地上に三度にわたって伝達されたと言明する。

ソクラテス、プラトン、それに、ふたりの同時代の偉大な哲学者たちは後世、キリストをその聖なる任務において手助けした使徒たちの仲間に加わったとも考えられる。それというのも、キリストの崇高な教えを理解する力が彼らにはほかの誰よりもあったからである。そして現在では彼らは、同じ真実を人間たちに教えに来る任務を帯びた霊の代表の一員になっているかもしれない。（*L'Évangile selon le spiritisme*, p. 26）

ソクラテス、プラトンの思想も、キリスト教も、スピリチスムも、同じ「偉大なる真実」を同じ「霊たち」が数度にわたって転生して地上に伝えたものであり、似ているのも道理だということになる。

ソクラテス、プラトン

カルデックはソクラテス、プラトンの「霊魂」観をどのように捉えていたのか。『スピリチスムによる福音書』のなかでこの点をつぎのようにコメントを交えながら要約している。ただし、ソクラテスが著作を残さず、その思想はプラトンら弟子の記述によってしか窺い知れないこともあって、カルデックはソクラテスとプラトンの「霊魂」観をひとまとまりにして語っている。出典は明示していないが、カルデックが参照しているのは主として『パイドロス』と『パイドン』である。

ソクラテスとプラトンによれば、人間は魂が転生したものだが、転生する前には魂は「真」「善」「美」のイデアと一体になっていた。転生するときに、これらのイデアから離れた。だから、魂は、転生以前を思い起こしては、転生以前の状態に戻りたいと希求するあまり、苦悶することがある、というのである（*Ibid.*, p. 22）。

このことから、ソクラテスとプラトンが人間の霊的な存在と物質的な存在を区別していたこと、魂は「霊的世界」から出て人間に転生し、肉体の死後は「霊的世界」に帰還すると考えていたことが分かり、「真」「善」「美」のイデアから魂が離れるとするところに、キリスト教でいう天使の失墜の萌芽がみられるとカルデックはする。

肉体の死後、徳高い人の魂とは違って、「不純な魂」は霊的世界に戻れず、重さがあるために物質世界に引き戻される。そうした魂は墓地などをさまよったあげく、肉体を得て生まれ変わるが、前世で好んでいたのと同じ生活習慣にまたどっぷりと浸かる。このようなソクラテスとプラトンの主張についてカルデックは、「不純な魂」が再び肉体を得て人間に転生することはスピリチスムと一致する見解だと論評する。だが、ソクラテスとプラトンでは、魂は前世と同じレベルの生を性懲りもなく繰り返すだけで進歩がないのに対して、スピリチスムでは、人間に転生した魂は「前世よりも短所を減じ、長所と洞察を増すのであって、この世の生の一回ごとに知性の面でも、道徳の面でも魂は進歩する」(p. 23) ことになる。この点で、ソクラテス、プラトンとスピリチスムは異なるとする。ただ、地上世界は別として、霊的世界では個々の魂によって純度の違いがあることはソクラテス、プラトンも理解していた (p. 24) とカルデックはニュアンスをつけている。

「神々」は人間とコミュニケーションをはかるのに、自ら直接コンタクトを取ることはせず、必ず「ダイモン」daïmon という媒介を使うとソクラテス、プラトンは言うが、「悪魔」démon の語源である、この「ダイモン」daïmon をカルデックはスピリチスムでいう「霊」esprit と同じ概念であるとする。さらに、ギリシアの多神教をキリスト教の一神教に組みいれるのに、カルデックは「霊」の階層を引きあいに出す。ギリシアでいう「神々」は「上位の霊たち」であり、「ダイモン」は「神々」のすぐ下に位置する「下位の霊たち」である。この「下位の霊たち」が人間と直接コミュニケーションを持つ。このようにカルデックは指摘する。

肉体の死とともに魂は肉体から離れて「他の世界」(p. 25) に赴くのであるが、このとき「起こりうる最大の不幸は、罪を背負ったままで赴くこと」である。「人に対して非道な行為を行うくらいならば、人の非道な行為の犠牲になったほうがましだというのは、どうにも揺がしようのない正しい考えだ」(*Ibid.*) と、牢獄に繋がれたソクラテスは弟子たちに言ってのけたという。無実の罪に陥れられたソクラテスの言葉だが、これを受けて、カルデックは魂が生前の悪をそのまま身に帯びて「霊界」に戻ることはスピリチスムが明らかにしており、また、「人に対して非道な行為を行うくらいならば、人の非道な行為の犠牲になったほうがましだ」という考えは「まったくキリスト教的」であるとする。なぜならば、それは「『もし、誰かがあなたの右の頬を打つなら、ほかの頬をも向けてやりなさい』[13]というキリストの教えと一致するからである」というのである。

「法」の系譜

なんとも大胆なことに、ソクラテス、プラトンを持ちだしてカルデックはキリスト教を相対化しているわけだが、さらに大胆なことに、モーセからキリストにいたる「法」の系譜に、自分自身のスピリチスムをつなげて、スピリチスムをその直系と位置づける[14]。

「神」は自らのスポークスマンを地上に三度遣わしたが、その第一のものがモーセであった。①「あなたはわたしのほかに、何ものをも神としてはならない」。②「あなたは自分のために刻んだ像を造ってはならない」。③「あなたは、あなたの神、主の名をみだりに唱えてはならない」。④「安息日を覚えて、これを聖とせよ」。⑤「あなたの父と母を敬え」。⑥「あなたは殺してはならない」。⑦「あなたは姦淫してはならない」。⑧「あなたは盗んではならない」。⑨「あなたは隣人について、偽証してはならない」。⑩「あなたは隣人の家をむさぼってはならない」(日本聖書協会訳)。以上のいわゆる「モーセの十戒」を引用したあとで、カルデックはこの十戒を「成就する、つまり、これを発展させ、これに正しい意味を与えて、人間の進歩の度合いに適合させる」

（*L'Evangile selon le spiritisme*, p. 30）ためにキリストは遣わされたとする。キリストはモーセにつぐ第二のスポークスマンである。

そして第三の「神」の啓示がスピリチスムである、とカルデックは主張する。

霊世界が確かに存在すること、そして、それがどのようなものか、さらに、霊世界と肉体世界との関係は何か。こうしたことをスピリスムは、反駁しようのない証拠によって人間たちに開示するべく登場した新しい科学である。〔……〕『旧約聖書』の法はモーセが体現し、『新約聖書』の法はキリストが体現した。スピリチスムは神の法の第三の啓示なのだ。（*Ibid*., p. 31）

キリストの述べ伝えた言葉の意味を人間たちが理解するためには、新しい考え方がその鍵を与えなければならなかった。そして、この新しい考え方が出現し発展するためには、科学の資するところがきわめて大であった。一言でいえば、「科学が進歩するための時間が必要だった」（p. 31）のである。三段階の発展を経て、現在、科学に裏打ちされた真実開示の時代が訪れているとする発想のパターンは、すでに見たオーギュスト・コントの「三状態の法則」に酷似している。

「科学と宗教というふたつの力が支えあい、互いに和して進み、助けあうことになるだろう。そのときこそ、宗教は科学から否定されることもなく、揺るぎない力を獲得することになるだろう。それというのも、そのとき、宗教は理性の賛成を得るのであり、事実をもとにした抗しがたい論理を敵に回すことがなくなるからである」（p. 32）。

「真実の霊」

スピリチスムの啓示は「霊世界の存在の全体を含みこむ集団的存在」がもたらすものであるとしながらも、カルデックは「真実の霊」という特権的な霊の存在を強調する。例えば、『ヨハネによる福音書』のなかでキリストはこう言っている。「わたしは父にお願いしよう。そうすれば、父は別に助け主を送って、いつまでもあなたがたと共におらせて下さるであろう。それは真理の御霊である」（第十四章十六―十七節、日本聖書協会訳）と。

こうした聖書の記述[15]を受けて、カルデックはモーセの十戒からキリストの教えへ、キリストの教えからスピリチスムへという「法」の系譜に、モーセからキリストへ、キリストから「真実の霊」へという「神」のスポークスマンの系譜を重ねる。

キリストは別の助け主を約束された。その助け主が「真実の霊」である。「真実の霊」がなんたるかを理解できるところまでは世界は成熟していないので、「真実の霊」の存在にまだまったく気がついていない。父である神が「真実の霊」をやがて遣わして、キリストが述べ伝えたことを想起させ、ありとあらゆることを教えるだろう。〔……〕時がいたれば、スピリチスムがキリストの約束を実現するために登場する。「真実の霊」がスピリチスムの確立のイニシアティブを取る。人間たちに再び法を遵守させる。喩え話の形でしかキリストが言わなかったことを分かるように説明しながら、あらゆることを教えるのだ。(p. 81)

つぎのような「真実の霊」の呼びかけを皮切りに、『スピリチスムによる福音書』でカルデックは「喩え話の形でしかキリストが言わなかったこと」を、「真実の霊」を筆頭にあまたの「霊」の言葉を通じて解釈しながら、自らの教理を展開してゆく。その「真実の霊」の呼びかけはつぎのようなものである。

「スピリットたちよ！(16)　互いに愛しあうようにせよ。これが第一の教えだ。勉学を積め。これが第二の教えだ。あらゆる真実はキリスト教のなかにある。キリスト教のなかに根づいた誤りはすべて人間に起因している。おまえたちが無だと信じてきた墓の彼方から、あまたの声がおまえたちに叫んでいる、『兄弟たちよ！　何も無に帰せられてはいないのだ。イエス・キリストは悪に打ち勝った。おまえたちは不信心に打ち勝つがよい』（「真実の霊」の言葉、パリにて、一八六〇年）」(p. 82)。

ここに見られる慈愛と勉学の勧めは、前述の「霊」の階級とその上昇を決定するふたつの価値、道徳性と知性の延長上にある。これに加えて、やはりすでに説明した「自然の法」の内容に、イエスの教えをカルデックは合体させる。そして、実際、「自分の信ずるところに従って、自分の心の琴線にいちばん響く祈り方で祈りなさい」(p. 258) という「霊たち」の教えを「スピリット」すなわち信者たちが実行できるように、宗教書としての配慮をこの本にしている。巻末に「普段の祈り」「自分自身のための祈り」「みんなのための祈り」「地上を去った者たちのための祈り」「病人や悪霊に憑かれた者のための祈り」と五つのカテゴリーに分類して、数十ページにわたって「霊たちが書き取らせた祈りの言葉」(p. 258) を収録している。例えば、「天にましますす父なる神よ、願わくば、御名の崇められんことを」と題する「祈り」では、「主よ、我ら、御身を信じん。この世にはひとつとして御身の全能と善を証さぬものとてなし。いずれも人間わざをはるかに超える、御身の知恵と深慮と先見。その表れたる世界の調和」(p. 260) という祈りの言葉がある。

『霊の書』では哲学的体系のレベルに留まっていたものを『スピリチスムによる福音書』ではカルデックは、『聖書』の教理との血脈によって宗教のレベルに発展させている。こうしてスピリチスムはモーセの十戒とキリストの教えを継ぐヨーロッパの「正統の宗教」を名乗ることになるのである。

「パリ心霊学会」は「学会」としての性格にも増して宗教団体としての性格を帯び、その集会は宗教儀式の色彩を濃厚にする。前述した『スピリチスムによる福音書』巻末の「祈禱集」では、集会の折に唱える「祈りの言葉」にかなりの紙幅がさいてある。「スピリチスムの集会の真っ只中には、イエス自身またはイエスの意を体した純粋霊たちが降臨している」(p. 264) からである。

こうなると、感覚による実証的把握を超えて超現実の介在を認めているのは明かなわけで、いかに執拗に教理の科学的根拠をカルデックたちが主張しようとも、彼らの活動は宗教行為以外の何ものでもなくなる。

「天国」・「煉獄」・「地獄」批判

『スピリチスムによる福音書』で『新約聖書』の見直しを行ったあと、カルデックは『天国と地獄』(一八六五)で、「天国」、「地獄」、「煉獄」といったキリスト教および異教の死後の世界を俎上に載せる。

くどいようだが、「霊」は「肉体世界」に何度も転生して試練を受けることにより、その道徳性と知性を磨き、十階級ある「霊」の階級を昇っていく。これが『霊の書』でカルデックが示した、「霊世界」と「肉体世界」を通しての「霊」の運命であった。

この「霊」の運命からして、「天国」はほぼスピリチスムでいうところの「霊世界」に当たる。「地獄」という概念は原始宗教の段階からすでに見られたが、これに残虐の限りをつくした肉体的・物理的拷問の精緻な描写をキリスト教はつけ加え、信者を恐れさせる装置としたとカルデックは考える。

「煉獄」については『新約聖書』に言及はなく、西暦五九三年になって初めてキリスト教会の定めるドグマとなった。「地獄に比べれば、合理的で、神の正義に適った教理」(*Le Ciel et l'enfer*, p. 63) であるとカルデックは評価するが、「煉獄」のある場所が教会のドグマとはまったく異なるとする。「煉獄は贖罪の世界のなかにある。そして、その贖罪の世界のひとつが地球」(*Ibid.*, p. 65) なのである。すなわち、「霊」が試練を受けに転生する「肉体世界」こそが「煉獄」だというのだ。カルデックによれば、「肉体世界」は宇宙のあまた天体に存在するのであって、地球はそのひとつ、しかもかなり程度の低いひとつにすぎないことは前述のとおりである。

さらに「永遠に続く刑罰」という教理があるが、イエス・キリスト自身は悔い改めることを勧め、贖罪を認めているのだから、これはイエスに発しているものではない。「永遠」は「神」にしか属さないものだが、「永遠なる神」は一方では「無限に善なる神」でもあるのだから、「永遠に続く刑罰」を容認するはずがない。よって、この「永遠に続く刑罰」という教理はまちがっているとカルデックはする。もうひとつ「来世に持ち越される刑罰」という教理があるが、これはスピリチスムの「霊」の運命からすると、次の世での「霊」の試練を意味する。

こうした「理論編」は『天国と地獄』というこの本の三分の一を占めるだけで、あとの三分の二は「実践編」となっている。「幸福な霊たち」「幸福でも不幸でもない霊たち」「苦悩する霊たち」「自殺者の霊たち」「悔い改めた罪人の霊たち」などといった項目に分けて、「霊界通信」で得られた「霊」たちの「証言」の実例が多数集められている。

4　旧約聖書の「創世」を修正する

『スピリチスムによる創世・奇蹟・予言』

『スピリチスムによる福音書』で『新約聖書』を見直しながら、同時にカルデックはスピリチスムをキリスト教の正統な継承者としたのであった。新しい時代のキリスト教である。スピリチスムは強い宗教性を帯びるにいたる。

だが、『スピリチスムによる創世・奇蹟・予言』*La Genèse, les miracles et les prédictions selon le spiritisme*（一八六八）では、カルデックは『旧約聖書』の「創世」にまつわる記述を、同時代の最先端の科学知識に照らして大きく修正している。「スピリチスムはそれ自体、科学なのだ」（『スピリチスムとは何か？』）とはすでに引用したカルデックの言葉である。宗教性を強くする方向のベクトルと、それとは逆の科学主義あるいは実証主義に向かうベクトルをカルデックは併せもっていた。このように考えるのは表面的な見方であって、本質的には、カルデックはあくまでも実証主義という時代のパラダイムの上に立脚し、科学が明らかにしたことだけに依拠しようとしていた。ただ、スピリチスムも他の科学と同じようにカルデックにとっては科学であったから（このことをカルデックは『霊の書』以来、事あるごとに執拗に繰り返している）、「霊世界」「霊」の転生、「霊」の降臨などスピリチスムが明らかにしたことも、たとえそれが今日我々の目から見れば科学とはほど遠いものであったとしても、「知」の対象としたわけである。

『スピリチスムによる創世・奇蹟・予言』においてカルデックは、『種の起源』（一八五九）によって一大センセーションを巻きおこしたダーウィニズムを明確な思想的背景とし、物理学、化学、天文学、地質学、生物学などの最新の学問成果を駆使して「創世」を説明している。キリスト教の殼を完全に突きやぶっているわけである。

カルデックはこう断言するところから始める。「自然の法に従って真の創世を構築するように科学は求められている」（*Ibid.*, p. 57）。さらに、「科学」によって自らが構築する「創世」をカルデックは、キリスト教の「空想的創世」に取って代わる「実証的創世」と呼んではばからない（*Ibid.*）。

カルデックによる「実証的創世」

まず、カルデックは創世をふたつに分けて考えなければならないとする。第一は「物質世界の成り立ちの歴史」であり、第二は「肉体原理と精神的・霊的原理の両者を包括する人間の成り立ちの歴史」（*Ibid.*, p. 59）である。科学はこれまで「物質を規定する法則」しか研究してこなかった。人間についても、その表層の肉体についてしか研究していない。人間の精神性や霊性についてはもっぱら哲学が探求してきたが、多くの互いに矛盾する体系を作りあげてきたにすぎなかった。思弁的ないしは理論的な探究に終始していたからそうなったのである。スピリチスムが登場して初めて、「精神的・霊的原理の研究は実験・観察に完全に根拠を置くようになった。霊媒の能力が今日では強化されると同時に、とくに一般に広まり、その研究も進んだ。霊能力の進展のおかげで、我々は今日、観察のための新しい道具を手に入れたのだ。霊媒の能力は、霊的世界の研究にあっては、天体の研究における望遠鏡、微生物の研究における顕微鏡の役割を演じるにいたっている」（p. 61）。

こうして霊界通信によって霊界から「科学的に」得られた情報をカルデックはスピリチスムの「創世」とする。これから述べる天体の創造に関する部分までは、一八六二年から六三年にかけてガリレオ・ガリレイの「霊」が「パリ心霊学会」において書き取らせた「宇宙論研究」と題する一連の通信をそのまま抜粋したものであるという（p. 68）。

まず最初にガリレイの「霊」は時間と空間は無限であるとする。仮に地球に「創世」すなわち時間の始まりがあったとしても、あるいは、地球に時間の終わりがあるとしても、無限の広がりには無数の天体・世界があり、それらの数だけ、異なる時間がある。これら有限の時間の数限りない総和と等価値となり、無限の広がりを満たすものとしては永遠のみがある（p. 70）。無限で永遠なる神は無限で永遠なる時間と空間を創ったのである。

宇宙を構成する物質は無限ともいえる多様性に富んでいるが、その基はただひとつの重さのない

「流体」fluide であり、それは宇宙論者たちがいうところの「宇宙物質」matière cosmique（p. 72）である。この「世界と森羅万象を構成する流体、エーテルあるいは宇宙物質とも呼ばれる流体」には、物質の生成と変化を司る力、そして「世界を支配する不変で必然の法則」が内在している。これが取るさまざまな形が「地上では、重力、凝集力、引力、磁力、動電気と呼ばれるもの」（p. 73）となる。

前章で少し触れたが、ここでカルデックが持ちだす「エーテル」éther はギリシアの自然観にまでさかのぼる古くて新しい概念といえる。ギリシアの自然観は真空を認めず、天体のあいだにはある種の物質が充満していると考えた。この物質が「エーテル」である。ニュートン力学もこれを否定しえず、とくに光の波動の媒体としては、カルデックの生きた十九世紀でさえも、実体を備えた物質と認識されていた。

このような「エーテル」の概念を、カルデックは神が創造した「エーテルあるいは宇宙物質とも呼ばれる流体」とした。この「流体」こそが宇宙の法則になっただけでなく、天体そして動物・植物・鉱物（地球以外にも生物はいるとカルデックはするのだから、まったく未知の宇宙存在も含めて）といった森羅万象となったのである。そうした森羅万象の生成の際に、「自然界のありとあらゆる営みは神の意志の表れなのだから、神が常に創造してきたのであり、絶え間なく創造しているのであり、これからも常に創造し続ける」（p. 77）のである。

神のプログラミングに従って、まず、天体はどのようにしてできたのか。

宇宙のある一点で、「エーテルあるいは宇宙物質とも呼ばれる流体」が凝集して巨大な星雲を形づくる。星雲の回転力から星雲に求心力と遠心力が働く。回転が極端に速くなると、遠心力が求心力に勝り、星雲の赤道の線に沿って、星雲の一部が星雲から離れる。この星雲の一部はもとの星雲の影響を受けつづけるが、同時に、みずからの中心をもって自転を始める。新しい天体を生みだした星雲は、冷えて恒星になるには時間を要し、長いあいだ熱と運動を保ちつづけて、次々と何百もの新しい天体を生みだしていく。こうしてできた惑星のうちのひとつが地球だ。地球を生みだした星雲は恒星となり、太陽となった。地球は、冷えこんで固い地殻を持つ前に、みずからが太陽からできたのと同じような経緯で、月を生みだした（pp. 78-81）。これと同じことが宇宙のいたる所で起こったとしている。

時がいたると、あらゆる天体は生命体と同じように死を迎える。消滅して、もとの「エーテル」の集合に戻り、そのことによって、新たな天体の誕生を準備する。こうして、宇宙の天体は次から次へと生まれ変わりつづけるというのである。

このような天文学的思考による、太陽と地球の誕生をカルデックは『旧約聖書』「創世記」冒頭の天地創造第一日目の天と地と光の創造に対応するものとしている。以下、「冷えて地球の表面が固まり、太陽光線を通さない熱した厚い大気が地球を覆い、大気中に浮遊する固体粒子と水が混じりあう時期」を第二日目の「神が大空を創って大空の上と下の水を分けた」ことに、「水が地球の全表面を覆い、水による堆積物が溜まり始め、〔……〕霧状の大気を太陽光線が通り、もっとも下等な生物が生じ、さらに、地衣類、蘚類、シダ植物、ヒカゲノカズラ科のシダ植物、草本植物、巨大植物が生じ、海綿動物・腔腸動物・棘皮動物の類、甲殻類などの最初の海洋動物が現れた

〔……〕時期」（現在行われる地質時代の区分に照らすと、四十億年前、さらには、二十五億年前から六億年前くらいにかけての先カンブリア時代・原生代、加えて、六億年前から三―四億年前くらいにかけての顕生累代・古生代前半までにほぼ当たるか）を第三日目の海と陸、植物の創造に、「地球の表面に起伏が少なく、海も浅く、大気の熱がいくらか収まり、水によって石灰がかなり溜まり、〔……〕木本植物、最初の樹木、魚類〔……〕貝類、水生および両生の大爬虫類が現れた〔……〕時期」（地質時代の区分では、三―四億年前から二億五千万年前の古生代後半までにほぼ当たるか）を第四日目の太陽、月、星の創造に、「地表が大きく隆起し、諸大陸が生まれ、水が低いところに引いて海が生まれ、大気は清浄になり、太陽の熱を受けて気温は現在と同じになって、恐竜、現在と同じ動植物、鳥が出現した時期」（二億五千万年前から六千五百万年前の中生代にほぼ当たるか）を第五日目の魚と鳥の創造に、「沖積土による陸地ができ、現在と同じ動植物がいて、人間が出現した時期」（六千五百万年以降の新生代にほぼ当たるか）を第六日目の地上の動物、人間の創造に「厳密でない」にしてもそれぞれ対応するものとしている（p. 160）。

人間の創造

化学が明かにしているように、無生物である鉱物も、生物である動植物も「酸素、水素、窒素、炭素、塩素、ヨード、フッ素、硫黄、燐に加えてすべての金属」（p. 128）といった同じ成分から成っている。違いはその組み合わせの比率だけである。だが、それはもっぱら物質的な面についてのみ言えることであって、生物の内部には、化学さえも明らかにしていない「生命原理」なるもの、

「光、火、熱、電気に姿を変えるのと同じように、普遍的な宇宙物質が姿を変えたと一応考えられる生命原理」(p. 132) なるものがある。生命原理は「動物電気」とも呼ばれ、物質と結びつくことによって物質に命を与えるものである。

では、このような「生命原理」によって他の無生物と区別される生物はどのようにして発生したのか。

もっとも原始的な下等動植物については、カルデックは「ありうべき仮説」(p. 134) として自然発生説をほぼ認める。だが、多少とも高等な動植物については、「最終的に正しいと認められるところまでは行っていないにしても、今日、もっとも合理的であると真摯な観察者たちが認め、科学の領域で支配的になりつつある」(p. 135) 進化論に与する。「気候の条件が適切になるに従って下等の動植物がしだいに変化していった結果、高等な種が生まれたという」(p. 135) ことである。「生物の連鎖を一歩一歩辿っていくと、種の一つ一つはその一段階下の種から変化し、進化したものであろう」(p. 136) し、「人間にしても、肉体面からすれば、地球上の動物連鎖の最終形態にすぎない」(*Ibid.*) と認めなければならない。ただし、「自然界のありとあらゆる営みは神の意志の表れ」であることからすれば、進化のあらゆる過程もやはり神の事前のプログラミングの結果に変わりはない。

こうした物質・肉体レベルの「創世」についてまでは「スピリチスムは物質主義といっしょに道を歩んできた」が、スピリチスムは物質主義と袂を分かってさらに先を行き、「精神的・霊的創世の領域にまで探査を進める」(p. 137) とする。

ここでカルデックは、動植物に生命を与える「生命原理」が「本来、物質に属する」のに対して、「精神的・霊的原理」principe spirituel は「本質的に心霊に属する」(p. 139) のであって、両者はまったく別物という具合に、精神と肉体の二元論を全面に押しだす。「生命原理」が「普遍的な宇宙物質」の変形とカルデックがすることは前述したが、「精神的・霊的原理」はそもそも物質ではないのだから、「宇宙物質」を起源とはしない。

では、その起源は何か。

「はるか昔に物質世界を創るのと同時に、神が精神的・霊的存在を創った」(p. 140) とカルデックは述べる。つまり、「精神的・霊的原理」の起源は神だとするのである。神によって平等に創られた「霊」は「肉体に包まれ、肉体を道具として」(p. 141) 地上での試練に立ち向かい、その成果に応じて階級を昇っていく。というふうにカルデックは続けるわけだが、これが、すでに見た『霊の書』の「霊の階級と進歩」を繰りかえしていることは明白である。

カルデックの死とスピリチスムのその後

『スピリチスムによる創世・奇跡・予言』がカルデックの最後の著書となった。この本を一八六八年に出版したあと、翌一八六九年三月三十一日にカルデックは急逝した。これに先立つ三年ほど前から、長年の心身の酷使が災いして健康を害していたが、死因は直接には動脈瘤の破裂であった。

死期が近いことを悟ったカルデックは「遺言」をしたためて、リーダー亡きあとの「心霊学会」の組織と運営を事細かに規定した。「心霊学会」はもはや「誰かひとりが権威をもって背負って立つのではなく、学会全体の利益をはかる集団的運営」（Moreil, *Allan Kardec, sa vie et son œuvre*, p. 150）に委ねられるべきである。そこで「学会」の執行機関として「五人ないし六人の委員」より成る「中央委員会」を置く。また、『心霊誌』とカルデックの著作を販売しつづけることで「学会」の経済的基盤を確保するために、「資本金四万フランの株式会社」（当時の四万フランは今の日本円で四千万円相当）を設立する。このほか、カルデックの「遺言」は詳細をきわめ、その周到ぶりには舌を巻く。

死後数日して、葬儀が執り行われた。カルデックの最晩年の住まいはパリの中心部サン＝タンヌ通りにあった。それはサン＝タンヌ通りから目と鼻の先、パレ・ロワイヤルのヴァロワ回廊にパリ心霊学会があったからでもあった。なんとも奇妙な偶然から、百数十年後に日本人街の中心になった通りにカルデックは居を構えていたのである。サン＝タンヌ通りを出たカルデックの棺はパリの街路をひたすら北上して、モンマルトル墓地に向かった。後述する天文学者のカミーユ・フラマリヨンをはじめ生前親交のあった人々、そして、何よりも「学会員」たちを含めて総勢千人から千二百人が葬列に加わったとされている。

当然と言えば当然だが、この葬儀が「純粋に無宗教」（p. 151）で行われたとされることはその重要さをいくら強調しても強調しすぎることではない。フランスにおいて「宗教」とはカトリック（あるいは一部にはプロテスタント）を意味するから、「無宗教」とはそれらいかなるキリスト教の宗派の介入も認めないということである。すなわち、徹底してカルデックはキリスト教の来世を拒否し、自身の宗教の来世のみを絶対視して、それに思いを託したのであった。

カルデックの死後、その遺言を守って「心霊学会」は集団指導体制を採り、『心霊誌』も含めて今日でもなおフランスで存続している。第二次世界大戦中の一九四三年の時点で、精神医学者のフィリップ・アンコースは「心霊の問題に関心を寄せるスピリチストの数をフランス国内だけで六十万人と見積もっている」(Castellan, *Le Spiritisme*, p. 87)。カルデックの全著作についても、『祈禱集』までもがヴェルメ社、デルヴィ社、ディフュージヨン・シアンティフィック社などから現在でも刊行されている。

そして、何よりも、彼の「学説」カルデシスムは一八七〇年ごろブラジルに飛び火して、一挙に海の向こうで燃えあがった。いまでもブラジルではカルデシスムは民間に根強い信仰と人気を維持し、数百万人オーダーの信奉者がいるとされている。一九五七年には『霊の書』出版百年を記念して、アラン・カルデックの肖像を配した切手がブラジルで発行されている(*Allan Kardec, sa vie, son œuvre*, p. 214)。

西欧以外のあらゆる国で近代化は西欧化の同義語であり、ブラジルもまた例外ではなかった。キリスト教のヘゲモニーが弱まった西欧近代にあって、それに替わる基本的なパラダイムである実証主義と科学主義にのっとり、自由と平等と自助努力に依拠した西欧近代の人間のありようを死後の世界にまでも延長して追求したのがカルデシスムであった。資本の解放に伴う一八五〇年代の急激な経済発展によってブラジルは近代化に邁進する。その際、近代化の裏打ちとなる新たな価値観と信念をカルデシスムが人々に与え得た結果、カルデシスムが隆盛を見たのであろうことは想像に難くない。

第四章　科学のフロンティアを拓く
――天文学者カミーユ・フラマリオンと「心霊科学」

1　カルデシスムからの出発

フラマリヨンの方法論

カミーユ・フラマリヨン（一八四二―一九二五）にとって「心霊科学」は科学のフロンティアそのものであった。科学が未知なる現象に果敢に挑戦し、それを解明して、科学の側に取りこむ。その最先端が「心霊科学」であるとフラマリヨンは位置づけた。

「現実についての我々のあらゆる認識が必然的に相対的ならざるをえないことを最もよく示すのが天文学である」(Comte, *Discours sur l'esprit positif*, 1844, p. 21）とはオーギュスト・コントの指摘である。まさに、このような天文学に携わっていたからこそ、フラマリヨンは、科学がいかに未発達か、科学の解明がまだ及ばない先にいかに多くの事実が隠されているかを直観できた。「神が創造した森羅万象は過去においても、未来においても、事実であり、論理的であり、合理的であり、生気に満ち、調和的であり、永遠であると思いたい」(Flammarion, *Clairs de Lune*, 1894, p. 80）とエッセー集『月明かり』でフラマリヨンは述べている。見えない世界も含めた宇宙全体の完き論理性と合理性の事実を明らかにすることが科学の使命だと彼は感じていたのである。この背景には、神の創造の完き整合性というキリスト教世界観の根強い信念があることは論を俟たない。

未知なる科学の確立に挑むフラマリヨンはつぎのような方法を採った。それはまず「霊能力者」を対象としたあたう限り客観的、かつ厳密な実験をすることであった。そして、数千に及ぶ徹底した「心霊現象」の事例を収集し、それについて量的・質的両面での精緻きわまりない分類と分析をすることであった。この後者については、のちに、「超心理学」なる学問分野が一九四〇年ごろにアメリカで創設され、現在では欧米諸国の大学において独立した研究部門を成して、アカデミズムに確固たる地位を築いているが、フラマリヨンの方法はこうした「超心理学」が採用することになる方法にも重なるものであった(1)。

このように科学のフロンティアとして「心霊科学」を位置づけるに至るはるか以前に、フラマリヨンはいわばカルデシスム時代とでも言いうる時期を経ている。科学者として円熟期に達した壮年のフラマリヨンは自らの若年のカルデシスムへの心酔を激しく否定する。この否定を待って初めて彼は「心霊科学」の研究者として自己確立を果たすことになるのだが、こうした断絶が起こる以前のフラマリヨンのキャリアをまず検証してみよう。

カトリック信仰からの脱却

カミーユ・フラマリヨンは、これまでに扱ったユゴーやカルデックからすれば、一世代ないし二世代あとの人物ということになる。だが、ユゴーともカルデックとも奇妙な因縁で結ばれている。

まず、ユゴーとは誕生日が同じで、ユゴーが生まれたちょうど四十年後の二月二十六日にフラマリヨンは生まれている。「天体についての知的探求と無限の世界についての瞑想のなかにユゴーは生きた」（*Ibid.*, p. 189）で始まる、そのユゴーについてのエッセーは、彼がいかにユゴーの詩作品を愛読し、いかに「天文詩人」としてのユゴーに傾倒していたかを表している。

のみならず、ユゴーの側もフラマリヨンの仕事に早くから興味を示していた事実がある。一八六二年、フラマリヨンは彼の最初の天文学の著書『生物が住む多様な世界』を刊行し、その一冊をユゴーに献呈した。当時、亡命中のユゴーは、降霊術を行ったジャージー島をあとに、同じく英仏海峡に浮かぶガーンジー島に移り住んでいた。このガーンジー島から、フラマリヨンのもとにユゴーの礼状が届いたのである。若きフラマリヨンがどれほど欣喜雀躍したか。それは、五十年も経って出版した『ある天文学者の回想録』（一九一二）にこの一八六二年十二月十七日付けのユゴーの手紙をフラマリヨンがわざわざ引用していることからも明らかである。つぎのような励ましの言葉を若きフラマリヨンはユゴーから贈られていたのだ。

「あなたが扱っておられる内容はこれまで私の心を片時も離れなかったことです。亡命が、大洋と蒼穹という二つの無限のただ中に私を置いてくれたおかげで、そうしたことに対する私の思いはいっそう募りました……。あなたのような精神の持ち主に対して私がたいそう親近感を覚える所以です。あなたのなさっているご探究は私自身のしている探究と同じです。そうです、お互いに無限を深く掘り進もうではありませんか。それこそが、魂の翼に思うさま本領を発揮させることなのです」(*Mémoires d'un astronome*, 1911, p. 217)。

これに加えて、ユゴーが亡命から帰還してのちはパリでフラマリヨンは「ユゴーと親交を結んだ」と述懐している(*Ibid.*)。

また、ユゴーが生前ひた隠しに隠していたその「霊界通信」への熱中ぶりについてもフラマリヨンは知っていた。前述の『ある天文学者の回想録』のみならず『未知なる自然の力』でも、「ヴィクトル・ユゴー、ジラルダン夫人が受けた口述筆記、霊媒を使っての交信」(*Les Forces naturelles inconnues*, 1907, p. 88)を問題にしている。

また、カルデックとはフラマリヨンは、あとで詳述するように実際に出会い、その強い感化を受けている。

こうしてフラマリヨンはユゴーともカルデックとも因縁浅からぬ間柄だが、ユゴーやカルデックの人生と比べてフラマリヨンの人生が決定的に違うのは、その始まりの幼少期においてフラマリヨンが徹底したカトリック教育を受けた点である。まず第一に母親が敬虔なカトリック信者であったことから、生まれたときから厳格なカトリックの家庭環境で育てられた。そして第二に、十二歳のときに父親が事業に失敗して破産したために、土地の主任司祭の仲介によって、カトリック教会の援助を得て、中等神学校で二年間教育を受けた。学費の免除と引き替えに、聖歌隊への所属が義務づけられ、大聖堂での宗教儀式の下働きに明け暮れた。将来、聖職者になることを強制されはしなかったが、カトリックの宗教色にすっかり染められた少年時代を送ったことになる。

すでに産業革命を経て、市民社会に突入していた(そして、オーギュスト・コントの『実証哲学講義』が世に現れようとしていた）当時、もはや、カトリックの教理も教育も人々の精神世界に対する影響力を失いはじめていたと言えよう。これほどまでに徹底したカトリック教育を受けながら、あるいは、受けたがために、フラマリヨンは実に早くからキリスト教の世界観を冷徹に分析し、否定していくようになる。その分析のメスとなったのが、彼が幼少期から興味を抱いていた天文学であった。

当時のカトリックの教育は当然ながら、コント言うところの「神学的状態」に留まっていた。つまり、創世の物語をはじめ超現実の聖書の記述を何から何まで事実として受けいれさせようとしていたのであった。これを少年時代の二年間集中的に叩きこまれていたフラマリヨンは、天文学がその虚偽をいともたやすく暴くのを見て、カトリックの教理に対し、誰にも増して強い反撥を覚えたのであった。

「キリスト教の教えが正しいかどうか、私に考えざるをえなくさせた最初の事実は太陽系における地球の位置づけであった。キリスト教の宇宙観全体が、地球が中心で、他の天体はすべて地球の周りを回っているという天動説の古くさい世界観に基礎を置いていた〔……〕。被造物全体が人間のためにあり、人間の周りを回っている。人間こそが宇宙の存在の中心であり、宇宙が存在する目的である。このような地球中心かつ人間中心の構造がキリスト教という建築の実質的な基盤である。〔……〕ところが、その考え方そのものが間違いなのである。そこにあるのは、我々人間の知覚と無知と傲慢から因ってくる幻想にすぎない」（*Mémoires d'un astronome*, pp. 169-170）。

こうした「天文学の研究から論理的に導き出される結果」として、「十八歳で私はイエス・キリストの聖性、キリスト教の秘蹟、カトリック教会の教理全体を成り立たせているものを信じることを止めたのだった」(*Ibid.*, pp. 183-184)。

カルデックの「学会」に入会する

フラマリヨンといえば、十九世紀フランスを代表する天文学者のひとりで、講演や著作を通じて天文学の一般への普及に務めるとともに、みずから天文台を造営し、フランス天文協会を設立して、多くの優秀な天文学者を育てたことで知られている。フラマリヨンについての伝記では当然ながら、最近までは、天文学者としての面がもっぱら強調されて、彼が「心霊科学」に熱心だった事実は隠蔽される傾向にあった。しかし実際はフラマリヨンは「心霊科学」にかなり早くからコミットしていたのであり、それはまさにカトリック信仰からの脱却の翌年であった。

その最大の契機がカルデックとの出会いだが、この点については例えば『未知なる自然の力』(一九〇七)のなかでフラマリヨン自身が回想している。一八六一年十一月のこと、パリ天文台の職員をしていた十九歳のフラマリヨンは、オデオンの回廊にある書店で偶然カルデックの『霊の書』に目をとめた。買いもとめて、一気に読破した。「当時、私は『生物が住む多様な世界』を執筆中であったが、この著作で科学の基本として私が示した考え方と共通の考え方が『霊の書』の複数の章に開陳されているように思えた」(*Les Forces naturelles inconnues*, p. 43) とフラマリヨンは語っている。

このように共感を覚えたフラマリヨンは、『霊の書』に住所の記載されていた「パリ心霊学会」

にカルデックを訪ねた。そして、カルデックの勧めに応じて、一八六一年十一月十五日、「自由会員」ながら「パリ心霊学会」の会員になった。

「パリ心霊学会／〔……〕／自由会員　会員証／C・フラマリヨン殿／イタリヤン大通り十三番地在住／一八六一年十一月十五日入会／会長アラン・カルデック」とカルデックの署名入りの会員証がフラマリヨンの手許に残っている。

重要なのは、フラマリヨン自身が「パリ心霊学会」入会の一八六一年十一月十五日について「この日付をもって、私の心霊研究が始まった」(*Ibid.*, p. 43) としていることである。その後、フラマリヨンは「パリ心霊学会」で毎週金曜日夜に行われる「霊界通信」にほとんど欠かさず参加し、かなり積極的に記録係、そして霊媒を務めた。

カルデックの章で、カルデックが「霊界通信」に用いたのはもっぱら霊媒が手に持った筆記用具で直接文字を書く「直接的サイコグラフィー」という方法であると書いたが、このことはフラマリヨンの証言でも裏づけられる。「学会の会長が『良き霊』を呼びだすことから、会は始まった。基本的には、見えない霊がそこに来て、言葉を伝えるとされていた。こうやって霊を呼びだしたあと、大テーブルの周りに座った一定数の人間たちに霊感に身を任せ、筆記することが求められた。その者たちは『霊媒筆記者』とされていた。そのあと、耳をそばだてる参加者全員の前で書き取った文章が読みあげられるのだった。回ったり、動いたり、話したりするテーブル・ターニングの類は一度として試みられたことはなかった。テーブル・ターニングなどには何の価値もない、と会長のアラン・カルデックが明言していたからだ」(*Ibid.*, p. 44)。

『スピリチスムによる創世・奇蹟・予言』（一八六八）でカルデックが説く「実証的創世」のうちで、天体の創造にかかわる部分までは、「一八六二年から六三年にかけてガリレオ・ガリレイが『パリ心霊学会』において書き取らせた『宇宙論研究』と題する一連の通信をそのまま抜粋したものである」とされていた（Kardec, *La Genèse, les miracles et les prédictions selon le spiritisme*, p. 68）。これは前章で指摘したとおりだが、そのガリレイの霊を呼びだすとき、二年以上も霊媒を務めつづけたのは、実はほかならぬ、この若きフラマリヨンであった。その証拠として上記の断り書きのあと「霊媒はM.C.F...」（*Ibid.*）という記載がある。M.C.F...はいうまでもなく、Monsieur Camille Flammarion（カミーユ・フラマリヨン氏）のイニシャルである。

カルデシスムとの決別

最初の天文学の著書『生物が住む多様な世界』をフラマリヨンが刊行したのは一八六二年だが、この年から翌年にかけて、それまでに自分が参加した「霊界通信」の記録を、二巻に分けて出版している。タイトルは『彼方の世界に住む者たち』であった。タイトルの類似からしても、刊行年からしても、フラマリヨンのなかで、天文学と「心霊科学」は、同じくらい重要な研究対象としてパラレルな関係をもっていたといえる。フラマリヨンの「霊界通信」に登場する人物は——ユゴーの「霊界通信」でも見たように、フランスの場合、往々にしてそうなるのだが——使徒パウロ、聖アウグスティヌス、ソクラテス、ゼノン、ゾロアスター、クリストフ・コロンブスなど、有名人のオンパレードであった。なかでも、天文学の殉教者ともいえるガリレオ・ガリレイが頻繁に登場し、重要な啓示を行ったことは前述のとおりである。

一八六五年、アメリカからやってきたダヴェンポート兄弟の超能力〔物体のトランスポーテーション〕について、『未知なる自然の力』[2]と題する本を出版するが、このときは、フラマリヨンは、エルメス[3]というペン・ネームを用いた。超能力を「自然の力」としたことは、超能力もまた、他の自然現象とまったく同じように、科学が解き明かすことができる、あるいは、近い将来解き明かすべき対象だ、というフラマリヨンの信念の表れであると見ることができる。ペン・ネームを使いだしたこのころから、自身が「心霊科学」の研究者でもあることを、フラマリヨンは世の中から隠蔽しようとする。一八六九年、アラン・カルデックの葬儀に際して、その墓前でフラマリヨンは弔辞を読むが、内容は科学者としての自身の立場を最大限に強調したものであった。

スピリチスムは宗教ではありません。科学です。それも、かろうじて初歩が確立したばかりの科学です。教会のドグマの時代は終わりました。自然というものが宇宙全体を包括するようになっています。神自体も、かつては人間の姿に合わせて思い描かれたものでしたが、現代の形而上学からすれば、自然のなかにある一つの霊的なものにほかなりません。超自然は存在しないのです。霊媒を介して得られる現象は、メスメリスムや催眠によって得られる現象と同じように、自然現象であり、事実の観察に基づいた厳密な検証を受けなければなりません。奇跡などというものはないのです。これまでにない科学が生まれる、その誕生に私たちは立ち会っています。この新しい心理現象の実証的研究が人間の知の世界にどのような成果をもたらすか、いったい誰が予測しえましょうか！（*Les Forces naturelles inconnues*, pp. 51-52）

世界のすべてを、科学が対象としうる「自然」として捉えることで、宗教の視点をフラマリヨンは排除している。カトリック教会のドグマをも時代遅れとするのだから、もはや、宗教に替わる「科学信仰」一辺倒の領域に突入しているといわなければならない。これをわざわざカルデックの葬儀の弔辞で述べたことは、まずもって、過去に自身が信奉したカルデシスムとの決別の表明ということにもなるだろう。

2　宗教の支配から科学の支配へ

アンチ＝カトリック教会の立場

これ以降、約三十年のあいだ、心霊研究者フラマリヨンにとって空白の時代が続く。フラマリヨンは三十年間もっぱら天文学者として活動するが、それはまことに驚嘆に値する八面六臂の活躍であったといわなければならない。

一八七〇年の普仏戦争、一八七一年のパリ・コミューヌと、フランス社会を揺るがす動乱の二年が過ぎると、一八七二年には『天文の歴史』を刊行するとともに、ベルギーへ講演旅行に出かけている。この年から翌年にかけては今度はイタリアへ、そして一八七五年には国内ながらブルゴーニュ地方からブルターニュ地方まで、かなり長期の講演旅行を敢行している。一八七六年には『天体図』、一八七七年には『空にあるあまたの地球』、一八七八年には『二重星と多重星の一覧表』、一八七九年には『通俗天文学』、一八八一年には『星々』を矢継ぎ早に出版している。

この間、一八七七年には、火星の暫定地勢図を作成して、科学アカデミーで発表し、一八八〇年には『通俗天文学』でアカデミー・フランセーズの賞を受賞した。一八八二年には雑誌『天文学』を創刊し、一八八四年にはパリ郊外に居宅兼天文台を造営して、巨大な天体望遠鏡を設置した。一八八七年にはフランス天文協会を設立し、一八八九年には『ウラニア』*Uranie*（ギリシャ神話に登場する天文の女神）を、一八九二年には『火星とその生物生存の条件』*La Planète Mars et ses conditions d'habitabilité*を、一八九四年には『世界の終わり』*La Fin du monde*を、そして一八九七年には『ステラ』*Stella*（ラテン語で「星」の意味）を出版した。

このうち、『ウラニア』と『世界の終わり』と『ステラ』は学術書ではなく、なんと小説である（むろん科学小説ではあるが）。『世界の終わり』などは二部仕立てで、第一部ではるか未来、二十五世紀における巨大彗星の地球衝突、そして第二部で、宇宙のプログラミングに従って寿命が尽きた地球がさらに遠い未来の一千万年後に滅亡するさまを描いている。第一部で巨大彗星が地球に衝突するくだりでは、彗星の核に含まれる白熱した大隕石がよりによってローマに落下する。折しもヴァチカンのサン・ピエトロ大聖堂にローマ法王以下全世界の大司教たち、高位の聖職者たちが集まって、教皇を極端に神聖化し、聖人と同じ列に昇らせるドグマの制定を祝っていた。そこを大隕石は直撃し、「教皇を、教会を押しつぶし、なにからなにまで底知れぬ深淵に叩きこんだ。ほんとういる。

の地獄落ちとはこのことだ」(Flammarion, *La Fin du monde*, 1894, p. 237) とフラマリヨンは書いている。

大胆不敵どころか、カトリック教会からすればこんな冒瀆的な内容はない。このような筋立てをわざわざフラマリヨンが挿入したのは、この当時、かなり明確な政治社会地図があり、そのなかでフラマリヨンはアンチ＝カトリック教会の側にくみしていたからである。単純に図式化すれば、共和派とアンチ＝カトリック教会と実証主義・科学主義信奉の結びつきが一方にあり、もう一方に王党派を中心とする保守勢力とカトリック教会と実証主義・科学主義批判の結びつきがあった。一八七〇年に始まる第三共和政のもとでは、権力を掌握していたのはむろん前者であり、巨視的にみれば、前者が後者を攻撃していた図式である。これは、一八八一—八二年のフェリー法による小学校教育の非宗教化を経て、一九〇五年の政教分離法制定に至って、前者の後者に対する勝利となる(4)。

十九世紀全体を通して、カトリック教会と近代国家が時代の支配権を賭けてしのぎを削っていたことは前述した。この綱引きの過程で、時の教皇ピウス九世は一八七〇年七月十八日、第三共和政成立の直前に、教会組織の最高決定機関である公会議の投票により、教皇の「無謬性」を決定する (Latreille et al., *Histoire du catholicisme en France*, t. 3, p. 398)。ヴァチカンの権力を飛躍的に強化しようとするものだが、これを批判するために、フラマリヨンは、教皇神聖化のドグマ制定を祝って集まっていた教皇以下すべての教会権力を大隕石に直撃させ、「ほんとうの地獄落ち」の憂き目に遭わせたことは明白である。「一八七〇年に布告された教皇の無謬性の決定を完成させる新たな決定」すなわち教皇の聖別をして、大隕石に木っ端微塵にされたのは「教皇ピウス十八世」としている（Flammarion, *La Fin du monde*, p. 150）。二十五世紀の話なので代を下って「十八世」としてはいるが、同じ「教皇ピウス」であり、「教皇ピウス九世」を指していることは疑いの余地がない。カトリック側が被害者意識に凝り固まるまでに、共和派とアンチ＝カトリック教会と実証主義・科学主義信奉の結びつき、つまり近代国家側は優勢であり、「科学」がほぼ完全にキリスト教に取って代わり、人々のモラルの中核になっていたからこそ、フラマリヨンは教皇と教会権力を「地獄落ち」にすることができたのである。

こうして天文学が科学の一分野として時代のパラダイムを担い、フラマリヨン自身も天文学者として揺るぎないカリスマ的地位を獲得したわけだが、そのような五十代半ばになって初めてフラマリヨンは「心霊科学」に対する関心を公にするようになる。

激しいカルデック批判

三十年前までとこの時点以降とでは決定的な断絶がある。カルデックの追悼演説に萌芽が垣間見られたことだが、この時点以降、「心霊科学」から宗教性を徹底的に排除して、科学としてのみフラマリヨンは取り組むようになったのである。壮年のフラマリヨンは「心霊現象」についての著作の出版を一九〇〇年に『未知なるものと心霊の問題』を上梓することで再開したが、この著作の序文で彼は断言している。「この著作は通常、科学からは縁遠いとされるテーマについての科学的分析の試みである」（Flammarion, *L'Inconnu et les problèmes psychiques*, 1900, p. II）と。

こうしたフラマリヨンの姿勢がまずもって最も如実に表れるのが、そのカルデック批判である。

『スピリチスムによる創世・奇蹟・予言』（一八六八）でカルデックが説く「実証的創世」のうちで、天体の創造にかかわる部分までは、若年のフラマリヨンを霊媒としてガリレオ・ガリレイの「霊」が『パリ心霊学会』において二年間にわたって書き取らせたものとされている。これは前述のとおりだが、この自身の経験を詳細に吟味して、フラマリヨンはカルデックの「霊界通信」のあり方そのものを否定する。

「カルデックの当該著作で天文学関連のページを読んでみても、私は何も新しい知識を得ることがない。これらのページの記述は私の知っていることがそのまま書かれているにすぎないし、ガリレイには一切関わりのないものである。そのように私が結論づけるにはそれほど時を要さなかった」(*Les Forces naturelles inconnues*, p. 46)

「パリ心霊学会」は唯一「直接的サイコグラフィー」を「霊」との交信に用いていたが、この方法で筆記した「霊」の言葉は「呼びだされたとされる霊のものではない」とする。「霊媒である我々が、今後研究すべき何らかの脳の働きによって、半ば意識的、半ば無意識的に作りだしたもの」であって、霊媒の「自己暗示」にほかならないとフラマリヨンは決めつける（*Ibid.*, pp. 48–49)。

ただ、「直接的サイコグラフィー」による記述が霊媒の知識水準を超える場合もある。「決して反駁できない事実として、以後、テレパシーは科学のなかに位置づけされるし、また、位置づけられなければならない」(*L'Inconnu et les problèmes psychiques*, p. 379) というように、フラマリヨンは後述する他の研究によってテレパシーは認める立場を取っている。したがって、その場合はテレパシーによって「霊媒が、近くに、あるいは遠くにいる人物の影響を受けて筆記している」(*Les Forces naturelles inconnues*, p. 50)と考える。

要するに、超常現象あるいは心霊現象を起こしうる「未知なる自然の力」は確かにあるが、それがカルデックたちの「霊界通信」に表れているかというと、その点は否定されるというのがフラマリヨンの見解である。スピリチスムは「霊界通信」によってもたらされる「霊」および「霊界」についての情報のみに依拠して、「霊界」および「霊」の運命を体系化したものとされる。そうしてみると、フラマリヨンのように、こうした「霊界」についての情報源そのものを否定してしまえば、それは、とりもなおさず、スピリチスムそのもの、カルデックの著作すべてを否定したことになるのである。

コントの実証主義を超えて

カルデックを否定するフラマリヨンの根拠が実証主義にあることは言うまでもない。カルデックも「科学的宗教」の名のもとに実証主義を標榜してはいたが、実証主義を厳密に適用すれば、カルデックの適用ぶりがたぶんに恣意的であったことが露呈してしまう。これが科学者フラマリヨンの主張である。

ところで、このように実証主義に根拠を置きながらも、「心霊」を科学するために、フラマリヨンは実証主義の限界を見定め、その超克に腐心する。超克というのは不正確かもしれない。もともと実証主義のなかに相対主義が内在しているのであり、フラマリヨンはこの相対主義をバネに実証主義をオーギュスト・コントやエミール・リトレの段階よりも徹底させる努力をしたというべきであろう。

「オーギュスト・コントとリトレは科学にその決定的な道、すなわち『実証主義』という道を開いたと思われる。見るもの、触れるもの、聞こえるもの、五感が直接的に捉えるもの以外には認めないこと。知りえないものを知ろうとする努力をしないこと。半世紀前から、これが科学の行動規範なのだ」(*L'Inconnu et les problèmes psychiques*, p. 15)

「半世紀」経過するうちに、すでに指摘したように、オーギュスト・コントの「実証主義」もクロード・ベルナールなどを経て極端に先鋭化し、「科学主義」あるいは「科学万能主義」にほぼ完全に転化した。そして、十九世紀も終わりに近づけば、人間や社会に関わる分野を含めて、学問研究のあらゆる分野を席巻していた。だが、それとともに「実証主義」は「物質主義」「唯物論」「機械論」などの代名詞となり、学問分野においてのみならず社会的にも激しい批判にさらされた。実証主義はある種の「制度疲労」を起こし、見直しの時期に来ていたのである。

このようなコンテクストのなかで、まず、フラマリヨンは実証主義が前提としている「物質主義」を疑問視する。つまり、科学の発達により原子レベルで物質を捉えるようになれば、物質主義の基になる物質そのものの存在が曖昧になってしまうというのだ。「物質主義」の内在的批判である。

「『物質』について我々がよりよく知るようになってからというもの、もはや持ちこたえられなくなっている仮説が『物質主義』である。『物質』はかつてそうであったような確固たる支えをもはや与えてはくれない。物体は何十億もの見えない動く原子から成りたっていて、そうした原子は互いに他の周囲で無限運動を行っている。そのような無限に微小な原子は、いまやそれ自体、力の中心点以外のなにものでもないと考えられている。となると、どこに物質があるというのか。物質は運動のなかに消え去ってしまうのだ」（*Ibid.*, p. IX）

また、フラマリヨンはオーギュスト・コントやリトレ以来の実証主義の基本原理に疑問を投げかける。知覚によって捉えたもののみを知識の対象とすると言っても、そもそもその知覚が全幅の信頼を置けるものなのかということである。

第一に知覚は往々にして事実を誤認する。最も単純な例を挙げれば、「太陽や月や他の天体が我々の周りを回っているように見えるが、それは誤りである。地球が動かないように感じるが、それは誤りである。〔……〕妙なる楽の音が聞こえる場合も、それ自体音のしない波動を空気が伝えているにすぎない。〔……〕熱さ、寒さということを我々は口にする。だが、宇宙には熱さも寒さも存在しない。存在するのは運動だけだ。こんなわけで、我々の知覚は我々に事実を誤って捉えさせる。感覚と事実とは別のものなのだ」（p. 15）と、わざわざ日常的な例を多用して、フラマリヨンは読者の理解を容易にしている。

第二に知覚には大きな限界があり、知覚に捉えられるのは現実のごく一部に過ぎないとする。「光の知覚は我々の網膜上で毎秒四〇〇兆（光スペクトルの赤の限界）から毎秒七五六兆（紫の限界）までの周波数の振動によって引き起こされる。[5] こうした周波数はずっと以前から正確に計測されている。これらの周波数の上にも下にも、エーテルの振動はあるのだが、そうした振動は我々の目では捉えられないのだ」(p. 20) と、光の知覚の限界を実例として提出している。

科学における知覚とはその延長上にあるさまざまな測定装置をも含むはずだが、これはまったく考慮に入れず、以上の二点を根拠として、フラマリヨンは、「我々の知覚は一方では間違いを犯し、他方ではその証言はまったく不完全である。ゆえに、いわゆる実証哲学なるものは誇るに足らぬものであり、原理原則として位置づけるに足らぬものである」(p. 16) と実証主義を批判する。

これに加えて、コント自身も実証主義の相対主義として認めていることを、実例をもってフラマリヨンは強調する。天体の形体、天体間の距離、天体の運行については知りえても、「天体の化学組成はいかなる方法をもってしても決して将来も研究しえないであろう」とコント自身が断定した。ところが、一八五七年にコントが亡くなって、その五年後には、スペクトルの解析によって天体の化学組成が解明されるようになったというのである。「昨日の未知なるものは明日の真実である」(p. 17) とフラマリヨンは言明する。

このほか電気、蒸気機関、電話の発達を引きながら、フラマリヨンは「我々の知識や観察の範囲のなかに現実が留まると断言することは反科学的なことだ」(p. 19) と主張する。物質概念、知覚、そして科学の到達度。これらの相対化を基礎として、我々の知覚がその限界ゆえに捉えられないもの、それまでの科学水準では捉えられないもの、要するに、現時点では未知なるものも、積極的に研究対象とし、科学のフロンティアを拓かなければならないとするのである。相対主義による実証主義の拡大といってもよいだろう。

3　「心霊」を科学するための実験

エウサピア・パラディーノの「心霊実験」

「心霊現象」に関する研究を科学者が行う、つまり、科学的に行うにはどのようにすればよいのか。それにはまずもって知覚の誤認を完全に避けようとする必要がある。

フラマリヨンが用いた第一の方法がいわゆる厳密な「心霊実験」である。一九〇七年版の『未知なる自然の力』はもっぱら「心霊実験」およびその分析に当てられている。六〇九ページにおよぶこの浩瀚な著作は序論、すでに見たカルデック批判のあと、全体の四分の一を超える一七〇ページを、フラマリヨン自身が行ったイタリア人女性霊媒エウサピア・パラディーノ（一八五四―一九一八）を対象とする実験に費やしている。

パラディーノはナポリ在住の貧しい商人の妻で、読み書きができないくらいの教育程度であったが（*Les Forces naturelles inconnues*, p. 94）、十三、四歳のころから霊能力を発揮していた。同じくナポリ在住のキアイアなる大学教授がその霊能力を認めて、一八八八年、ローマの新聞に、著名な精神医学者・法医学者チェーザレ・ロンブローゾ（一八三五―一九〇九）に対してパラディーノについての「心霊実験」を勧める公開状を掲載した（p. 184）。北イタリアのトリノ大学の教授で心霊研究にも熱心であったロンブローゾは一八九一年、わざわざ南のナポリまで足を運んでパラディーノを実験した。この実験の結果、ロンブローゾはパラディーノの霊能力に強い関心を示した（p.

203)。これがきっかけとなり、翌一八九二年には、ミラノで、ミラノ天文台長スキャパレリやパリ大学教授でノーベル医学・生理学賞受賞者のシャルル・リシェをはじめ十七名の第一線の科学者が立ち会って、本格的な実験が行われた。十七名全員が報告書に署名し、パラディーノの引き起こした「心霊現象」が「未知なる性質の現象」(p. 206)と思われるとの見解を発表した。

一八九七年七月二十七日、モンフォール＝ラモリの心霊研究家ブレック夫妻宅でフラマリヨンは初めてエウサピア・パラディーノの「心霊実験」に立ち会った。翌一八九八年十一月にはみずからが中心となって、パラディーノを被験者とした実験を十日、十二日、十四日、十六日、十九日、二十一日、二十五日、二十八日と合計八回自宅で行うことになる。さらに、このあと一回、十二月五日にはシャルル・リシェの診察室で行われた実験にもフラマリヨンは参加した(p. 161)。こうした実験には前述のパリ大学教授シャルル・リシェ、メジャー雑誌『イリュストラシヨン』の編集長ルネ・バシェ(p. 177)、人気劇作家ヴィクトリヤン・サルドゥーなど延べ二十人にのぼる科学者、各界のいわゆる名士たちが熱心に立ち会ったのである。[6]

ブレック夫妻宅での実験を含めて、これらすべての実験について、フラマリヨンは微に入り細を穿った網羅的ともいえる記録を残している。実験の行われた部屋の広さ、形状、窓・ドアの大きさ、位置、鍵の掛かり具合(第三者が外から侵入し、被験者の手助けをする可能性がブレック夫妻宅ではゼロではないことから、フラマリヨンは自宅での実験に切り換えた)。被験者の要請であらかじめ準備されたカーテン(部屋の一隅をカーテンで仕切り、被験者はこのカーテンを背にして席に就くのが常であったので、参加者には見えないカーテンの内側には細心の注意が払われた)、テーブル、三脚小テーブル、ギター、アコーディオンなどの状態。被験者のトリックを防止するための方法（フラマリヨンなど数人が被験者の手足の動きを、手で握ったり足を掛けたりして封じた）。実験中に起こったすべての出来事。表情の変化、体の動きなど被験者の詳細な描写。被験者の要求によって随時調節された部屋の明暗の変化。これらが細大漏らさず記録に留められている。しかも、フラマリヨンのみの手になる記録ではなく、毎回、記録係を替え、パラディーノの「心霊現象」をトリックだと断じた記録まで包み隠さず収録している。

自身が行った実験の記録に加えて、同じパラディーノを対象とした他の実験の記録をフラマリヨンは執拗に収集し、載録している。パラディーノが見いだされるきっかけとなった、一八八八年八月九日付けでローマの新聞に掲載されたキアイア教授のロンブローゾ教授宛公開状。パラディーノが二十二、三歳のころ、心霊研究家ダミアニが行った実験（この実験において、イギリスの物理学者・化学者ウィリアム・クルックスが研究した物質化霊「ケティー・キングの兄弟ジョン・キングと名乗る霊」がパラディーノに憑依したとされる）。一八九一年二月にロンブローゾがナポリに赴いて行った実験。ミラノ天文台長スキャパレリやパリ大学教授シャルル・リシェをはじめ十七名の第一線の科学者が立ち会った一八九二年十月、ミラノにおける実験。レンベルク大学心理学教室のジュリアン・オショロヴィッツ博士が一八九三年十一月二十五日から翌年一月十五日までワルシャワで行った実験。一八九四年、南仏ツーロン近くのカルケランヌの別荘で、シャルル・リシェが、イギリスの代表的物理学者で心霊研究家のオリヴァー・ロッジとともに行った実験。一八九五年八月に、ケンブリッジ大学学監で心霊研究家のマイヤーズがケンブリッジ大学で行った実験（監視者が握った手を巧妙にパラディーノがもう一方の手とすりかえたことが露見し、合計二十回の実験すべてをマイヤーズはトリックであったと断定した)。一八九五年九月、エコール・ポリテクニック(理工科学校)管理官ロシャス大佐の、アニェラにある別荘で、『心霊科学年報』編集長ダリエックス博士の協力のもとに行われた実験。オートゥイユのマルセル・マンガン宅で行われた実験。一九〇一年、ジェノヴァ大学教授で心理学者のH・モルゼッリが、ジェノヴァ天文台長、トリノ天文台長を歴任した天文学者ポルロとともに行った実験。『心霊科学年報』、『心霊科学誌』等の雑誌あるいは個々の実験者の著作に発表された、こうしたパラディーノの実験記録をほとんど余すところなく、フラマリヨンは『未知の自然の力』に転載している。

トリックの暴露

このあと、一章を設けて、監視者が握る手を巧妙にすりかえるパラディーノのトリック(図1)を含めて、これまで自分自身および他の実験者が暴いた霊媒のトリックを具体的に紹介する周到ぶりを見せている。そして、これにはつぎのようなコメントをつけ加えている。

つまり、パラディーノもそうであるが、「心霊現象」を起こしたあとでは、通常、霊媒は体力を極度に消耗し、「ときとして翌日までも体調を崩したままで、何か食べようとするとすぐに嘔吐してしまう」ほどである。「ある程度巧妙なトリックによって、体力を消耗することなしに、なんらかの効果があげられるならば、霊媒はそちらのほうを選んでしまう」ものである。それに、「心霊現象」を起こすときの霊媒は「夢遊病か催眠状態に似ていなくもない半眠状態」にいる。「心霊現象」を起こそうとする気持ちが昂じて、ほとんど無意識にトリックを使ってしまうこともある。どんな霊媒にもトリックはつきものなのだから、霊媒にトリックを使わせないよう、厳重に監視することこそが肝要であり、それこそが実験者の義務である（*Les Forces naturelles inconnues*, p. 285）。さらにまた、トリックがあるからといって、「心霊現象」のすべてがトリックだと断じるのも早計である。「にせものが存在するからといって、それがほんものが存在することを妨げはしない」（*Ibid.*, p. 262）からである。

このようにフラマリヨンが霊媒に寛大な態度を示すのは、むろん、彼が最初から「心霊現象」の

図1　Flammarion, *Les Forces naturelles inconnues*, 1907より

存在を信じる先入観を持っていたからであろう。だが、この当時の「心霊実験」を目の当たりにしたことのない我々にはおそらく想像もできない、圧倒的な現実感が霊媒たちが引き起こす「現象」にあったからかもしれない（この程度のことを想像する想像力は現代の我々も持ちあわせてしかるべきであろう）。

自身の手がけた「心霊実験」だけでなく、一八七〇年から一八七一年にかけての霊媒ダニエル・ダングラス・ホームを対象としたテーブル浮揚、人体浮揚、物体移動等の実験、一八七三年十二月（これはクルックスが研究対象とし始めた時点であり、霊の出現は一八七二年からすでにあった）から一八七四年五月に至る物質化霊ケティー・キングの実験などウィリアム・クルックスによる実験。一八五三年九月から十二月にかけてスイスのヴァレールでアジェノル・ド・ガスパラン伯爵ら数人が行ったテーブル浮揚の実験。そして、こうした「心霊現象」を扱った研究論文。これらをフラマリヨンは丹念に引用している。

「心霊現象」の分類・整理

最後に、フラマリヨンはこれらすべてのデータと研究、論考をふまえて、「これらの現象が実証科学の枠組みのなかに入れられるものなのかどうか」（*Les Forces naturelles inconnues*, pp. 546-547）を吟味するために、パラディーノ以下の霊媒の起こした「心霊現象」を総括し、それに関する自分自身の理論を構築しようと試みる。

まず、フラマリヨンは、引用したすべての「心霊現象」を説明が容易なものから困難なものへと順番に二十三種類に分類し、各分類にいちいちコメントを加えている。コメントは詳細を極めているが、それを最小限に縮めて、以下に略記することにする。

(1) 数人の実験者が手を触れた状態でテーブルが回転する現象。——これは実験者たちが加えた「無意識の力」によって説明できる。全員がある一定の方向に力を加えれば、テーブルはそちらに回転する。

(2) 実験者たちの手がテーブルの上に置かれた状態で、テーブルがひとりでに移動する現象。——無意識のうちに、実験者たちがテーブルを押しているのであるが、そうは思わず、手がテーブルの動きについて行っているものと実験者たちは信じる。

(3) 主要実験者の手が置かれたのと反対側のテーブルの脚が上がる現象。——三脚小テーブルでは、テーブルの一方に力が加われば、その反対側が上がるのは当然である。こうして、テーブルがアルファベットを打ちだすのがテーブル・ターニングである。四脚大テーブルの場合も、それほど重いテーブルでなければ、原理は同じである。

(4) テーブルが揺れ動く現象。——数人の実験者がテーブルの周囲を取り囲んで座る。全員が手をつないで、テーブルが持ちあがるように念じる。すると、テーブルは揺れ動き、ときとして、周囲のつないだ手に引かれるようにして持ちあがることがある。「これは重力に反する。そこになんらかの力が働いていることは明白である。この力は我々の身体から出ている。それ以外に原因を求める十分な理由はない」。

(5) 実験者たちが手を触れない状態でテーブルが回転する現象。——「実験者たちがテーブルから手を数ミリメートル浮かせた状態に保ち、テーブルにまったく触れない場合も、テーブルは回転する」ことがある。「実験者たちから発した力がテーブルに吸収されるのである。我々が我々の内部に、距離を隔てて物質に働きかけることのできる力を秘めていることをこうした実験は証明している。これは自然に備わった力で、通常は潜在的であるが、『霊媒たち』にあっては、程度の差こそあれ、それぞれに発達している。そして、その力は、いまだ明確になっていない、なんらかの条件が揃えば、発揮される」のである。このように、「我々は物質に、生物に、頭脳に、精神に対して力を行使することができる。こうした意志の働きはテレパシーにおいても見られる。〔……〕我々から発される力はおそらくエーテルの波動を介して対象に伝えられる。そのエーテルの波動は頭脳の動きから起こる」のである。

(6) 重い物が持ちあがる現象。——数人の実験者たちが手を置いたテーブルの上に、合計七十五キロから八十キロの砂袋と石を載せる。テーブルは持ちあがり、載せた物の重さに耐えかねて、割れる。実験者たちは自分たちの筋肉の力以上の力がテーブルに加わっていることを感じ取る。

(7) 実験者たちが手を触れない状態で、重い物が持ちあがる現象。——実験者たちがテーブルから数ミリメートルのところに手をかざし、全員の意志を集中させると、重い物を載せたテーブルの、手をかざした側が持ちあがる。「いかなる接触がなくても、未知なる力が実験者たちからテーブルに伝わる」のである。

(8) テーブルあるいは他の種々の物の重さが軽くなる現象。——霊媒が手をかざしたりすると、テーブル、椅子などの重さが軽くなる。それが重量計によって確認できる。

(9)　テーブルあるいは他の種々の物の重さが重くなる現象。——反対にテーブルが重くなって、どうにも持ちあげられなくなったりする。「いずれの実験においても、未知なる自然の力が、主要実験者である霊媒あるいは数人の実験者たちから発されているのが分かる」。

(10)　テーブルが完全に持ちあがる、言い換えれば、浮揚する現象。——「テーブル、椅子、あるいは他の家具が床から数十センチどころか、ときとして、人間の頭の高さ、さらには、天井までも浮揚することがある」(フラマリヨンは特にこの箇所では記していないが、テーブル浮揚はパラディーノが実験で必ずといってよいほど起こす現象である——図2)。「磁場に鉄片をかざしたときに感じるのと

Lévitation très élevée d'une Table.
(Photographie instantanée.)

図2　Flammarion, *Les Forces naturelles inconnues*, 1907より

同じような、浮きあがるような感じを、我々は浮揚したテーブルに手をかざしたときに感じる」。

(11) 人体が浮揚する現象。――霊媒の体が単独で、あるいは椅子とともに浮揚する。「このことは既知の科学法則に反するように見える」。

(12) たいそう重量のある家具が持ちあがる現象。――三百キログラム以上のピアノが持ちあがったり、無垢のオーク材でできた食堂の大テーブルが、その下に潜りこんで調べられるほどの高さに浮揚したりすることがある。

(13) 人が触れることなしに、物が移動する現象。――重い肘掛け椅子が部屋のなかをあちこち動き回ったりする。「基本的には、前述の諸現象と同じように、霊媒の意志の表れであるが、霊媒ではなく、霊が介在している」可能性もゼロではない。

(14) 叩音と「チプトロジー」の現象。――叩音が意味内容を伝える。これにはこれまで列挙した現象のように「機械的、物理的な要素」のみではなく、「知的要素」が見られる。このことから、「このような力について私はすでに一八六五年以前に『心霊』psychique という言い方をしているが、この言い方は一八七一年にクルックスによっても改めて提唱された」。この段階以降、「心霊の次元に入ることは明白である」。

(15) 木槌を打つ音が聞こえる現象。――人を打ったら人を打ち倒せるくらいの強い木槌の音が、心霊現象を信じない参加者に対する抗議として発されることがある。「そこには意向、意志、知性の働きがある」。

(16) 何者かに触れられる現象。――「まるで霊媒の手が非常に長く伸びでもしたかのように、霊媒の手が届く範囲を超えて」、何者かに触れられることがある。

(17) 見えない手が何かをする現象。――見えない手がアコーディオンを演奏する現象は、「ホームを対象としてクルックスが行った実験でも、パラディーノを対象として、私が行った実験でも見られた」。

(18) 手が出現する現象。――「薄暗がりのなかで、手が現れるのが見えることがある」。

(19) 顔が出現する現象。――「自分自身の経験では私は二度だけ顔が出現するのを見たことがある」。二度ともパラディーノを霊媒とした実験で、一度はモンフォール＝ラモリで、もう一度は、自宅での実験でである。他の参加者たちも見たとはっきり証言している。

(20) 霊が現れる現象。――「私自身はこの目で見たことも、写真に撮ったこともない」が、例えばクルックスが確認した「ケティー・キングの霊の出現は疑う余地がないように私には思われる」。「こうして出現した霊は、顔や手と同じように、霊媒の能力によって流体が濃縮されたものであって、別に霊がいることの証明にはなっていない」のである。

(21) 顔や手の形が刻印される現象。――霊媒の能力によって「形作られた顔や手はきわめて濃密なものなので、パテや粘土にその形が刻みつけられる」ことがある（モンフォール＝ラモリでのパラディーノの実験では、霊媒であるパラディーノ自身の顔の形が、離れた所に置いたパテに刻みつけられた。この刻印が確認された直後に、パラディーノの顔の臭いを参加者のひとりが嗅いだが、パテ特有の強い臭いはまったくしなかったという――図3）。

(22) アポーツ、すなわち、物質を貫いて物質が移動する現象。――「壁や天井やドアまでも貫く

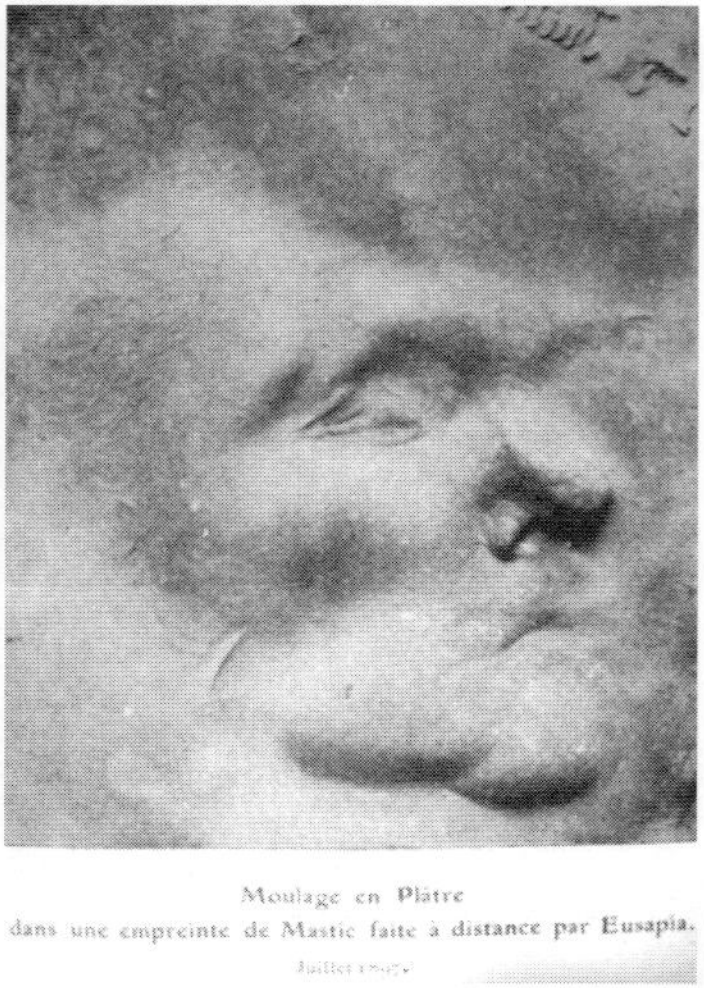
Moulage en Plâtre
dans une empreinte de Mastic faite à distance par Eusapia.

図3－1　離れた所のパテに刻みつけられた顔の形。Flammarion, *Les Forces naturelles inconnues*, 1907より

Photographie d'Eusapia
Indiquant une ressemblance avec l'Empreinte.
(Juillet 1897).

図3－2　自分の顔と同じ形であることを示すためにポーズを取るパラディーノ。Flammarion, *Les Forces naturelles inconnues*, 1907より

ような、物体のアポーツ」の報告は枚挙に遑がない。「私の目の前でも、この種の現象は何度か起こった」が、「完全に確信の持てる条件のもとでではなかった」のであり、「私は何度もトリックを見破ったことがある」。

(23) 知性の働きによって引き起こされる現象。――前述の種々のケース以外にも、知性の働きによって引き起こされる現象はある。こうした現象の原因は「我々にはまったく分からないままであり、未来の科学がおそらく明らかにするものなのだろう」。

こうしたすべての現象の記述を通して、phénomènes psychiquesを慣例に従って「心霊現象」と訳してきた。だが、この『未知なる自然の力』の時点ではフラマリヨンはなんらかの霊的存在の介在を認めているわけではないので、霊媒あるいは実験参加者たちの心的力によるという意味で、これがむしろ「心的現象」とでも言うべきものであることは確認しておく。なお、「霊媒」という訳語もやはり霊的存在を前提にしているが、この訳語の原語médiumという語自体が「媒介をするもの」という意味で、霊的存在を前提にした言葉である。このことについてはフラマリヨンも疑問を呈しながらも、慣例に従ってmédiumという語を使うとしている（*Ibid*., p. 19）。

「心霊現象」の理論化

以上のように(1)から(23)までに「心霊現象」を分類・整理したうえで（*Les Forces naturelles inconnues*, pp. 547-562）、フラマリヨンはその理論化を試みる。

フラマリヨンがこうした理論化の基礎にするのが人間の知覚、物質概念、科学の到達度の相対化であることはすでに指摘した。人間の知覚が得るのは現実の「不完全な印象」にすぎない。「物質は光や熱や電気と同じように一種の運動より成りたっている」と言うべきである。物質は本質的には「エネルギーが取るひとつの形」であり、知覚が捉えるのはそのみかけにすぎない。「重力もまたこうしたみかけのひとつの特性、エネルギーの取るほかのひとつの形」にすぎない。「未知なる物理的力の影響のもとでテーブルが浮揚するのは、鉄片が磁石に引きつけられる以上には驚くに当たらない」(*Ibid.*, pp. 569-572) とフラマリヨンは主張する。

物質が運動であり、知覚が捉えるのがそのみかけにすぎないことの例として、フラマリヨンは自転車の車輪の静止状態と回転状態を比較対照してみせる。静止状態の車輪のスポークのあいだに細い矢を打ちこめば、矢はスポークのあいだを通り抜ける。ところが、車輪を高速で回転させると、スポーク部分全体は「まるで一枚の鋼板のように」なり、矢をまったく通さなくなる。「静止状態と回転状態をこのように比較すると、実際には物質がいかに運動のひとつのありよう、力のひとつの表れ、エネルギーのひとつの現出にすぎないかが分かる」。そうなれば、物質はついには「触知できず、見えず、重さがなく、いうなれば、非物質」になってしまう。さらに、「物質の基礎である原子は、五十年前に解体し、実体の分からない、仮想の渦のようなものになって」しまってもいる (p. 570)。

現代に通じる原子模型が提示され、原子の構造が明らかになるのは、アーネスト・ラザフォード(一八七一—一九三七)とニールス・ボーア(一八八五—一九六二)の研究がそれぞれ実を結ぶ一九一〇年代の半ばのことであった。ここで引用している『未知の自然の力』が出版されたのは一九〇七年、原子構造解明以前のことであり、それまでは、例えば、「世界初の自然科学国際会議であった、一八六〇年のカールスルーエ化学者会議」においても「分子と原子という用語を区別し、分子は化学反応にかかわり、物理的性質で互いを比較できる最小の粒子で、一方、原子は分子に含まれるものの最小粒子とすべきではないかという問題」を「議論すべき議題の最初に据える必要がある」とされており、この程度のことについてさえも研究者たちは「統一見解に達しなかったという事実」がある（ブライアン・ピパード他『二十世紀の物理学』第I巻、一九九九年、四九頁）。それほどに物理・化学界は混迷していた。さらに、十九世紀も終わりに近づくと、地球の動きにかかわらず東西南北どちら方向に発射した光も正確に同じ時間経過で地球を一周することを証明したマイケルソン＝モーリーの実験をはじめ、ニュートン以来の古典物理学の有効性に大きな疑問を投げかける事態が起こり、混迷の度はいっそう深まった。そんななか、一八九五年、ドイツを舞台に、物理現象の説明として「原子論」と「エネルギー論」の対立が表面化した。ヴィルヘルム・オストヴァルト（一八五三―一九三二）がドイツ自然科学・医学会において、「すべての自然現象が最終的には力学的なものに還元されるという前提は、作業仮説としても有用とは考えられない。単なる誤りである」（同書、五一頁）。物理現象のすべてを、物質を構成する原子の力学的運動によって説明するルードヴィヒ・ボルツマン（一八四四―一九〇六）らの「原子論」を否定したのである。代わりにオストヴァルトは物理現象のすべてが、エネルギーを支配する法則によって説明できるとする「エネルギー論」を主張した（同書、五一―五二頁、ニック・ハーバート『量子と実在』一九九〇年、二八頁）。物質は本質的には「エネルギーが取るひとつの形」であるとするフラマリヨンの考えはこれに対応する。また、原子を「存在しはじめた時とまったく同じ状態のままでいる唯一の物体である」とするジームズ・クラーク・マクスウェル（一八三一—七九）の見解にほとんどの化学者が十九世紀末まで同調していた。だが、こうした原子の不可分性が揺らぎ、原子がさらに分解可能であることが、一八九五年のレントゲンによるX線の発見、ジョゼフ・ジョン・トムソン（一八五六—一九四〇）のX線を用いた気体中の電気伝導実験、一八九八年のマリー・キューリーによるラジウムの発見と研究によっても明らかになった（『二十世紀の物理学』第I巻、五三頁）。こうした原子構造解明の歴史をふまえて、フラマリヨンは原子が「五十年前に解体し、実体の分からない、仮想の渦のようなものになっ」たとしているわけである。

そのうえ、フラマリヨンは物質同様、重力も「エネルギーが取るひとつの形」にすぎないとし、例としてジャイロスコープを持ちだす。ジャイロスコープの内側の円盤を回転させると、「この内側の独楽は求心力を生みだし、重力を無効にする」(*Les Forces naturelles inconnues*, p. 573)。垂直方向の重力に反して、ジャイロスコープは水平に保たれることになる（図4）。

これは、フラマリヨンがパラディーノのテーブル浮揚を説明するところですでに用いた、いわゆる「三次元の力学」[7]に基づく例である。すなわち、掌を丸くして円筒形を作り、そのなかにナイフを垂直に立てる。そのまま掌を持ちあげたのではナイフはずり落ちてしまう。ところが、掌を左右に激しく振りながら持ちあげれば、掌の円筒のなかでナイフは宙に浮く。さらに激しく掌を振れば、ナイフは上に向かって勢いよく飛びだしさえするというのである（*Ibid.*, p. 162）。

ジャイロスコープの独楽を回す力、掌を左右に激しく振る力に相当する力が「心霊現象」の場合、どこから来るのか。この問題について、それが霊媒、あるいは参加者たちの「潜在意識の存在」(p. 580) からなのか、まったく別のなんらかの霊からなのか、フラマリヨンは研究の現段階では分からないとする。「心霊実験」を行う場合、あたかも霊が存在するかのように、必ず、「実験者に耳を傾ける見えない存在」に語りかける形を取るのは、「スピリチスムの起源である、一八四八年、ハイズヴィルにおけるフォックス姉妹の無意識の叩音」(p. 577) に起因するプロトコルにすぎないという。

人間の「潜在意識」であれ、独立した霊的存在であれ、「自然界には種々の働きをする心的(霊

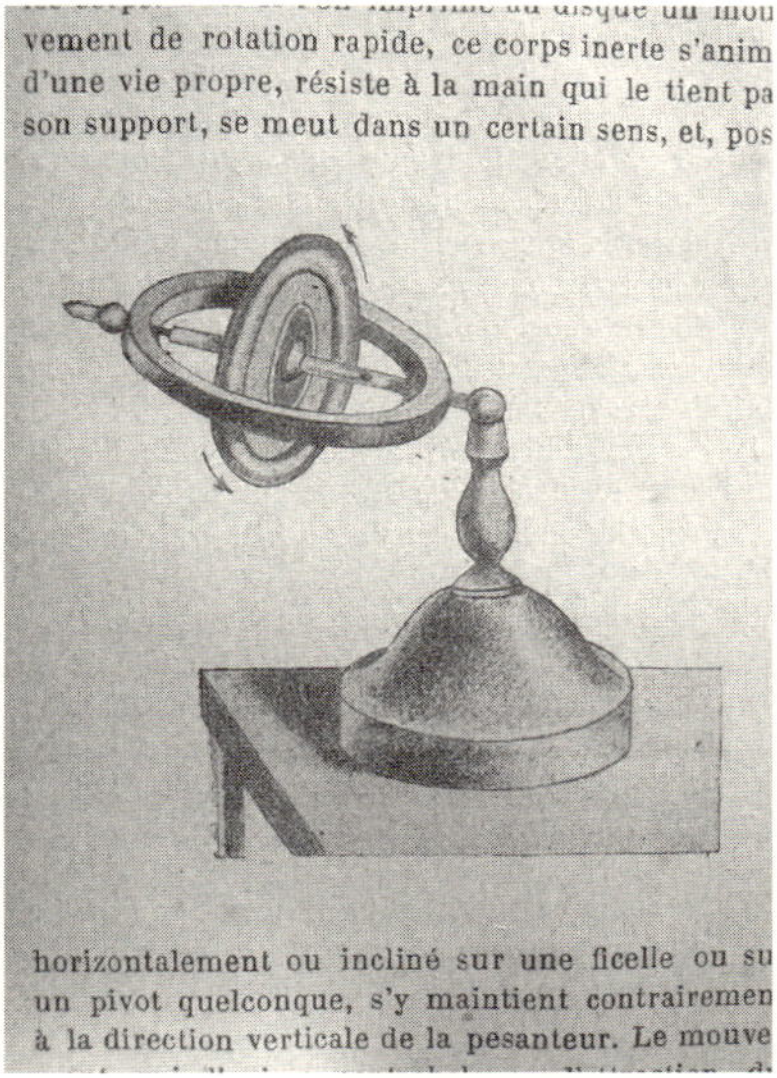
vement de rotation rapide, ce corps inerte s'anim
d'une vie propre, résiste à la main qui le tient pa
son support, se meut dans un certain sens, et, pos

horizontalement ou incliné sur une ficelle ou su
un pivot quelconque, s'y maintient contrairemen
à la direction verticale de la pesanteur. Le mouve

図 4　Flammarion, *Les Forces naturelles inconnues*, 1907より

的）要素」（p. 604）――「古代から土・空気・火・水の四大元素に加えて、第五の元素アニムス、世界の魂、生命原理、エーテルと呼ばれるものが存在する」（pp. 600-601）とされているが――その未知なる第五の元素は存在する。「実証主義の方法で研究した諸現象の科学的検証に基づいてのみ、このような重要な原理原則を確立することに貢献できたとすれば、喜ばしいことである」というのが本書におけるフラマリヨンの結語である。少なくとも、「心霊現象」を起こす「心的（霊的）力」の存在については実証的に証明しえたというのが、フラマリヨンの確信であったといえよう。

4　「心霊現象」の事例収集と分析・総合

四千の事例を集める

「心霊現象」を科学するためにフラマリヨンが用いた第二の方法は何千という具体的な事例を収集し、それらの信憑性を吟味するとともに、それらを分類・分析することであった。

定期購読者八万人を擁する『政治文学年報』誌の一八九九年三月十九日付誌上で読者に呼びかけて、フラマリヨンは大がかりなアンケートを実施した。「心霊現象」を直接体験したことがあるか否かについて答えてもらい、体験があると答えた場合にはその正確な描写をつけ加えてもらうことにした。

アンケートには四二八〇件の回答が寄せられ、一八二四がイエス、二四五六がノーであった。一八二四のイエスの回答のうち、記述がある程度詳細なもの一七五八を選び、さらにそれを七八六に絞りこんだ。そして、この七八六の事例で語られた「心霊現象」を十六項目に分類した。すなわち①死者の出現、②瀕死の者の出現、③健康な生者の姿の出現、④遠くの出来事が瞼に浮かぶこと、⑤予知夢や未来予知、⑥死を予告する夢、⑦人との出会いの予感、⑧予感の実現、⑨生者のドッペルゲンガー（分身）、⑩距離を隔てた想念の通信（テレパシー）、⑪動物による予知、⑫空耳で聞こえる呼び声、⑬原因不明の物体の移動、⑭鍵を掛けたドアがひとりでに開くこと、⑮幽霊屋敷、⑯スピリチスムの実験。以上の十六項目である（*L'Inconnu et les problèmes psychiques*, pp. 93-94）。

これらの事例は『未知なるものと心霊の問題』（一九〇〇）執筆の時点、この著書の序文に付された日付である一九〇〇年三月前後までに収集されたものである。その後もフラマリヨンのもとには多くの事例が続々と寄せられ、一八九九年の最初の呼びかけから二十年を経過した一九一九年には、信憑性のある事例が四一〇六に達した。「一八九九年のアンケート開始以前にすでに私のもとに送られてきていた事例が約五〇〇あった」とフラマリヨンは述べてもいる（Flammarion, *Avant la mort*, 1920, p. 19）。

『未知なるものと心霊の問題』の「序文」で、自身が一八六一年にアラン・カルデックの「パリ心霊学会」に入会して「以来、三分の一世紀以上、全世界で観察される心霊現象のほとんどすべてを把握し、ほとんどすべての『霊媒』を試験してきた」と「心霊現象」についての圧倒的な情報と豊富な経験をフラマリヨンは誇っている。フラマリヨンが心霊研究に本腰を入れていたのは「パリ心霊学会」入会の一八六一年から、カルデックの葬儀で弔辞を読んだ一八六九年くらいまでで十年にも満たないはずである。その後「心霊科学」から遠ざかり、もっぱら天文学者として活躍していたわけだが、その三十年間も含めて「三分の一世紀以上」、「心霊科学」に通暁していたかのように述べている。天文学者としての活動の裏で、目立たないながらも「心霊科学」に関心を持ち続け、情報収集を続けていたことをおそらく意味してもいるわけで、この間に集めたのがこの約五〇〇の事例ということになるのだろう。

一八九九年から一九一九年までの二十年間に寄せられた事例四一〇六にこの約五〇〇を足した約四六〇〇の事例に、さらに、心霊研究関連の著書や雑誌に載録された事例もふんだんに引用しながら、『死とその神秘』*La Mort et son mystère* 三部作、第一巻『死以前』*Avant la mort*（一九二〇）、第二巻『死の周辺』*Autour de la mort*（一九二一）、第三巻『死後』*Après la mort*（一九二二）、そして、『死とその神秘』の増補版『取り憑かれた家』*Les Maisons hantées*（一九二三）を執筆している。『取り憑かれた家』出版の二年後の一九二五年にフラマリヨンは『亡霊たちと観察科学』*Les Fantômes et les sciences d'observation* を書き始めるが、この年の六月に亡くなったために、この最後の「心霊科学」の書は未完に終わる。そんなわけで、浩瀚なことからしても、この『死とその神秘』三部作ないし四部作は「心霊研究」の分野におけるフラマリヨンのライフワークと言えるわけである。

「魂」の存在と力を証明する

「心霊現象」の事例をもとにした、こうした二〇年以上におよぶことになる研究が本格化したばかりの一九〇〇年の時点で、フラマリヨンは「心霊研究」の目標をつぎのように確定している。

「心霊の問題についての研究は最後は何に至るのか？　という質問もある。――魂が存在すること、そして、永遠の生命をもつ希望は幻ではないことを明らかにするに至るのである」（*L'Inconnu et les problèmes psychiques*, p. VIII）。

魂の死後の存続と永遠性。死後、魂は永遠の宇宙に戻るからこそ、宇宙を研究する天文学者は魂の問題に無関心ではいられない。なんと多くの優れた天文学者が心霊研究に没頭したことか！　とフラマリヨンは感慨を洩らしながら、天文学の延長上にこそ「心霊研究」があることを公言している。

人が往々にして思うほど、心霊の問題は天文の問題と無関係ではない。もし魂が不滅で、天が死後の魂の祖国であるならば、魂について知ることは天について知ることと無関係ではありえない。無限の宇宙は永遠の領域ではないのか。〔……〕天体の世界における魂の不滅は必然的に天文学を仕上げるもののように私には思われる。地球上にほんの一時生きるだけだったら、いったいどうして私たちが天に興味を抱くことなどありえようか。（*Ibid.*, pp. XII–XIII）

「天体の世界における魂の不滅」と言っているが、この「魂の不滅」を証明するという明確な目的意識をフラマリヨンは持ち続ける。だが、徹底的に実証に拘泥するかぎり、それは一朝一夕には成しえない。そのための回り道を厭わず、フラマリヨンはそのあと二十年以上の歳月を費やすことになる。

一九〇〇年三月までに収集した事例をフラマリヨンは十六項目に分類したと書いたが、これらをさらに、「瀕死の者のテレパシー現象」、「心から心への心霊的働きかけ（テレパシー）」、「夢の世界」、「夢の中の透視」「未来予知」といった項目に括りなおして、彼はまず『未知なるものと心霊の問題』（一九〇〇）にまとめている。

これら数多くの事例を詳細に分析して、もっとも表層のレベルで明らかになるとフラマリヨンがするのはこれらの心霊現象が事実だということである。すなわち、死に瀕した者が遠隔地にいる親しい者に自分の幻を見せるなど、なんらかの合図を送ってくる。生きている者同士で言葉によらなくても、あるいは遠く離れていても、テレパシーによってお互いの考えが理解できる。そして、これらのことが夢のなかでも起こる。こうしたことは紛れもない事実である（p. 579）。

つぎに、第二のレベルで、これらの「心霊現象」を説明するためにフラマリヨンが持ちだすのが、エーテルが大脳から大脳へと伝える波動という仮説である。

空間を満たしているとされる重さのない流体、あのエーテルがありとあらゆる物体を通り抜けること、そして、もっとも密度の高い鉱物においてさえ、原子は互いに距離を保ち、いうなれば、エーテルのなかに浮遊していることは物理学において認められている。

この流体は、天体の光の振動によってその流体内部に生じた波動を宇宙空間を通して伝達する。この流体は光、熱、引力をきわめて遠いところまで伝達するのである。

実際にそのようなことが起こっているのだが、振動する我々の大脳にこうした流体が入りこみ、我々の頭脳で起きている流れを天体間と同じように遠方へ伝えること、思考する存在である人間たちのあいだで感情と思考の真の交流を成りたたせること、そうしたことに何か容認しがたいことがあるだろうか。

場合により、条件により、波動とか放射とか密度のある程度高い流れとかが大脳の一点から発して、他の大脳に達し、刺激を与えて、その大脳に瞬時の興奮を伝えると、その興奮が聴覚や視覚に変換されることも考えられる。なんらかの仕方で、神経が揺り動かされる。すると、その刺激を発した親しい人間がまさにそこにいるのを見る思いがする。その人間の声を聞く思いがする。また、大脳の興奮は音がしたり、物が動いたりする幻に変換されることもある。いずれにしても、これらすべての印象はその人の大脳のなかで起こっていることであり、それは夢のなかでの出来事に似ている。(pp. 370–371)

現実の出来事として起こっていること、すなわち客観的実在を知覚が捉えて大脳が認識するという、一般に流通した認識のプロセスからは、このフラマリヨンの考え方は大きく逸脱している。つまり、知覚が物質的実体を捉えているのと同じ刺激を「心霊」が大脳に与え、それが知覚に変換されるにすぎないのである。したがって、大脳への刺激とその知覚への変換のみが客観的実在と想定され、それを生みだすはずの現象については客観的実在であるかどうか、事実であるかどうかを問わないというのである。

実証主義は知覚により認識したものを客観的実在として「知」の対象とするわけだから、知覚により認識したものが客観的実在と一致するという、客観的実在と知覚・認識の一元論に与している。客観的実在と知覚・認識の両者がともに存在し、かつ、一致するとするもっとも通念に近い認識である。

フラマリヨンの、大脳に対する刺激とその知覚への変換のみが実在であるとする考え方は、実証主義とは異なり、客観的実在を否定するもののようにみえる。これは例えば新カント学派の観念論にみられるところである。十九世紀後半から二十世紀初頭にかけて、新カント学派の一派、マールブルク学派が実証主義を痛烈に批判したが、その根拠は、煎じつめれば、知覚が捉えたものから形成されたとされる法則は、主体の側の単なる観念にすぎないとするものであった。

このような新カント学派の認識論はフッサールの「現象学的還元」をもってすると、容易に乗り越えうるものとなる。フッサールにおいては、単なる観念としての客観存在（疑うことができない世界の同一性）と客観的実在が区別される。後者は、人間が知覚をはじめとする共通の身体性を持つことによって、その同一性と普遍性が確保される自然物の存在である。(8) この後者の認識論は実証主義のそれをある意味で補強するものといえよう。

フラマリヨンは客観的実在を否定しているようにみえると書いたが、注意すべきはフラマリヨンが「心霊現象」のメカニズムに限って知覚と客観的実在の不一致を認めていることであって、客観的実在の世界そのものを否定しているのではないことである。フラマリヨンが物質の概念規定と知覚の、両者の相対性を主張するのはすでに見たとおりだが、そうしたフラマリヨンは実証主義を、知覚が捉える客観的実在に適用するのではなく、大脳と知覚の機能という客観的実在に適用し、仮説としているのである。

後の著作『死以前』において、フラマリヨンはこの問題を再考し、つぎのように論述している。「十七世紀におけるバークリーや二十世紀におけるポアンカレのような理想主義学派の哲学者のなかにはつぎのように主張する者まで出るありさまであった。つまり、存在するのは思考の主体だけであり、我々にとってその存在が証明されているのは我々の感覚だけである。そして、客体や外界は存在しないこともありうる、というのである」(*Avant la mort*, p. 64)。

バークリーは、人間精神は外界の客観的実在を確証するすべを知らないとした。また、ポアンカレは、科学的理論の正しさは数学におけるのと同じように規約 convention を根拠とし、外界の客観的実在を根拠とするものではないというコンベンシャナリズムを唱えたが、それらを敷衍するような客観的実在の否定をフラマリヨンは「こうした考え方にこそ、誤った誇張が見られる」として戒めている。

収集した事例を研究する第三のレベルでは、エーテルに波動を伝え、大脳に刺激を与えるものがなんであるかをフラマリヨンは考察する。「このような『未知なるもの』がいったい何であるか、どんな解剖学者も生理学者も説明できるとは言いださない」(*Ibid.*, p. 581) にちがいない。なぜならば、それは「なんらかの肉体の器官ではなく、思考する存在」、すなわち、「魂」だからであるとフラマリヨンはする (p. 582)。それに、第一、「未来予知や透視が大脳の興奮によって生じるとは合理的な説明がつかない」(p. 584) ともフラマリヨンは述べている。

この先、第四のレベルで問題になるのは、もちろん、この「魂」が人間の生きているあいだだけの存在なのか、死を超えた存在なのかということである。こうした第三レベルから第四レベルへの移行については、フラマリヨンは「魂が存在すること、そして、その魂が未知なる能力を持っていることを証明することから我々が研究を始めたのは正しかったことになる。こうした研究の結果から我々は魂の死後存続と永遠性の問題に導かれることになる」(p. 588) として、つぎに取り組むべき課題が魂と死の問題であることを明言している。

死と「心霊」の問題

一九〇七年刊行の『未知なる自然の力』において、生きた人間の持つ「魂の未知なる能力」を「心霊実験」を対象として確認したのは前述のとおりである。一九〇〇年の『未知なるものと心霊の問題』、一九〇七年の『未知なる自然の力』のいずれにおいても、「心霊」は生者の「魂」の問題に限られていた。一九二〇年代刊行の『死とその神秘』三部作ないし四部作において初めてフラマリヨンは魂の死後存続の問題に取り組むことになる。

といっても、それは第二巻の『死の周辺』以降のことであり、第一巻の『死以前』では、前の著作に後戻りする形で、生者の「魂の未知なる能力」を検証し直している。これは、死の視点から「心霊」の問題を改めて総合的に解明するためには、死までの「魂」の働きについても捉え直す必要があったということである。「魂が肉体の死後も生き続けるかどうかを知るためには、まず、肉体の器官から独立して、魂がそれ自体として存在しているかどうかを調べなければならない」(*Avant la mort*, p. 31) とフラマリヨンは『死以前』の第一章で確認している。フラマリヨンは前著

『未知なるものと心霊の問題』(一九〇〇)で立てた事例の項目から、『死以前』というこの著作のテーマ設定に適合したもののみを選んで分析の対象としている。すなわち、「虫の知らせ」「夢の告知」「動物磁気」(メスメリスムの概念)「催眠」「テレパシー、距離を隔てた心霊的働きかけ」「透視」「デジャヴュ」「未来予知」といった項目設定のもとに、『未知なるものと心霊の問題』以降に収集した事例もふんだんに用いて新たに事例分析を行っているのである。これにより、前述の第一、第二、第三のレベルの検証がより大がかりに繰り返されたことになる。そして、その結論は第三のレベルの追認となる。

「我々の動物としての遺伝から感覚は派生しているが、そうした五感ないし六感が捉えるものだけがこの世界にあるのではないことを心霊現象の観察は証明している。そうしたもの以外の被造物があるのだ。こうして、我々の霊的な実体が個として存在していることが証明されたのだから、これから、我々は同じ実証的方法を用いて、死そのものに関わる現象について研究することにしよう」(p. 399)。

一八五九年の『種の起源』出版以来急速に一般に浸透した進化論をふまえる形でフラマリヨンはこのように述べ、第二巻『死の周辺』への道を開く。

第二巻『死の周辺』でフラマリヨンが採った方法は、生から死に向かって時間軸上の点を少しずつずらしていくことである。

まず、生者の姿がその肉体から遠く隔たった場所に現れる、いわゆる分身、すなわちダブルあるいはドッペルゲンガーの現象についてフラマリヨンは事例研究を行い、これを事実と認める。そして、ある人物の大脳から発した波動が遠くまで一挙にエーテルを伝わり、他の人物の大脳に刺激を与えて、そこにいない人物の姿を知覚したのと同じ効果を与える。このような、すでに引用した『未知なるものと心霊の問題』（一九〇〇）の仮説を確認する。一八九五年にリュミエール兄弟がシネマトグラフ（映画撮影機兼映写機）を発明し特許を取って以来、映画興業が急速に産業として発達し、この『死の周辺』（一九二二）の時点では、かなり一般的な娯楽になっていた。その関係で、ドッペルゲンガーの説明に「ある種の映写、遠隔動画、シネマトグラフィー」（*Autour de la mort*, p. 97）というように、執拗に映画のアナロジーを用いるようになっている。こうした「心霊シネマトグラフィー」（p. 423）はその人物の死よりもかなり前に出現して、結果的にその人物の死を予告することになる場合がある（p. 125）。さらに、死の少し前に現れる事例も見られる。

こうした現象の説明として、フラマリヨンが想定するのは、「病人は、意識の上では思ってもみないにもかかわらず、潜在意識では死が迫っていることを感じ取る」（p. 137）。これが遠隔地の親しい者に対する思いを募らせて、その者の前にドッペルゲンガーが出現する刺激を、その者の大脳にエーテルの波動によって与えるということである。

ドッペルゲンガーが現れるには至らないが、いわゆる「虫の知らせ」ということも多くの事例によって知られているとフラマリヨンはする。距離を隔てて、死の予兆あるいは死の瞬間のサインを親しい者の脳裏に去来させるというものである。

死の少し前から死の直前、そして、死の瞬間の「心霊現象」へとフラマリヨンは論を進める。ある四十八歳の男の分身が死の瞬間に親しい者に見えた事例については、フラマリヨンは四十八歳の全人口の死亡率を基に、その男の死と分身の出現の一致が必然である確率と偶然の一致である確率とを比較し、前者が後者に比べて圧倒的に高いという結果を出してもいる（pp. 383-384）。

この『死の周辺』（一九二二）でも、フラマリヨンはエーテルを伝わって伝達される大脳から大脳への波動の刺激という仮説を繰り返しているが、当時における最先端の科学技術の成果をいち早く加えてもいる。一八九五年に無線通信に成功したイタリアのマルコーニは、一九〇一年には大西洋横断の無線通信まで行い、会社を興して事業化している。一九一五年にはフランス・アメリカ間で無線電話の実験が実施され、一九二〇年前後にはイギリスおよびアメリカでラジオ放送が普及し始める。こうした電波利用の新たな局面にフラマリヨンは実に敏感に反応しているのである。

「無線電信や無線電話の実験が目下行われているが、こうした実験は、我々を取り巻き、我々のなかに入りこんでいる空気を、微弱な波動が絶え間なく経巡っていることを証明している。そうした波動は壁を通り抜け、その振動と同調する特別の機器によって捕らえられる以外には我々の五感に感じられるものとはならない。昼夜を問わず、恒常的に我々は目には見えない世界の真っ只中にいるのだ。」（pp. 419-420）

死の瞬間までの事例研究では、基本的には生者の「魂」による現象に限られていたが、そうした現象においても「すでに生死の境界を越えた、死んだ存在が関与しているのではないか、と考えたことは一再ならずだった」とフラマリヨンは告白し、つぎの第三巻『死後』の予告をする。「死後、死の数分、数時間、数日、数週間、数ヶ月、数年後の死者の送るサインと死者の出現〔……〕の観察に我々の第三巻は当てられることになるだろう。」（pp. 420-421）

第三巻『死後』（一九二二）は、引用した予告にあるように、第二巻に引き続いて、時間軸上で点をずらしていく構成を取り、つぎのような微に入り細を穿った分類をしている。「死の直後（数分から一時間）における死者の送るサインと死者の出現」（*Après la mort*, p. 121）、「ほぼ死の直後（数時間すなわち一時間から二十四時間）における死者の送るサインと死者の出現」（p. 150）、「死のほんの少しあと（一日から一週間）における死者の送るサインと死者の出現」（p. 188）、「死の少しあと（一週間から一ヶ月）における死者の送るサインと死者の出現」（p. 229）、「死のある程度長期間あと（一ヶ月から一年）における死者の送るサインと死者の出現」（p. 259）、「死の長期間あと（死後二年目、三年目、四年目）における死者の送るサインと死者の出現」（p. 290）、「死の非常に長期間あと（死後四年経過以降）における死者の送るサインと死者の出現」（p. 329）、「スピリチスムの実験における死者の顕現」（p. 354）である。最後のスピリチスムの項目は、死後の経過期間が限定できない場合で、例えば、一九〇四年二月ツーロンでの「スピリチスムの実験」の記録を『心霊誌』一九二〇年七月号から『死後』にフラマリヨンは転載しているが、この記録では、一八六七年に亡くなったフランス象徴派の詩人シャルル・ボードレールの名を名乗る霊が登場している（pp. 376-381）。

こうしてフラマリヨンは死の直後から死後無限定の期間に至る、死者の顕現、死者から生者への働きかけをつぶさに検証する。そして、この第三部『死後』で扱った死者の顕現の事例をその表層の様態によってつぎのようにまとめている。

もっとも多い事例は、死者が生前のままの体をもって現れる事例であるとする。これらすべての事例において、生者は「死者を夢とか幻で見たのではなく、完全に頭脳明晰な状態で事実として見た」と断定されている。「意味不明の物理的現象を起こしたり、音を立てたり、何か物を動かしてみせたりして、死者がその存在をアピールする」事例もかなりある。死者が生前の服装あるいは埋葬時の姿で現れる場合もあれば、それが誰だか分かりはするが、身にまとっているものがはっきりしない場合もある。そうした幽霊たちが生者と同じように光を通さない場合もあれば、透明で、壁などを通り抜ける場合もある。死者が何年ものあいだ、ひとりの特定の人物の前に現れつづけたこともある。生前にした約束を果たしに現れた場合もあるし、なにかほかの生前に果たせなかったことを果たしに現れた場合もある。自らの死因を明らかにするために現れた事例、あるいは、殺された人間が犯人を暴くために現れた事例もある。恐ろしい復讐を遂げたりもする。いたずらをしたり、生者をからかったりもする。死者たちが祈りを捧げてくれるように頼むことがしばしばある。スピリチスムの実験に登場したり、子どもや動物の前に現れたり、テレパシーによって生者に意志を伝えたりした事例がある。自分が死んだとは露ほども思わず、自分の死体を見て仰天する死者もいる(pp. 392-394)。

このような『死後』で扱った現象の大多数が事例の記録の厳格さをはじめとする種々の条件を満たし、事実として認定できることをふまえて、フラマリヨンはつぎの点が明らかになったとする。

(1) 肉体が滅んだあとも、死者たちは存続しつづける。

(2) 生者の目には見えず、触れることもできず、五感によっては捉えることのできない実体として死者たちは存続しつづける。

(3) 死者たちの存在の仕方は生者のそれとはまったく異なる。

(4) 死者たちは生者の脳に働きかけることによって、知覚されたのと同じ形体を取って生者の目に見えたり、認識されたりする。服装、パーソナリティを含めて生前の姿のままで死者たちは我々生者の目に映る。だが、死者たちの姿を見ているのは、我々の心の目であって、いわば、魂から魂に対してなされる知覚の作用である。

(5) そこにおいては、見えない存在が見えるようになっているのであって、それは決して幻覚や空想の産物ではなく事実なのである。

(6) 誰の目にも客観的に明らかな形で、死者たちは顕現することがある。

(7) 多くの場合、死者たちは意図的に姿を現すのではない。魂からエーテルの波動が発されており、それがたまたま生者の頭脳の受信装置に同調し、映像が生まれるのである。

(8) 死者たちの顕現は死の直後がもっとも頻度が高く、死から時間が経過するにつれて頻度が低くなる。

(9) 肉体を離脱した魂は、長期にわたってその生前の性格や心的傾向を保持する。これは、心理学および超心理学の見地から分析すべき重要な観察結果である。

要するに、フラマリヨンは『死後』における事例研究の結果、魂の死後存続と永遠性を実証しえたとしているのである。

死後存続における魂の運命

つぎにフラマリヨンが問題にするのが、こうして死後存続が証明された魂が死後いったいどのような運命を辿るかということである。これに関しては、すでに実証しえたとする魂の死後存続と永遠性とは違って、「これまでまったく分け入ることのできなかった謎の領域のほんの一部に入りこむことがおそらくきわめて不完全な形でできるにすぎないであろう」(*Après la mort*, p. 408) とフラマリヨンは謙虚に認める。そのうえで、いくつかの仮説を提示する。

まず、「地球全体で一日に十万人近くの人間が死ぬ」のだから大気はこれらの死者たちの魂で充満しているはずである。窒素、酸素、水素、水蒸気などに加えて「計量しえない霊的要素」より大気は構成されていることになる。こうした死者の魂が形成する「拡散した意識の宇宙的環境が、なんらかの条件が整うと、生者の個人の潜在意識と化合したり、霊媒を通して、観察される心霊現象の形を取って顕在化したりする」のである (p. 419)。

また、死者の魂にとっては空間は「縦、横、高さよりなる三次元空間に限定されるものではないのであって、第四の次元、超空間も存在する」(p. 432)。この「超空間」があることによって、魂は三次元空間の距離に捕らわれず、どこにでも自由に出没できるのである。空間だけでなく、時間についても、死者の魂は生前に受けていた時間の制約をまったく受けなくなる。「時間の外に位置する」死者の魂にとっては「年も日も時間ももはや存在しなくなる」(p. 431) のである。

霊の世界については「私たちはまだほとんど何も知らない」(p. 438) ことがおそらく主要な原因で、フラマリヨンが想定する「霊界」は驚くほどカルデックの「霊界」に近い。なによりも、フラマリヨンにおける霊的存在と人間のありよう自体がいかにもカルデック的である。カルデックが物質的存在としての肉体、肉体に宿る霊的存在の二つに加えて、霊を包み、霊的存在と肉体の仲介をする、半ば物質的なものとしてペリスプリを人間の構成要素としているのは前述したとおりである。「確かに人間存在はつぎの三つの要素から成っている。思考主体としての魂、流体 fluide としてのダブル、物質としての肉体の三つである」(p. 433)。こうフラマリヨンは述べているが、ここで彼が言う「流体としてのダブル」がカルデックのペリスプリに酷似しているのだ。

霊が地上をさまようとき、このペリスプリが霊のエーテル状の体となり、通常は目に見えないが、ときとして目に見えることがある。これが幽霊なのだ、とカルデックはしている。フラマリヨンにあっても、「流体としてのダブル」が死者のダブル(ドッペルゲンガー)あるいは幽霊を見させるものである。「物質を通り抜けることができ、クルックスなどの研究者が指摘した物質化霊になったりする」(pp. 433–434) のも「流体としてのダブル」である。むろん、カルデシスムを否定し、カルデックを乗り越えたはずのフラマリヨンであってみれば、この「流体としてのダブル」が因ってきた発想の源泉を別に求めるのは当然である。「流体としてのダブル」の説明で彼が引き合いに出すのは、神秘主義者ライヘンバッハであり、ライヘンバッハの後継者であるシャルル・デュ・プレル、それにA・ド・ロシャス大佐である。

実証性がまったくないままに、フラマリヨンは「転生」についてもカルデックと同様にこれを認める。論拠は「肉体が滅んだあとも、人間の魂が生きつづけるとすれば、人間の魂は肉体よりも前に存在していたことになる。永遠は我々の後にあるのと同じように我々の前にもある」(p. 435) ということである。この点に対する反証となりうるのが、人間が生まれる前の記憶を持たないことだが、これについてはフラマリヨンは「地上に生を受けているあいだは、物質としての身体器官が新しい条件を与え、頭脳はその生のあいだの過渡的な記憶を新たに記録するだけとなる」(p. 437) としている。そして、この世での記憶とは別に、「転生」を貫いて保持される霊魂の記憶を人間が持っているとしている。その「霊魂の全体的記憶は、転生と転生のあいだのインターバルにおいて、霊魂が自由であるときだけ完全に顕在化しうる」(p. 437) という。この世に生きているあいだだけ記憶は消されているが、霊魂は「記憶を持った、考える主体としてのアイデンティティーの永続性」を備えた「消滅することのない霊的原子」(p. 431) なのである。

霊魂は記憶の永続性を持った個としての存在であり、「転生」を繰り返す。ただし、この世への「転生」のあいだは霊魂としての記憶は失う。こうした点はまさにカルデックが霊の運命について述べたことに一致する。さらに、カルデックは霊が「転生」する世界として、地球のみならずあまた天体を挙げているが、フラマリヨンも「人間の魂が転生するのに、その転生先を我々の地球に限定するいかなる理由もない。壮大な宇宙空間を旅して、惑星から惑星へ、地球から火星へ、金星へ、あるいは、どこかほかの世界へと移動する能力が心霊の単子 monade にあるとするのはなんら科学に反することではない」(pp. 439–440) としている。

だが、霊たちが道徳的、知的に向上していくというカルデックの思想はフラマリヨンはとくに強調しない。「我々の各々が人間に生まれる前は鉱物であり、植物であり、動物であった」(p. 439) とフラマリヨンは述べて、ユゴーに近い発想を示し、厳密に魂の「転生」を人間に限るカルデックと対立している。

フラマリヨンの「心霊科学」は以上のような、実証を伴わない仮説も含めて、ほぼこの三部作『死とその神秘』で完結を見ているといえる。だが、三部作の最終巻である第三巻執筆中も「世界中から毎日、事例が送られてきて」(p. 442)、読者のさらなる期待の高まりからフラマリヨンは三部作では扱えなかった問題をいわば補遺の形で出版することにしたと予告する。そして、予告どおりに翌年『取り憑かれた家――「死とその神秘」の周辺に』*Les Maisons hantées ; en marge de « La Mort et son mystère »*(一九二三)を上梓する。

建築物にまつわる「心霊現象」

もっとも単純な留意点から始めると、Maisons hantées は通常「幽霊屋敷」などと邦訳されるが、この本で扱われている内容は幽霊の出現など直接、幽霊にかかわるものではない。むしろ、「家」のほうに力点があって、家のなかで、家の構造物や付属物について惹起する「超常現象」が問題になる。天井や壁のなかから叩音が聞こえたり、人気のないはずの廊下や部屋から靴音や物音が聞こえたり、光が見えたり、発火したり、家具などの物が移動したり、飛びあがったり、壊れたりする類の現象を指す。後述する狭義のそれに対して、いわば広義のポルターガイスト現象である。

ノルマンディー地方の古い城館、オーヴェルニュ地方の城跡の上に建てられた家、ポルトガルのコインブラ近郊の別荘を始め、多くの建築物で起こった上記の現象についての事例報告のうち、明らかに事実と認められるものをフラマリヨンは詳述する。そのうえで、これらの現象を二つに分けて考察する。一つは現象が死者と関係づけられる場合であり、もう一つは関係づけられない場合であるが、この二つの分類のいずれもが「心霊現象」であるという前提にフラマリヨンは立つ。

前者の一つの例は、物質の記憶として説明されうるものである。一九一八年四月二十六日から二十七日にかけての夜にシェルブールにあるフラマリヨンの友人宅でその「心霊現象」は起こった。その友人の夫人は二年前に亡くなっていたが、その夫人が生前使っていた家具や遺品が保存してあった部屋にたまたまフラマリヨンの秘書が泊まった。夜中に足音がするやら、ひどい物音がするやら、家具が動くやらで、その部屋は大騒ぎになった。このフラマリヨンの秘書は数学にも優れた優秀な天文学者で、いわば筋金入りの科学者であって、「心霊現象」をもっとも信じにくい人物であった。その秘書が現象を体験した直後に書いた記録であるから事実と認めうるとして、フラマリヨンは引用している（*Les Maisons hantées*, pp. 224–228）。

この現象の説明としてフラマリヨンが提示するのが、物質の記憶である。つまり、「人間の身体、霊魂、生命から発散されるものを、無生物の物質が潜在的に記録し、保持し」（p. 236）ている。それが「感覚の鋭い人間が来たことで突然蘇り、奇怪な現象を起こさせる」（p. 231）のである。

また、死者がポルターガイスト現象を通して、生者にその意志を伝える事例も引かれている。イギリスの心霊研究協会[9]の公式記録に掲載された事例で、それはイングランド北東部ヨークシャー地方の都市ハルの近郊にあるスワンランド村で起こったとされる。村の大工の仕事場で、木切れが地面を離れて飛ぶ現象が六週間続いたという。この大工には兄弟がいて、その兄弟が借金を抱えて亡くなると、大工は遺児の甥を引き取り、大工の見習いをさせた。ところが、この甥もほどなく二十二歳の若さで他界してしまう。甥は父親の借金を大工が肩代わりしてくれることを望んでいたが、それが果たされないうちに、それを苦にしながら、死んだのだった。このことに思い当たって、大工が借金の片を付けてやると、奇怪な現象はぴたりと収まったという（pp. 345-350）。

さらに、死者の「命日」にまつわる事例もフラマリヨンは紹介している。一八九九年に彼のもとに寄せられたつぎのような事例である。報告者の友人宅で、ある夜午前四時に「鎖の音とともに、ある部屋の家具という家具が転がる」凄まじい物音がした。この家の主が知人に訊いたところ、「ちょうど一年前のその日の午前四時に、サンルイなる男の死刑が執行されていた」（p. 337）ことが分かる。サンルイは、その家の召使いの女性とかつて同棲していた。その女性に三下り半を突きつけられて逆上し、拳銃で女性を撃った。だが、弾はそばにいた別の人間に当たり、この人間を殺してしまったのである。

こうした事例の延長上にあり、『未知なるものと心霊の問題』でも、また『死とその神秘』三部作でもすでに取りあげた、死の瞬間と一致する物体変異の現象についても、フラマリヨンはいくつか事例を載録している。例えば、一九二〇年から二一年にかけての冬にモナコにフラマリヨンが滞在していたときに聞いたつぎのような話がある。モナコの司教の前任者はニームの司教と昵懇の間柄で、そのためモナコの司教宅の居間の壁にはニームの司教の肖像画が掛けられていた。一九二一年二月三日午前六時、この肖像画が落下し、額のガラスが木っ端微塵に砕けた。まさにその日のその時刻にニームの司教は死亡したのだった、というのである（pp. 173-174）。

以上のような事例からフラマリヨンはつぎの三点を導き出している。これは煎じつめれば、生前の出来事や感情と関わりのある、死者からの働きかけの可能性となる。

(1) そうした現象には「見えない存在が関与している」。

(2) 「これらの存在はかつて生きた人間存在であることもありうる」。

(3) 「それらの存在が生前とあまり変わらぬこともありうる」(p. 351)。

もう一つの分類である、死者と関係づけられない場合というのは、例えば、アルジェリアからフラマリヨンのもとに一九二二年七月十七日付けで寄せられた事例に見られるとフラマリヨンはする。つまり、ある人物が夫人と休暇を過ごすために借りた一軒家の別荘でのことだが、人のいないはずの屋外で凄まじい音がするのを夜中に何度も聞いたというものである。フラマリヨンがここで一応、ポルターガイスト現象と称しているのは、このように、特定の死者とは関係付けられない現象である。これは狭義のポルターガイスト現象と規定しうる。こうした事例は「人間の未知の超能力」、「アニミズム」、「人間ではない何らかの霊的なもの」「宇宙的魂の分与」(p. 372) など、どのような力が介在しているか断じられないとフラマリヨンはする。ただ、推測できるとすれば、ギリシア・ローマの古代から土・水・火・空気の四大元素以外に第五の元素、「アニムス、宇宙的魂、生命原理、エーテルなどと呼ばれる」(p. 426) 第五の元素がある。そして、それが「見えない、未知なる知性を内包している」可能性もあり、その働きかけもありうるとフラマリヨンはする。

「心霊研究」の無限螺旋構造

『死とその神秘』最終巻の終わりでそうしたように、フラマリヨンはこの『取り憑かれた家』の終わりでも、つぎの研究対象を予告している。つまり、「とくに幽霊だけを対象とした著作を著すときが来たように私には思われる」(p. 451) と述べているのである。フラマリヨンのもとに陸続と寄せられる「心霊現象」の事例報告の果てしない堆積とともに、フラマリヨンの「心霊研究」は終わりを知らない。なぜならば、「心霊世界は物質世界に比べてはるかに広大で、はるかに壮大なもの」(p. 451) だからであるとフラマリヨンは明言する。

晩年に至るほとんどすべての「心霊研究」の著作で必ず執拗につぎの点を確認している。つまり、物質主義は誤りであり、世界は物質を超えたものに満ちあふれていること。あくまでも厳密な実証主義にのっとって「心霊研究」を行うこと。実証的科学研究の射程は相対的であり、研究方法の進歩、科学的理論の深化・発展によってしだいに広がること。

同様のテーマを繰り返し新しいパースペクティブから探究しながら、いわば、螺旋を描くようにして彼は「心霊研究」を続けてきたのであって、これからも続けようとしていた。その「心霊研究」の螺旋は一九二五年六月三日の彼の死がなかったならば、永遠に描かれつづけたはずである。「幽霊」の本はついに日の目を見ることはなかった。死因は心臓発作。享年は八十三歳であった。奇しくも、四十年を隔てて誕生日が同じヴィクトル・ユゴーと同じ享年であった。

カトリック教会のドグマと戦いつづけたフラマリヨンとしては当然といえば当然だが、特筆すべきことは、フラマリヨンの葬儀が、その六年前の彼の妻の葬儀と同じように、まったくの非宗教で行われたことである。遺体も教会の墓地にではなく、フラマリヨンの遺言どおり、パリ郊外ジュヴィジー市にある彼の邸宅兼天文台の庭に、天文学者たちと天文台の職員たちによって埋葬された。

ジュヴィジー市の特別許可を得て、広大な庭園の一角に、生け垣で囲んだ星の形の植え込みだけの墓を造っていたのだ。そこに六年前すでに埋葬していた妻とともに彼は眠ることになったのである。

注

第一章「近代」の申し子としての「心霊科学」

（1）王政復古から第三共和政に至る教育の歴史の記述については同書 pp. 48-86 に負うところが大きい。

（2）宮城音弥『超能力の世界』一九八五年、岩波新書、二六―五五頁参照。日本には超心理学は第二次世界大戦後、導入された。

（3）Allan Kardec, *Le Livre des esprits*, 1857 (Reproduction : Dervy-Livres, 1990), p. IV. Arthur Conan Doyle, *The History of spiritualism*, vol. 1, 1989 (first edition : 1926), pp. 56-85. Auguste Viatte, *Victor Hugo et les illuminés de son temps*, 1942 (Slatkine Reprints, 1973), p. 28. Marion Aubree et François Laplantine, *La Table, le Livre et les Esprits*, 1990, pp. 15-16. Régis Ladous, *Le Spiritisme*, 1989, pp. 26-27. Yvonne Castellan, *Le Spiritisme*, 1995 (1ère éd. : 1954), pp. 7-8. 福来友吉『心霊と神秘世界』一九三二年、一五五―一六二頁。平田元吉『心霊の神秘』一九一二年、二六―三四頁。高橋五郎『心霊万能論』一九一〇年、一一八―一二五頁。浅野和三郎『心霊講座』一九二九年（復刻版一九八五年）、五八―六三頁。

（4）Flammarion, *Au tour de la mort*, 1921, pp. 419-420.

（5）ギリシアの自然観、そして、プトレマイオス天文学における星辰界を満たすと考えられ、その後、物理学の領域では、アインシュタインの特殊相対性理論の登場（一九〇五）まで、理論上、ある種の実体として機能したエーテルの概念をこの「流体」が基礎としていることは明白である。

（6）Léon Chertok, Raymond de Saussure, *Naissance du psychanalyse de Mesmer à Freud*, Payot, 1973, pp. 15-53. ロバート・ダーントン『パリのスマー』（稲生永訳）平凡社、一九八七年（原典一九六八年）、中

井久夫『西欧精神医学背景史』みすず書房、一九九九年、八六―一二〇頁。メスメリスムがパリにおいて脚光を浴びるのに貢献した人物にドイツ人医師コレフ Koreff がいる。第一帝政期に一度来仏したあと、一八二二年にパリで開業するのだが、同時に、メスメリスムに近い立場の論文を多く発表した。パリの医学会もその学説を無視しえず、「一八二六年、動物磁気技術師 magnétiseur たちの論文を受理するための常任委員会を発足させた」(Pierre-Georges Castex, *Le Conte fantastique en France de Nodier à Maupassant*, 1951, p. 43)。文学史上においては、ドイツの幻想小説家E・T・A・ホフマンと旧知の間柄であり、ホフマンをフランスに翻訳・紹介させた功績でも知られる。

(7) アウエルバッハ『ミメーシス』(ドイツ語原典初版一九四六年刊)にも詳述されるように、mimēsis(模倣)は元来アリストテレスの美学を構成する主要概念であった。現実を模倣する(フランス語では mimer 真似る)ことが芸術の重要な要素であるとされる。アウエルバッハはその「模倣の美学」の発現の様態を歴史的に考察し、十九世紀のリアリズム小説においては時間・空間のミメーシスが実現されることを論述している(Erich Auerbach, *Mimêsis : la représentation de la réalité dans la littérature occidentale* ; traduit de l'allemand par Cornélius Heim, Gallimard, 1968)。

(8) フーコーにおける古典主義から「近代」へのエピステーメー・チェンジの例として登場している(Foucault 1966 275-292)。

(9) 近代の時間は物事を生成させ、自らも生成する時間である(Georges Poulet, *Etudes sur le temps humain*, 4 vols., Plon, 1949-68)。

(10) プレイヤッド版『人間喜劇』第一巻において、その注釈者のひとりマドレーヌ・ファルジョーはバルザックが自らの小説技法を編みだすうえでユゴーのこの分析に着想を得たところがあることを示唆している(Madeleine Fargeaud, "*Notes, Avant-propos de « La Comédie Humaine »*", Honoré de Balzac, *La Comédie Humaine*, t. 1, Gallimard, 1976, p. 1122)。

(11) V. Hugo, « *Quentin Durward, ou L'Ecossais à la cour de Louis XI*, par Walter Scott », *La Muse*

française, *OCVH*, t. II, p. 434.

（12）この『アイスランドのハン』を評して、アルフレッド・ド・ヴィニーはユゴーにつぎのような言葉を書き送った。「あなたはフランスにウォルター・スコット導入の礎を築いた」（Lettre de février 1823, *Correspondance I, Œuvres Complètes d'Alfred de Vigny*, L. Conard, 1914-45, p. 34）。

（13）とくにサン＝シモンの『人間科学覚書』*Mémoire sur la science de l'homme*（一八一三）からコントは多くを学んでいる。

（14）この「学問総合の法則」loi encyclopédique と「三状態の法則」loi des trois états の両者を指して、コントは実証主義の「ふたつの母概念」deux idées mères と称している（*Discours sur l'esprit positif*, p. 165）。

（15）同様の趣旨でコントがベーコン、デカルトに言及することは一再ならずであった。引用箇所以外にも例えば *Cours de philosophie positive*, t. 1, pp. 19, 52, 75 ; t. 2, p. 530 ; t. 3, pp. 842-845 ; t. 6, pp. 644, 886 など。

（16）P. F. Strawson, *The bounds of sense : an essay on Kant's critique of pure reason*, London : Methuen, 1978, pp. 89-93. とくに、「事物の表象の統一性ないしは一貫性がこのように要請されることは人間の経験の過程全体に敷衍しうることである。そこにおいてはいかなる断絶も許されない」（*Ibid.*, p. 89）。高峯一愚『カント講義』論創社、一九八一年、八〇―九〇頁。天野貞祐『カント　純粋理性批判――純粋理性批判の形而上学的性格』大思想文庫一七、岩波書店、一九八五年、三五―四三頁参照。

（17）フランス語原文では nos philosophes idéologues となって形容詞であるが idéologues という言葉が使われている。観念学派 idéologistes はその派の中心人物デステュット・ド・トラシの自称だが、ナポレオン一世は彼らを貶めて、空理空論を弄ぶ者という意味で idéologues と呼んだ。コントは軽蔑的な響きのある後者を用いている。

第二章　創造的シンクレティズムの時空

（1）このように登場する霊が偉人・有名人に偏ることは、フランスにおける降霊術にかなり顕著な特徴である。例えば、ギュスタヴ・フロベールの小説『ブーヴァールとペキュシェ』（一八八一）で主人公のふたりは「流行の降霊術」を実践してみることになるのだが、そのふたりが参加した降霊術の会では、「ルイ十二世、クレマンス・イゾール、フランクリン、ジャン＝ジャック・ルソーなどと直接通信した」こともあるとされている。ルイ十二世は十五―六世紀フランスの王であり、クレマンス・イゾールは十四世紀フランス、ツールーズの婦人で、南仏の詩人たちを庇護した人物である。また、フランクリンはアメリカ独立宣言の起草者のひとりであると同時に科学者でもあり、雷雨に凧を揚げて、雷のなかで電気が発生することを確かめたとされる。ジャン＝ジャック・ルソーは言うまでもなく、フランス十八世紀を代表する思想家のひとりである。これは、フランスの降霊術が歴史上、政治上、思想上、文学上の一般性の高い問題を論ずる特質を持つためである。そんななかでも、ユゴーたちの降霊術は際立ち、抽象概念が死者の魂と同じくらい頻繁に現れ、形而上学的な側面がいっそう強かった。

（2）同図書館自筆原稿部門で通常はマイクロフィルムによる閲覧しか許されないところを同部門責任者のひとりマリ＝ロール・プレヴォー氏の特別許可を得て実物を閲覧することができた。記して厚く御礼申したい。

（3）ノート綴じの綴じ目の糸が folio の裏と表の間に露出しているのは以下の部分。すなわち、ｆ六裏とｆ七表の間、ｆ一八裏とｆ一九表の間、ｆ三〇裏とｆ三一表の間、ｆ四二裏とｆ四三表の間、ｆ五四裏とｆ五五表の間、ｆ六六裏とｆ六七表の間、ｆ七八裏とｆ七九表の間、ｆ九〇裏とｆ九一表の間、ｆ一〇二裏とｆ一〇三表の間、ｆ一一四裏とｆ一一五表の間、ｆ一二六裏とｆ一二七表の間である。

（4）ノート綴じの綴じ目の糸が folio の裏と表の間に露出しているのは以下の部分。ｆ五裏とｆ六表の間、ｆ一七裏とｆ一八表の間、ｆ二九裏とｆ三〇表の間、ｆ四一裏とｆ四二表の間、ｆ五二裏とｆ五三表の間、ｆ六四裏とｆ六五表の間ｆ七六裏とｆ七七表の間。ｆ八八裏とｆ八九表の間。ｆ一〇〇裏とｆ一〇一表の間。ｆ一一二裏とｆ一一三表の間。ｆ一二四裏とｆ一二五表の間。

（5）図書館整理番号 n.a.f. 14066 および n.a.f. 16434 の「降霊術記録ノート」いずれについても、全 Folios

すなわち全ページにわたる鮮明なコピーを筆者は入手することができた。

（6） 一八五三年九月十一日の最初に成功した降霊術の実験については、ユゴーの次女アデル・ユゴーの断片的なメモもあり、そのメモのなかで、テーブルがこのような状態になることをアデルは「テーブルを磁気化する」magnétiser という言葉で表現している。さらに、アデルはこの現象を叙述するのに、流体 fluide という言葉も使っている（*Le Journal d'Adèle Hugo*, t. II, 1971, p. 279）。こうした用語は、例えば一八五三年十月五日の記録など「降霊術の記録」にも現れる。「磁気化する」も「流体」も動物磁気説 magnétisme animal あるいは mesmérisme 特有の用語である。したがって、ユゴーたちのテーブル・ターニング理解の基礎にはこうしたメスメリスムの理論があるといえる。先述のように、メスメリスムは、ウィーン大学出身のドイツ人フランツ・アントン・メスマー（一七三四―一八二五）が十八世紀後半にフランスにもたらした、今日の精神医学で言うところの、一種の催眠療法であった。宇宙と人体内部には常に流体 fluide の流れがあり、人体内部でそれが妨げられると病気や障害が起こるというのが、その理論の骨子であった。

（7） このような「文字盤」は「心霊科学」のなかでかなり一般的に使われ、フランス語とドイツ語の肯定の返事「ウィ」と「ヤー」をもじって「ウィジャ盤」と呼ばれている。後述するカルデックの『霊媒の書』によれば、ジラルダン夫人その人がこの「ウィジャ盤」と同じ機能の文字盤、いわば「ウィジャ盤」の一変形を考案している（Kardec, *Livre des Médiums*, 1861, pp. 180-181）。ヴァクリーがその著書『歴史こぼれ話』で「ジラルダン夫人がパリから私にふたつのテーブルを送ってよこした。脚のうちの一本が鉛筆になっていて、文字や絵をかいたりできる小さなテーブル（……）。もうひとつは大きめのテーブルで、アルファベットの文字盤が付いていて、針が文字を指し示すようになったものだった」（Vacquerie, *Les Miettes de l'histoire*, 1863, p. 387）。したがって、ここでユゴーが持ちだしたのが、このジラルダン夫人がヴァクリーに送った「ウィジャ盤」であったことはほぼ間違いない。ちなみに、鉛筆の付いた小テーブルを使ってユゴーたちが描かせた絵がパリ国立図書館に残っている。n.a.f. 16434 の「降霊術記録ノート」の終わり近く、一八五五年十月五日および十月七日の実験（降霊術の全記録の最後のものと最後から二番目のもの）では、参加者のひとりが指に鉛筆を挟み、霊媒シャルルから霊感を受けて紙に直接文字を書くというきわめて例外的な（あるいは末期的な）ことが起こった（folio 43 recto et verso）。

（8） ここで毎秒の打数を計算した三つのケースについて、〔総打数＋総字数〕を〔総字数〕で割って、文字と文字の切れ目を一打として勘定に入れた場合の、一文字当たりを得るのに必要な打数の平均を求めると、一二・五七打、一二・四八打、一二・四四打となる。いずれのケースも平均ほぼ一二・五打で一文字が得られることが分かる。これは、Zを得るための二十六打のほぼ半分である。つまり、大量にアルファベットが集まれば、全体が均されて、平均の打数はA一打からZ二十六打までの平均値に近づくということであろう。今後、個々の降霊術の実験について、その毎秒の打数、すなわち叩音連打の速度を概算するときにはこのおよその平均値を用いることにする。

（9） この記録は「降霊術記録ノート」に収録されているものではない。パリ・ユゴー記念館にはユゴー自筆の「降霊術の記録」、それも、降霊術の現場で、降霊術と同時進行でユゴーが取った記録（一枚一枚セパレートされた紙）がかなり収蔵されている。後述のように、背にTables tournantesと書かれた、ベージュのキャンバス布張りの箱に、ふたつの白い大きな厚紙のホルダー（書類挟み）が収められていて、表紙にTables / écriture d'Hugo / 2 chemises / 1 cahier とかつてのユゴー記念館付属図書館員が記入したそのひとつに、Archives Paul Meurice / Procès-verbaux des Tables de Jersey / où se manifeste Shakespeare (1854) / Autographes de Victor Hugo / plus une copie de Vacquerie (:) と表紙部分に、同じくかつてのユゴー記念館付属図書館員が記入したオレンジ色のホルダーが収納されている。このオレンジ色のホルダーに収められたユゴー自筆の記録である。このユゴー自筆の記録はSéance du 3 mars [1854] 9 h. 1/2 du soir / écriture de Victor Hugo / 2 ff [folios] doubles / Massin 1440 et 1450 と、同じく過去のユゴー記念館付属図書館員が記入したメモ風の紙に挟みこまれている。このユゴー自筆の記録の写真をMaurice Levaillant は一九五四年刊のその著書 *La Crise mystique de Victor Hugo*（*1843-1856*）に収録している。

(10) とくにこの「降霊術の記録」で顕著だが、一文字一文字大変な力を入れて書くユゴーの筆致は尋常のものとは思えず、霊媒のみならず、さながら筆記者ユゴー自身がある種のトランス状態に陥っていたかのような様相を呈している。

(11) Manuscrits, n.a.f. 16434, folio 109 verso ; *OCVH*, t. IX, p. 1381.

(12) Allan Kardec, *Le Livre des Médiums*, 1986 (1ère éd. : 1861), pp. 187-203. 例えば、日本の霊界通信では、霊媒「イタコ」(東北地方)「アズサ」(東北・関東地方)「ユタ」(沖縄地方) がよく知られているが、その方法は基本的には「口述霊媒」であり、それは一般的に「口寄せ」と呼ばれている。これについて、現存する「降霊術記録ノート」にほとんど唯一の例外と考えられる事例がないわけではない。霊媒が言葉にしていたかどうかはさておくとしても (十中八九、言葉にしていたと思われるが)、霊媒が「降霊術記録ノート」の筆記者になったことがあるのだ。一八五四年四月二十三日の実験の途中で四十五分間休憩があって、まだ参加者たちが再集合しないうちに、シャルル・ユゴーとテオフィル・ゲランがふたりだけで降霊術を再開した。「(六時に再開)/出席者はゲラン、シャルル・ユゴー。ふたりともテーブルに手を置く。シャルル・ユゴーが筆記する」というシャルルの筆跡による記述のあと、七行だけ同じくシャルルの筆跡による記録がある。「霊」の言葉は、「劇だ」と自分の名前を名乗る言葉と「シェイクスピアの劇が終わったことを私はおまえたちに伝える」という言葉だけであった。そのあとすぐに「オーギュスト・ヴァクリーが入室する」というヴァクリーの筆跡による記載があり (n.a.f. 14066, folio 76 recto)、以後は、この降霊術の実験の最後まで、ヴァクリーの筆跡による記録が続いている。

(13) この二十一回の日付けをすべて網羅的に示すと、以下のようになる。一八五五年一月二十一日、二月十一日、二月十八日、三月一日、三月八日、三月十五日、三月二十二日、三月三十日、四月十三日、四月二十九日、五月十日、五月十八日、五月二十五日、六月四日、六月十一日、六月十八日、六月二十九日、七月四日、七月十六日、十月四日、十月五日である。

(14)　ゴードン夫妻校訂の『降霊術の記録』では「七月二日」になっている。

(15)　Don Meurice, Don Langlois-Berthelot / Ces documents étaient dans une chemise de papier marron très sale contenue dans une chemise de papier vert assez sale. / La chemise de papier vert portait cette mention : "Trouvé dans le carton Gustave Simon". / La chemise de papier marron portait cette mention : Coffre 3A donation Hugo.

(16)　ユゴーの死後、未定稿を含むすべての遺産は公証人ガチンGatineによって一覧表にまとめられた。その際、リストアップされたすべての原稿に青色のスタンプが押され、整理番号と紙片番号が振られ、さらに、ガチンの署名がなされた。このガチンの整理番号と紙片番号が原稿、とくに未定稿調査の重要な手がかりになることは言うまでもない。

(17)　「『降霊術記録ノート』以外のテキストがヴィクトル・ユゴーやオーギュスト・ヴァクリーの手になるものであり、本物であることに間違いがなくとも、それらは単なる写しにすぎないのだった」（*OCVH*, t. IX, p. 1183）とジャン・ゴードンは述べている。ここで筆者が強調するユゴー自筆の記録の重要な意味はゴードンは歯牙にもかけていない。

(18)　紙質は概ね白い紙が長い年月を経て黄ばんだもの（ただし、すべて同じ紙質ではなく、薄手のもの、厚手のものなど、かなりまちまちである）。大きさはA4と同じ縦の長さで、横はA4プラス二センチくらいである（ただし、この二倍のA3プラス四センチをふたつに折ってA4プラス二センチの大きさにしたものもある）。筆記用具は鵞鳥の羽を削りながら使う鵞ペン。ユゴーはすでに実用に供されていた万年筆（現在と同じ仕組みのものは一八八四年にルイス・ウォーターマンが特許を得たものであるが、別の方式のものならば、十九世紀前半から存在はした）あるいは金属製のペンはほとんど一顧だにせず、文字を書くときは鵞ペンを常用した。鵞ペンはペン先部分にインクがかなり染みこむので、十分から十五分くらいはインク壺に入れることなく連続して使用できる。ユゴー使用のインクの色はすべてセピア色になっている。

(19)　アンドロクレスのライオンを意味する。ローマ時代の逸話によれば、アンドロクレスという逃亡奴隷が、足に棘が刺さって苦しんでいるライオンを助けた。その後、アンドロクレスが捕らえられ、ローマの円形闘技場でライオンの生け贄になろうとしたとき、助けてもらった恩義から、今度はライオンがアンドロクレスを助けたという。現存する「降霊術の記録」からすると、アンドロクレスのライオンは短い登場も含めて、一八五四年一月六日から同年九月二十六日までのあいだに十八回ユゴー達の降霊術に登場した。それらの登場を通して、長詩を連綿と書き取らせることをしたが、その間、ユゴーがライオンの詩句の一部を直すように提案したり（三月三十日、四月二十一日、五月八日）、ライオンのために自ら作った詩をユゴーが披露したり（三月二十四日）、ライオンが公然と「おまえと私のふたりしか知らない未定稿の半句だ」とユゴーに言いながら、ユゴーの半句（一行の半分）を借用したりしている（四月二十五日）。ユゴーがライオンのために作った詩はその後、詩集『諸世紀の伝説』第一集（一八五九）に収められた。また、二月十七日にライオンがほんの一時登場したその翌日、ユゴーは「アンドロクレス」と題する詩を書き、これを数十年の後に詩集『精神の四方の風』（一八八一）に収載している。ユゴーとライオンしか知らない、ユゴーの半句をライオンが借用したのはまさにここでこれから分析する「降霊術の記録」の後半部分で起こったことである。文学創造に深く立ち入って、いかにユゴーとライオンが親密なコミュニケーションを持っていたかが窺い知れるのである。

(20) 算用数字の1が三つ羅列されている。意味不明だが、ユゴーたちとテーブルとのあいだで、叩音の三回連打が詩句を訂正する合図になっていることからすると、これは叩音の三回連打のことなのかもしれない。

(21) 定冠詞 la を取り消して、つぎの、母音で始まる名詞に適合するよう l' に訂正するための叩音三打。

(22) つまり第三詩句「情け容赦も思慮もなく」以降に変更を加えるということである。

(23) 縦にふたつ折にした折り目の中央より少し上に、既述の公証人ガチンによるユゴー遺産一覧表の青色のスタンプが押され、105ᵉ という整理番号と 139ᵉ という紙片番号が記され、さらに、ガチンの署名がなされている。このページ全体の左上には、「a［アンドロクレス］の l［ライオン］の返答の続き」Suite de la / réponse du l. d'a. とユゴーの筆跡で書かれている。

（24）邦訳ではvivants（「力強い」「力強く」）の語が途中で切れた訳にはなっていないが、これは当然ながらフランス語文と日本語文との構文の違いなどによるものである。

（25）この終わりの四行の詩句をテーブルはユゴーの詩句に近いものにしている。ユゴーの詩句とまったく異なる詩句に直して、ユゴーと真っ向から対立しようとはしていない。また、ユゴーの詩句との類似にみなが驚いたテーブルの詩句がユゴーの詩句とまったく同じであることもない。あとでいっそうその可能性が高いことが明らかになるのだが、仮にテーブルの言葉がユゴーの「人格の二重化」の結果であったとしても、それは、ふたつの人格のあいだの屈折した対話ということになるだろう。

（26）ユゴーは誤って、閉じ括弧をふたつ書きいれている。

（27）両者の手書き原稿の状態からして、ユゴーのメモについても、ヴァクリーのメモについても、ページに空白を残しておいてあとでメモを書き加えた様子はなく、その場で書いたと見て間違いないだろうことを念のために申し添えておく。

（28）ユゴー自筆「降霊術の記録」にはもう一箇所、五行にわたる書きこみがあり、その五行すべてをインクの太い線でユゴーが消している、と述べた。これは、一箇所目の詩句の書きこみと同じように、ユゴーがテーブルの詩句を先取りしようとしたが、途中で思いとどまった、または、思いどおりの結果が得られず抹消したものだろうと想像できる。

（29）この点についてはジャン・ゴードンもつぎのように述べて筆者と同意見である。「それにしても、降霊術の言説が現実を超えたものであると関係者が信じていたことが、彼らが飽くことなく降霊術を続けた唯一の理由であった。そのように信じることがなかったならば、この降霊術仲間たちにとっては、降霊術の啓示の価値は崩れていたことだろう。なぜなら、彼らは真実とか絶対性とかを何よりも大切にしていたからである」（*OCVH*, t. IX, p. 1180）。

（30）このテキストは「哲学、ある本の導入部」と題する未定稿（『レ・ミゼラブル』の序文として構想され一八六〇年に執筆されたが、出版に際しては削除された）の一節である。文中の「四肢硬直」は動物磁気術師が患者に対してしばしば起こしていた。今日の催眠術でも容易に起こしうる。「類似療法」とは問題の症状と同じ症状を起こさせる微量の毒性物質を用いてする治療法を指す。

(31) アデル・ユゴーが狂気に至った過程は、フランソワ・トリュフォーが名作『アデル・Hの物語』(一九七五年制作、邦題『アデルの恋の物語』)でつぶさに描いて、一般の知るところとなっている。

(32) ユゴー記念館には膨大な量のアデルの自筆原稿が保管されている。Journal d'Adèle I から III および Cahiers d'Adèle I から III とラベルの貼られた、縦×横×高さが三八・五×三〇×九センチのベージュの布装の書類箱、合計六箱に未整理状態でびっしり詰めこまれている。筆者自身ユゴー記念館でこれを閲覧する機会を得た。Journal(日記)とか、Cahiers(ノート)とかいっても、いわゆる市販の帳面のようなものに記入した例は皆無であり、綴じられたものはまったくない。すべての原稿が一枚一枚ばらばらの紙に書かれ、それが厚紙製のホルダー(書類挟み)に(例外的には、Adèle Hugo の署名がカバーにある麻製の書類入れに)十枚から数十枚挟みこまれているか、通常使用のものに比べて二倍の大きさの紙を六、七枚束ねて背のところでふたつ折りにしたものである。多くがペン書きだが、なかには、かなり薄い鉛筆書きの原稿ないしは原稿の一部もある。紙を普通に使って、紙の上下の端の線と平行に書いていくだけでなく、九十度回転させた状態で紙の左右の端の線と平行に書いていったり、対角線と平行に書いていったりもしている。どこから始まってどこで終わるか分からないページも多く、解読が困難な、錯綜したテキスト群である。常軌を逸しかけていたとも思われる、当時のアデルの不安定な精神状態を如実に反映し、誠に痛々しいかぎりの文筆の営為といわざるをえない。『アデル・ユゴーの日記』*Le Journal d'Adèle Hugo* と題して、この一部およびニューヨークの Pierpont Morgan Library 所蔵のものの一部が、執筆年によって巻を分けて、これまで四巻が出版されている。だが、これはアマチュア研究家による解読であり、労作ではあるが、ユゴー記念館所蔵のアデル自筆原稿についても、その全容からはほど遠いものである。比較的解読の容易なものを抜粋して活字にした、というのが実情である。この研究家はすでに他界しており、続巻が出版される目処は立っていない。

(33) つぎの引用文の第一段落は二月十一日の記録から抜粋している。この二月十一日の降霊術の実験について、前掲の概算方法で秒速打数を概算すると、秒速約三・四打である（全文字テキストの三分の一を占める質問の文章の時間は除外した概算）。この日の記録の冒頭に、霊媒として「テーブルに着くのはヴィクトル・ユゴー夫人とシャルル・ユゴー。ヴィクトル・ユゴー入室」という記述がある。ユゴーが出席しているにもかかわらず、筆跡はこの記録全体の最後までヴァクリーのものである（Manuscrits, n.a.f. 16434, folio 2 recto -3 verso）。引用文の第二段落は二月十八日の記録から抜粋している。この実験については、叩音連打の打数は秒速約四・七打である。この日の記録の冒頭に、霊媒として「テーブルを保持するのはV・H夫人、シャルル。筆記するのはV・H」という記述がある。（Manuscrits, n.a.f. 16434, folio 3 verso）

(34) この三月二十二日の降霊術の実験について、前掲の概算方法で秒速打数を概算すると、秒速約四打である。この日の記録の冒頭に、二月十八日の記録同様（霊媒名の記述の順序のみ入れ替わっているが）、霊媒として「テーブルを保持するのはシャルル、ヴィクトル・ユゴー夫人。筆記するのはヴィクトル・ユゴー」という記述がある。

(35) 鷲の頭と翼に、ライオンの胴体を持つとされる想像上の動物。ギリシア神話においては、ゼウスやアポロンの乗る車を引いて天かけるとされる。

(36) ローマ皇帝。帝位につこうとする腹心の部下セヤヌスの陰謀により隠居させられ、後継者を次々と殺されるが、陰謀を見抜いてセヤヌスを逮捕、処刑した。

(37) 文学史上、ロマン派文学運動の綱領とされる『クロムウェル』（一八二七）の「序文」においてユゴーが、キリスト教が崇高とグロテスク、美と醜の二項対立とその共存を世界にもたらしたと主張し、その世界観にのっとった文学形式がロマン派劇であるとしていることはよく知られている。

(38) この一八五四年二月十日の「降霊術の記録」について、他と同じ詳細な情報を以下に記しておく。まず、この記録は前述の経緯から「降霊術記録ノート」からの転記である。「テーブルにはテオフィル・ゲラン、シャルル・ユゴー」が着くという記述が冒頭にある。筆記者の記載はないが、筆跡はヴァクリーのものである。質問者はヴィクトル・ユゴーである。叩音連打の速度をこれまで同様の方法で概算すると、秒速約二・二打となる。ユゴーが「テーブル」に自作の詩を読んで聞かせたり、「テーブル」が頻繁に詩句を推敲し、そのために沈黙したりした時間経過が考えられるので、叩音連打の速度はこれよりかなり速いものと思われる。手書きの「降霊術記録ノート」を参照すると、すでに検証した一八五四年四月二十五日の記録同様ヴァクリーの筆跡は一文字一文字分かちながら淀みなく書かれている。四月二十五日の記録同様、おそらく並行して別途ユゴーが自分の記録を取っていたものと思われる。

(39) 「オーギュスト・ヴァクリーが退室する。」という記述のあとは、「降霊術記録ノート」の筆跡はユゴー夫人のものである。このユゴーのコメントについてはユゴーの筆跡である。つぎの、ユゴーの行動を記述した部分はテオフィル・ゲランの筆跡であり、ゲランはわざわざ自分の署名を付してもいる。

(40) 王の寵愛を受けた婦人に対して陰謀をたくらんだかどで投獄され、三十年以上を獄中で過ごしたフランス十八世紀の貴族。

(41) 十七世紀フランスの文筆家。政治的事件に巻きこまれてバスチーユの牢獄に投獄された。

(42) 並はずれて信仰心の強いことで知られる旧約聖書の登場人物。

(43) ヘシオドスは古代ギリシアの詩人、ホラティウスは古代ローマの詩人、ルクレティウスは古代ローマの詩人、哲学者。

(44) 一八三七年刊詩集『内心の声』収載の詩。

(45) 一八三一年初演のユゴーの韻文劇『マリヨン・ド・ロルム』の女主人公。十七世紀に生きた実在の高級娼婦。

(46) 一八三二年初演のユゴーの韻文劇『王は楽しむ』の主人公。十六世紀、フランソワ一世につかえた実在の道化。

(47) イギリス十五、六世紀の政治家トマス・モア。ヘンリー八世の宗教改革に反対して、カトリックの立場を通したために処刑された。のちに、聖人に列せられた。

(48) 十六世紀前半の強大なイギリス国王。
(49) オスマン帝国十五、六世紀のスルタン、セリム一世。残酷な性格で有名である。
(50) 残忍、冷酷さで知られるイタリア十五、六世紀の政治家。
(51) 「テーブル」を指す。
(52) Auguste Viatte, *Victor Hugo et les illuminés de son temps*, pp. 107–109 にも概説的な言及がある。
(53) 以下に用いるカバラ関連用語のカタカナ表記は原則としてゲルショム・ショーレム『ユダヤ神秘主義』の邦訳（山下肇他訳、法政大学出版局、一九八五年）による。カバラの歴史および教義の概観はショーレムの同研究書、Erich Bischoff, *The Kabbala* 他の引用諸文献の記述をまとめたものである。

第三章　スピリチスム

(1) 国民国家概念の形成とその構成要素の整備が十九世紀を通じて行われるが、そんななかでローマ人によって征服される以前にフランスの国土に住んでいたゴール人をフランス人なるもののルーツと認識する動きが顕著となる。ユゴーのところで見たように、ユゴーはすでに一八二〇年頃から、ゴール人たちの宗教であるドルイド教に興味を抱いていた。ゴール人たちを含むケルトに対する学問的興味が本格的に惹起されるのは十九世紀後半のことである。
(2) *Le Livre des esprits, contenant les principes de la donctrine spirite* (1ère éd. : 1857), Dervy, 1984. 以下、カルデックの主要著作は新刊本として現在入手可能であり、それらは十九世紀当時の版を用いた復刻版であるために、テキストの異同はない。
(3) *Qu'est-ce que le spiritisme ?* (1ère éd. : 1859), Editions Vermet, 1988.
(4) *Le Livre des médiums* (1ère éd. : *Spiritisme expérimental. Le Livre des médiums ou Guide des médiums et des évocateurs*, 1861), Dervy, 1986.
(5) *L'Evangile selon le spiritisme* (1ère éd. : *L'Imitation de l'Evangile selon le spiritisme*, 1864), Dervy,

1985.

（6）*Le Ciel et l'enfer* (1ère éd. : 1865), Editions Vermet, 1990.

（7）*La Genèse, les miracles et les prédictions selon le spiritisme* (1ère éd. : 1868), La Diffusion Scientifique, 1986.

（8）日本においてほぼ同時期、幕末に興った神道系の大本教においては、その「教典」ともいえる基本テキストは教祖出口なおが神がかりによって筆でしたためた「筆先」と呼ばれるものであった。この「筆先」のテキスト生成と同じことになる。世界の、場所を隔てたふたつの地点で、同時発生的に同様の宗教テキストの生成方法が出現したことになる。

（9）ゲオルグ・ジンメルはその著書『社会学の根本問題』（一九一七）において十九世紀における個人主義をふたつに大別している。人間は他の人間と違う唯一無二の存在であるとする「唯一性の個人主義」と、人間は世界を認識し、判断する主体として平等であるとする「単一性の個人主義」である（清水幾太郎訳『社会学の根本問題』岩波文庫、一九七九、一二六頁）。後者は近代における政治原理のひとつ、多数決の原則を支えるものであるが、多数の観察結果の一致が真理を指し示すと考えることは、この後者の個人主義に対応しているといえる。

（10）まったくの偶然であるにしても、同じ十九世紀、日本の幕末に興り、のちに教派神道十三派とされる習合神道系宗教のうち天理教が、仏教とともに根を張っていた「六道輪廻」を否定して、死とともに「霊」が時を移さず新たな人間に「転生」する、いわば、この世とあの世のピストン輸送を説いたのは、大本教同様、世界の遠隔地点での同時発生的現象として特筆に値する。

（11）生気論を論ずる場合、その対立項は古来通常、機械論である。無生物の基本原理として機械論があり、生物の生命現象の説明として生気論がある。この二項対立からすれば、無生物同様の物質性と「生命原理」を一括りにするよりも、それらを分割するバルテスの考え方のほうがより一般的である。

（12）このような道徳性と知性の合一は、ヨーロッパ思想をはるか古代にたどれば、ソクラテスに行きつくことは言うまでもない。

(13)『マタイによる福音書』五章三十九節、日本聖書協会訳。

(14) このようなシンクレチスム（諸宗教混交）はユゴーにおいても顕著であり、いわば、時代のパラダイムと考えることもできよう。

(15)『スピリチスムによる創世・奇蹟・予言』一八頁でカルデックはこの記述に変更を加えて引用している。

(16) スピリチスムの信奉者を指す。

第四章　科学のフロンティアを拓く

(1) 第二次大戦後「超心理学」は日本にも導入されたが、日本ではまったくと言ってよいほど大学の研究部門としては根づいていない。

(2) 本論で引用している『未知なる自然の力』（一九〇七）はこの同名の著作が上梓されてから約四十年後にフラマリヨンが新たに出版したものである。「元の枠組みを大幅に発展させ、完全に新しい著作を執筆する」(p. VIII) 以外には、一八六五年版『未知なる自然の力』再版の要望には応えられなかったとしている。

(3) もともとギリシャ神話の牧畜・商業などの神で、メルキュールとも同一視され、「水星」のことも指す（エルメスはフランス語読み、ギリシャ語ではむろんヘルメス）。さらに、ギリシャ神話のヘルメスと、古代エジプト神話の学問・知識・計算の神でもある月神トートとが習合したヘルメス・トリスメギストスに対するレファレンスとも見るべきであろう。グノーシスとも密接な関係をもつ「ヘルメス・トリスメギストス」は、このヘルメス・トリスメギストスが導師として弟子に語った言葉の形を取る。「ヘルメス文書」は魔術、占星術、錬金術を内容とし、のちのヨーロッパにおける神秘思想に多大の影響を及ぼした。

(4) この戦いにおいて、とくに「一八七九年から一八八六年にかけてと一八九八年から一九〇七年にかけては、大革命の精神がもたらした非キリスト教化の動きをカトリックの側に彷彿とさせるような激烈ぶりであった」とアンドレ・ラトレイユ他著『フランスにおけるカトリシスムの歴史』第三巻（一九六二）に記述されている（p. 419）。

（5）むろん、まだニュートン力学のレベルに留まっていたフラマリヨンのこの時期には、光の波動を伝える媒体としてエーテルは実体をもっていた。

（6）一九〇五年七月と一九〇六年四月、パラディーノを対象とした「心霊実験」がパリの心理学総合研究所で行われたときには、ノーベル物理学賞受賞者のピエール・キュリーも実験に参加した（pp. 17, 485）。

（7）森菊久『飛行機を飛ばすコマ――ジャイロが開いた世界』講談社、一九七九、七頁。「地球の自転を立証するのにたいへん役立つ」装置として、フランスの物理学者レオン・フーコー（一八一九―六八）が一八五二年にジャイロスコープを初めて用いた（七、一九頁）。したがって、フラマリヨンの時代にはジャイロスコープはある程度ホットな科学上の話題であったといえよう。

（8）フッサール『イーデンI―I』（一九一三年刊）（渡辺二郎訳）一九七九年、一二一―四四、二四二―二五九頁。クラウス・ヘルト『二十世紀の扉を開いた哲学――フッサールの現象学入門』（浜渦辰二訳）九州大学出版会、二〇〇二年、六三―一二五頁。

（9）このイギリスの心霊研究協会 Society for Psychical Research は一八八二年に設立され、膨大な「心霊現象」の事例を収集・蓄積していた。フラマリヨンは一九二三年にこの心霊研究協会の会長に選ばれている。

あとがき

「知」の歴史において初めて、人間が身体と欲望を持った表象主体として表象空間の外に、つまり三次元空間と直線的時間進行のなかに存在しはじめた。このように捉えうるのが、「近代」あるいは十九世紀の基本的な「知」のありようである。そうした「知」の枠組みとの関係性を基礎として、十九世紀後半から二十世紀初頭にかけての特異な現象である「心霊科学」を分析しようと試みたのが本書である。

本書の着想のもとになったのは、十数年前に出版した『ヴィクトル・ユゴーと降霊術』(一九九三年、水声社)である。もともとヴィクトル・ユゴーが一八五三年秋から一八五五年秋までの二年間、一種の「降霊術」である「テーブル・ターニング」に没頭したことに、ユゴー研究の過程で強く興味を惹かれていたのであった。十数年前の著書から出発して、本書では、『降霊術記録ノート』の実物、そして、それに付随するユゴーおよび参加者たちの手書きの記録を具に検証することによって、ユゴーとその「テーブル・ターニング」に先行研究とまったく異なる新たな光を当てた。加えて、当時の「心霊科学」を考えるうえできわめて重要でありながら、等閑視されるきらいのあったふたりの人物、アラン・カルデックとカミーユ・フラマリヨンについても、一次資料を分析することによって、これまでにない「心霊科学」との諸関係を浮かびあがらせた。

『ヴィクトル・ユゴーと降霊術』出版のあと、一九九五年九月開催の京都大学総合人間学部公開講座で、フランスにおける「心霊科学」を概観した（「宗教と科学の間――フランス十九世紀の〈霊界通信〉」、有福孝岳編『現代における人間と宗教―何故に人間は宗教を求めるのか』総合人間学部第一回公開講座記録、京都大学学術出版会、一九九六年、六三―九七頁）。そのほぼ一年後、それをふまえて、一九九六年六月三日から翌年八月十八日まで約一年三ヶ月間、五十一回にわたって『京都新聞』に、「心霊科学」のフランスおよび日本における展開の詳細を連載する機会を与えられた。これは折しも、オウム真理教教祖であった松本智津夫被告の刑事裁判が東京地裁で始まり、地下鉄サリン事件の解明が緒に就いた時期と重なっていた。当時、宗教と科学が相容れない対立項と見なされ、一流大学大学院に在籍する科学者の卵たちがなぜ「非科学的」な宗教に没入したのか、などと盛んに取り沙汰されていた。

ユゴーの次女、アデルは「降霊術」を始めとするヴィクトル・ユゴーの知的活動の強烈な影響下でしだいに精神の均衡を失っていった、いわばユゴーの被害者とも言える。そうした次女アデル・ユゴーの精神に落ちたユゴーの影については『現代詩手帖』に論考を寄せた（「〈降霊術〉の空間あるいは頭脳の牢獄」、『現代詩手帖』一九九六年五月号、九〇―九四頁）。この論考を第二章5で、「ユゴーとグノーシス主義」（大貫隆、島薗進、高橋義人、村上陽一郎編『グノーシス　異端と近代』岩波書店、二〇〇一年、一六一―一七三頁）を第二章9で、「『レ・ミゼラブル』における鏡の構造」（一九八九年三月、京都大学教養部紀要『人文』三十五集、一三九―一六一頁）を同じく第二章9で大幅に活用した。

これ以外にも、Naoki INAGAKI & Patirick REBOLLAR 編 *Fortunes de Victor Hugo* (Maisonneuve & Larose, 2005, pp. 91-104) 収載の拙論 Victor Hugo, civilisateur «syncrétiste» など、本書の内容に関連する論考が他の拙著・拙論に見られるにしても、本書の内容の大部分は本書のために書き下ろしたものである。

本書の着想は前述のように十年ほど前に遡り、本書の出版計画もそれからしばらくしてできあったものであった。以来、資料調査のために生じた、フランスに何度も赴く必要あるいは筆者の執筆作業の遅滞から、本書の完成が思うに任せなかったにもかかわらず、人文書院編集部、同編集部と筆者の仲介の労をお取りくださった松井純氏は忍耐強くお待ちくださった。感謝の言葉もないしだいである。

先述の『京都新聞』連載に際しては、編集担当として京都新聞編集局文化部の坂井輝久氏と三田真史氏に多大なご尽力をいただいた。

また、フランスでは、パリ国立図書館手稿部門の責任者であるマリ＝クレール・プレヴォー氏を通しての特別な計らいによって、『降霊術記録ノート』の現物を閲覧することができた。とくに、二〇〇四年秋の調査においては、直後に開催される展覧会にこの実物が出品予定であって、筆者の調査が終わるのを待って初めて会場に搬入するなど、異例のご配慮もいただいた。そして、ヴィクトル・ユゴー記念館においては館長のダニエル・モリナーリ氏、学芸員のマリ＝ロランス・マルコ氏に、降霊術関連のヴィクトル・ユゴー自筆原稿のすべて、ジュリエット・ドルーエなどによるユゴー自筆原稿の筆写、アデル・ユゴーの日記のすべてを閲覧させていただいた。さらに、フランス・ユゴー協会副会長でパリ第3大学の畏友アルノー・ラステール氏と、その夫人であり同協会事務局長のダニエル・ガジグリア＝ラステール氏には文献資料調査の面でなにかと便宜をはかっていただいた。

この間、平成十二（二〇〇〇）年度から十四（二〇〇二）年度までは「近代フランス文学に表れた宗教と科学の相剋――Spiritisme を中心として」という課題で、平成十五（二〇〇三）年度から平成十七（二〇〇五）年度までは「ユゴー作品の特質と影響の射程に関する総合的研究」という課題で、日本学術振興会科学研究費補助金を受けることができた。

本書が日の目を見るに至ったのは以上の諸姉諸兄諸機関のおかげである。ここに記して深甚な謝意を表したい。

本書の内容は十九世紀のフランス文化社会史を研究するうえできわめて重要な、未開拓の領域に踏みこんだものである。本書がこの領域に関する研究を一歩でも先に進めることにささやかながら役立てば、筆者にとってこれにすぐる喜びはない。

二〇〇七年五月

稲垣直樹

人名索引

本文中の主要な実在の人物を収録し，注は対象外とした．原綴を付したが，古代ギリシャ・ローマの人名については原則としてラテン語表記を掲げた．

ア行
アイスキュロス　Aischylos　90, 190
アウグスティヌス　Augustinus　300
浅野和三郎　41
アナクレオン　Anakreon　90
アプレイウス　Apuleius　90
アリストテレス　Aristoteles　90, 256
アリストファネス　Aristophanes　90
アリックス　Jules Allix　122
アンドロクレス　Androcles　90, 125, 128, 171, 205
イエス・キリスト　Jesus Christ　73, 135, 137, 138, 142, 143, 163, 165, 170, 180, 186, 271, 279-281, 297
井上円了　18
井上哲次郎　19
今村新吉　18
入沢達吉　19
ヴァクリー　Auguste Vacquerie　96, 114, 116, 119-123, 128, 133, 137-140, 143-146, 148-150, 158, 182, 183
ヴィアット　Auguste Viatte　41
ヴェイユ　Alexandre Weill　46, 225
ウェルギリウス　Vergilius　190
ウォーレス　Alfred Russel Wallace　28, 30, 31
ヴォルテール　Voltaire　90, 91
ヴォルネー　Volney　83
エンゲルス　Friedrich Engels　71
エヴァ・C　Eva C.（＝Marthe Béraud）　30, 33
大橋新太郎　18
オコナー　Feargus Edward O'Connor　57
オショロヴィッツ　Julien Ochorowiez　313
オストヴァルト　Friedrich Wilhelm Ostwald　325
オブレ　Marion Aubrée　41

カ行
カステラン　Yvonne Castellan　41
片山国嘉　19
カバニス　Georges Cabanis　83
カルデック　Allan Kardec (Denizard-Hippolyte-Léon Rivail）　16, 19, 41, 57, 64, 75, 87, 120, 237-259, 262, 264-286, 288-291, 294-296, 298-302, 305-307, 311, 329, 343-345, 371
ガスパラン　Agénor de Gasparin　316
ガチン　Notaire Gatine　125
ガリレイ　Galileo Galilei　21, 45, 77, 90, 180, 284, 300, 306
キアイア　Chiaïa　311, 313
キュイザン　P. Cuisin　46
キュヴィエ　Geroges Cuvier　57
キューリー夫妻　Pierre & Marie Curie　19, 32, 326
クック　Florence Cook　29, 31, 36
クルックス　William Crookes　28-30, 36, 313, 316, 320, 321, 344
クレオパトラ　Cleopatra　196, 197

クーン　Thomas Samuel Kuhn　13
グランジュ　Juliette Grange　66
ケプラー　Johannes Kepler　21, 77
ゲラン　Théophile Guérin　119, 133, 140, 175
コルデー　Charlotte Corday　90
コルドヴェロ　Moïse Cordovéro　227, 228
コロンブス　Christopher Columbus　300
コンディヤック　Etienne Bonnot de Condillac　83
コント　Auguste Comte　65-87, 93, 179, 242, 245, 249, 277, 293, 296, 297, 307-310
ゴードン　Jean & Sheila Gaudon　95-99, 104-106, 108, 114, 119, 121, 126, 155, 156, 158, 159, 175, 193, 197, 203

サ行

サルドゥー　Victorien Sardou　312
サン゠シモン　Claude Henri de Rouvroy, comte de Saint-Simon　46, 71
サン゠マルタン　Louis-Claude de Saint-Martin　45, 46
サンド　George Sand　46, 94, 178, 225
サンルイ　Sainlouis　348
シェイクスピア　William Shakespeare　90, 93, 153, 171, 175-180, 190, 213
シェニエ　André Chénier　90, 171
シェルトーク　Léon Chertok　153
シモン　Gustave Simon　106, 125, 126, 156
シャトーブリアン　François René de Chateaubriand　90, 91
シュプランガー　Eduard Spranger　266, 267
シュミット　Carl Schmitt　22
シュレンク゠ノッチング　Albert von Schrenck-Notzing　36
ジッド　André Gide　53
ジャンヌ・ダルク　Jeanne D'Arc　90, 186
ジュネット　Gérard Genette　59, 61, 62
ジュールダン　Bernard Jourdan　99
ジラルダン　Delphine de Girardin　45, 94, 106, 296
スウェーデンボリ　Emanuel Swedenborg　46
スキャパレリ　Giovanni Virginio Schiaparelli　28, 29, 31, 312, 313
スコット　Walter Scott　58-62, 90, 155
スタンダール　Stendhal　58
スペンサー　Herbert Spencer　253
スレイド　Henry Slade　29, 31
ゼノン　Zenon　300
ソクラテス　Sokrates　90, 186, 273-276, 300
ソシュール　Raymond de Saussure　153
ソーラ　Denis Saurat　46, 224
ゾロアスター　Zoroaster　300

タ行

高橋五郎　18, 19, 33, 41
田中館愛橘　19
タルマッジ　Nathaniel P. Tallmadge　39
ダーウィン　Charles Robert Dawin　31, 253
ダリエックス　Dariex　314
ダンテ　Dante Alighieri　55, 90
ダントン　Georges-Jacques Danton　167

チマローザ　Domenico Cimarosa　90
ツェルネル　Johann C. F. Zöllner　28, 29
ティベリウス　Tiberius Julius Caesar Augustus　167
ディドロ　Denis Diderot　90
デカルト　René Descartes　21, 77, 79, 256
デステュット・ド・トラシ　Antoine-Louis-Claude Destutt de Tracy　45, 83, 312
デュポテ　J. de Sennevoy Dupotet　48
デュ・プレル　Charles du Prel　344
デューラー　Albrecht Dürer　194
トムソン　Joseph John Thomson　326
トリスメギストス　Hermes Trismegistos　219
ドイル　Arthur Conan Doyle　33, 36, 39-41, 44
ドゥルーズ　Joseph-Philippe-François Deleuze　48, 153, 154
ドリーシュ　Hans Adolf Eduard Driesch　40

ナ行

ナトルプ　Paul Gerhard Natorp　266
ナポレオン一世　Napoléon I　24, 57, 90, 220, 221, 238
ナポレオン三世（ルイ＝ナポレオン・ボナパルト）　Napoléon III (Charles Louis Napoléon Bonaparte)　25, 90, 94, 218
ナヴィエ　Louis-Marie-Henri Navier　65
ニュートン　Isaac Newton　21, 285, 325
ノディエ　Charles Nodier　46

ハ行

ハギンズ　William Huggins　28, 30
ハンスカ夫人　Madame Hanska　56
ハンニバル　Hannibal　90
ハーバート　Nick Herbert　325
バイロン　George Gordon Byron　90
バシェ　René Baschet　312
バターフィールド　Herbert Butterfield　14, 21, 77
バルザック　Honoré de Balzac　46, 54-57, 59, 127
バルテス　Paul-Joseph Barthez　256
バークリー　George Berkeley　83, 335
パウロ　Paulus　211, 300
パラディーノ　Eusapia Palladino　28, 30, 31, 36, 38, 311-314, 316, 319, 321, 326
ヒューム　David Hume　83
平井金三　18
平田元吉　18, 41
ピウス九世　Pius IX　304, 305
ピタゴラス　Pythagoras　230, 251, 252, 254
ビッソン夫人　Madame Bisson　33
ピパード　Brian Pippald　325
ピュイセギュール　Amand-Marie-Jacques Puységur　48, 153, 154
ビュイソン　Ferdinand-Edouard Buisson　25
ピンソン　Albert Pinson　155, 156, 160, 161
フェリー　Jules-François-Camille Ferry　25, 304
フォックス　Fox family (sisters)　41-45, 94, 107, 239, 244, 245, 327
　ケイト　Kate Fox　41

マーガレット　Margaret Fox　41
レア　Leah Fox　42, 43
フーコー　Michel Foucault　49, 52, 92
福来友吉　18, 36, 41
フック　Robert Hooke　21
フッサール　Edmund Husserl　334
フラマリヨン　Camille Flammarion　16, 19, 27, 28, 31, 32, 36, 38, 43, 57, 64, 75, 87, 96, 105, 106, 114, 154-156, 290, 293-302, 304-316, 319, 323-350, 371
フランク　Adolphe Franck　225
フーリエ　Charles Fourier　46
フーリエ　Jean-Baptiste-Joseph Fourier　65
フロイト　Sigmund Freud　153
ブルーセ　François Broussais　65
プラトン　Platon　90, 207, 225, 226, 230, 232, 250, 254, 273-276
ヘシオドス　Hesiodos　190
ベルクソン　Henri Bergson　40
ベルナール　Claude Bernard　75, 76, 99, 242, 248, 308
ベレ　Paul Berret　224, 225
ベーコン　Francis Bacon　77, 78
ペスタロッチ　Johann Heinrich Pestalozzi　238, 239, 241, 255, 265-267, 270, 271
ホメロス　Homeros　190
ホラティウス　Quintus Horatius Flaccus　190
ホーム　Daniel Dunglas Home　30, 316, 321
ボルツマン　Ludwig Boltzmann　325
ボルデマン　Otto Boldemann　266
ボワラック　Emile Boilac　40
ボーア　Niels Henrik David Bohr　324
ボードレール　Charles Baudelaire　340
ボードワン　Charles Baudouin　161, 215
ポアンカレ　Henri Poincaré　335
ポチエ　G. Pauthier　233
ポルロ　Porro　314
ポワンソ　Louis Poinsot　65

マ行

マイケルソン＝モーリー　Michelson & Morley　325
マイヤーズ　Frederick Myers　313, 314
マキャベリ　Niccolò Machiavelli　90
マクスウェル　Joseph Maxwell　326
マッサン　Jean Massin　63, 95
マホメット　Muhammad (Mahomet)　90
マムラー　William H. Mumler　33
マラー　Jean-Paul Marat　90
マルコーニ　Guglielmo Marconi　339
マルタン　Eugène-Louis Martin　162, 216
マンガン　Marcel Mangin　314
マーカー　Dan Merkur　209, 210
御船千鶴子　18
ミュチニ　Jean de Mutigny　156-158
ミルネール　Max Milner　225
村上陽一郎　14, 21, 372
ムラヴィエフ　Boris Mouravieff　212
ムリス　Paul Meurice　96, 99, 121, 122, 124-126, 155
メスマー　Franz Anton Mesmer　46-48, 153, 154
メリメ　Prosper Mérimée　58
モース　Samuel Finley Breese Morse

43
モーツァルト　Wolfgang Amadeus Mozart　90
モプシック　Charles Mopsik　227, 230
モリエール　Molière　90, 171, 177, 178, 190
モルゼッリ　H. Morselli　314

ヤ行
山川健次郎　18
ユゴー　Victor Hugo　16, 19, 23, 45, 46, 57, 58, 61–64, 75, 87, 89–97, 101–109, 111, 114–117, 119–128, 133, 134, 137–150, 152–165, 169–183, 185, 187, 188, 190–197, 203–206, 209–219, 224, 225, 227, 232, 233, 236, 237, 239, 240, 246, 251, 254, 263, 294–296, 300, 345, 350, 371–373
　ユゴー夫人　Madame Victor Hugo　119, 121, 128, 133, 138, 140, 141, 158, 160, 175, 182, 183, 193, 194
　アデル　Adèle Hugo　121, 155, 156, 160–162, 372, 373
　シャルル　Chales Hugo　30, 46, 58, 119, 120, 133, 140, 154, 155, 158, 161, 175, 182, 215, 227, 230, 312, 313, 340, 344
　レオポルディーヌ　Léopoldine Hugo　192
ユング　Carl Gustave Youg　117, 118, 120
ヨナス　Hans Jonas　212, 219

ラ行
ライオンズ　Martyn Lyons　25
ライヘンバッハ　Reichenbach　344
ライン　Joseph Banks Rhine　40, 47, 60, 100
ラクロワ　Octave Lacroix　161
ラザフォード　Ernest Rutherford　324
ラシーヌ　Jean Racine　90
ラドゥー　Régis Ladous　41
ラプランチーヌ　François Laplantine　41
ラマルク　Jean-Baptiste-Pierre-Antoine de Monet de Lamarck　253
ラングロワ＝ベルトロ　R. Langlois-Berthelot　124–126
リシェ　Charles Richet　19, 28, 30, 31, 33, 312, 313
リトレ　Emile Littré　65–68, 308, 309
リュミエール兄弟　Auguste & Louis Lumière　338
ルイ＝フィリップ　Louis-Philippe　90
ルクレティウス　Titus Lucretius Carus　190
ルソー　Jean-Jacques Rousseau　90
ルター　Martin Luther　41, 58, 90, 155, 303, 346, 347, 349
ルナン　Joseph-Ernest Renan　26
ル・ブラン　Claudine Le Blanc　233
レオン　Moïse de Léon　230
ロシャス　Colonel A. de Rochas　314, 344
ロック　John Locke　83
ロッジ　Oliver Lodge　313
ロベスピエール　Maximilien-Marie-Isidore de Robespierre　90, 167
ロンブローゾ　Cesare Lombroso　28, 30, 31, 311, 313
ローエル　Percival Lowell　31
ローペ・デ・ベーガ　Lope Félix de Vega Carpio　90

事項索引

本文中の主要な事項を収録し，注は対象外とした．

サ行

タ行

参考文献

本文または注で言及したもの，本書執筆に
際し直接参照したものを挙げるにとどめた．

◆ユゴー自筆原稿・関連手書き原稿

「降霊術記録ノート」*Procès-verbaux des séances des tables parlantes à Jersey* 全4冊のうち，筆者見解による第2冊 Bibliothèque Nationale de France 所蔵 Manuscrits, 整理番号 n.a.f. 14066.

同第4冊 Bibliothèque Nationale de France 所蔵 Manuscrits, 整理番号 n.a.f. 16434.

ヴィクトル・ユゴー記念館 Maison de Victor Hugo à la Place des Vosges 付属図書館所蔵関連未整理ユゴー自筆原稿・関連手書き原稿――背に Tables tournantes と書かれたベージュのキャンバス布張りの箱（縦38.5×横30×高 9 ㎝）入り Tables / écriture d'Hugo / 2 chemises / 1 cahier 表紙記載ホルダー（整理番号 αpm654 ホルダー内ホルダーを含む）および Tables tournantes, manuscrits / Juliette / Vacquerie / Mme Hugo / Documents divers 表紙記載ホルダー収納など紙片推定全300枚．

同ヴィクトル・ユゴー記念館付属図書館所蔵未整理アデル・ユゴー自筆原稿――背に « Journal d'Adèle I » « Journal d'Adèle II » « Journal d'Adèle III » と書かれたベージュのキャンバス布張りの箱（縦38.5×横30×高 9 ㎝）入り紙片推定全1000枚．

同ヴィクトル・ユゴー記念館付属図書館所蔵未整理アデル・ユゴー自筆原稿――背に « Cahiers d'Adèle I » « Cahiers d'Adèle II » « Cahiers d'Adèle III » と書かれたベージュのキャンバス布張りの箱（縦38.5×横30×高 9 ）入り紙片推定全1000枚．

詩集『精神の四方の風』*Les Quatre vents de l'esprit* ユゴー自筆原稿 Bibliothèque Nationale de France 所蔵 Manuscrits，整理番号 n.a.f. 24762.

◆ユゴーの著作

Procès-verbaux des séances des tables parlantes à Jersey, Texte établi par Jean et Sheila Gaudon, *Œuvres Complètes de Victor Hugo*, édition chronologique publiée sous la direction de Jean Massin, Club Français du Livre, t. IX, 1968.

Œuvres Complètes de Victor Hugo, édition chronologique publiée sous la direction de Jean Massin, Club Français du Livre, 1967-1970, 18 vols.

Œuvres Complètes de Victor Hugo, édition publiée sous la direction de Jacques Seebacher, assisté de Guy Rosa, Robert Laffont, 1985-2002, 15 vols.

Les Contemplations, 1856, *OCVH*, t. IX, 1968.

Han d'Islande, 1823, *OCVH*, t. II, 1967.

La Légende des siècles (1ère série), 1859, *OCVH*, t. X, 1969.

Les Misérables, 1862, *OCVHJS, Roman II*, 1985.

« *Quentin Durward*, ou *L'Ecossais à la cour de Louis XI*, par Walter Scott », *La Muse française*, 1823, *OCVH*, t. II, 1967.
Solitudines Cœli, 1855, *OCVH*, t. IX, 1968.
Théâtre en liberté, 1886, *OCVHJS*, *Théâtre II*, 1985.
William Shakespeare, 1864, *OCVH*, t. XII, 1969.
『ユゴー詩集』辻昶・稲垣直樹訳，潮出版社，1984.
『詩集』辻昶・稲垣直樹・小潟昭夫訳，『ヴィクトル・ユゴー文学館』第1巻，潮出版社，2000.
『レ・ミゼラブル』辻昶訳，『ヴィクトル・ユゴー文学館』第2，3，4巻，潮出版社，2000.
『私の見聞録』稲垣直樹編訳，潮出版社，1991.
『見聞録』稲垣直樹訳，『ヴィクトル・ユゴー文学館』第9巻，潮出版社，2001.
『言行録』稲垣直樹訳，『ヴィクトル・ユゴー文学館』第9巻，潮出版社，2001.

◆ユゴーに関する文献

Aguettant (Louis), *Victor Hugo, poète de la nature*, L'Harmattan, 2000.
Albouy (Pierre), *La Création mythologique chez Victor Hugo*, J. Corti, 1968.
Baudouin (Charles), *Psychanalyse de Victor Hugo* (1ère éd. : 1943), A. Colin, 1972.
Benoit-Lévy (Edmond), *« Les Misérables » de Victor Hugo*, Edgar Malfère, 1929.
Berret (Paul), *La Philosophie de Victor Hugo (1854-1859)*, H. Paulin, 1910.
Brombert (Victor), *Victor Hugo et le roman visionnaire*, Presses Universitaires de France, 1984.
Catalogue de l'Exposition : Victor Hugo et le spiritisme, Bibliothèque Sainte-Geneviève, 1985.
Centenaire des « Misérables » 1862-1962, Extrait du Bulletin de la Faculté des Lettres de Strasbourg, 1962.
Gaudon (Jean), *Le Temps de la contemplation*, Flammarion, 1969.
Gaudon (Jean), « Présentation des Procès-verbaux des séances des tables parlantes à Jersey », *OCVH*, t. IX, 1968.
Godo (Emmanuel), *Victor Hugo et Dieu, biographie d'une âme*, Editions du Cerf, 2002.
Grillet (Claudius), *La Bible dans Victor Hugo*, Hachette, 1910.
Hovasse (Jean-Marc), *Victor Hugo*, t. 1, Fayard, 2001.
Hugo (Adèle), *Le Journal d'Adèle Hugo*, présenté et annoté par Frances Vernor Guille, Minard, t. I (1968), t. II (1971), t. III (1984), t. IV (2002).
Inagaki (Naoki), Rebollar (Patrick) et al., *Fortunes de Victor Hugo, Actes du colloque organisé à la Maison franco-japonaise de Tokyo par Naoki Inagaki et Patrick Rebollar, les 2 et 3 novembre 2002,* Maisonneuve et Larose, 2005.
Inagaki (Naoki), Shen (Dali), Thi Hanh (Dang), Anh Dao (Dang), *Victor Hugo en Extrême-Orient*, Collection : *Hugo et l'Orient*, t. 10, Maisonneuve et Larose, 2001.

Journet (René), Robert (Guy), *Le Manuscrit des « Misérables »*, Les Belles Lettres, 1963.
Journet (René), Robert (Guy), *Le Mythe du peuple dans « Les Misérables »*, Editions Sociales, 1964.
Juin (Hubert), *Victor Hugo*, 3 vols., Flammarion, 1980-1986.
Lacassin (Francis), *Les Fantômes de Jersey*, textes réunis, présentés et commentés par Francis Lacassin, Editions du Rocher, 1991.
Lacassin (Francis), « Le Guéridon de Victor Hugo », *Magazine Littéraire*, Janvier 1974, No. 8.
Laiter (Joël), *Victor Hugo, l'exil ; l'Archipel de la Manche*, Editions Hazan, 2001.
Laster (Arnaud), *Pleins feux sur Victor Hugo*, Comédie-Française, 1981.
Le Blanc (Claudine), « Une Réécriture hugolienne des *Upanishad* », *Hugo : Inde et Iran*, Collection : *Hugo et l'Orient*, t. 8, Maisonneuve et Larose, 2001.
Le dû (A.), *Le Rythme dans la prose de Victor Hugo* (*de 1818 à 1831*), Hachette, 1929.
Leuilliot (Bernard), *Victor Hugo publie « Les Misérables »* (Correspondance avec Albert Lacroix, août 1861-juillet 1862), Paris, Editions Klincksieck, 1970.
Levaillant (Maurice), *La Crise mystique de Victor Hugo* (*1843-1856*), J. Corti, 1954.
Martin (Eugène-Louis), *Les Symétries de la prose dans les principaux romans de Victor Hugo*, Presses Universitaires de France, 1925.
Maurois (André), *Olympio ou la vie de Victor Hugo*, Hachette, 1954.
Mutigny (Jean de), *Victor Hugo et le spiritisme*, Fernand Nathan, 1981.
Pouchain (Gérard), *Promenades dans l'Archipel de la Manche avec un guide nommé Victor Hugo*, C. Corlet, 1985.
Renouvier (Charles), *Victor Hugo le philosophe* (1ère éd. : 1900), Maisonneuve et Larose, 2002.
Roos (Jacques), *Les Idées philosophiques de Victor Hugo*, *Ballanche et Victor Hugo,* Nizet, 1958.
Saurat (Denis), *La Religion de Victor Hugo* (1ère éd. : 1929), La Colombe, 1948.
Seebacher (Jacques), *Victor Hugo ou le calcul des profondeurs*, Presses Universitaires de France, 1993.
Simon (Gustave), *Les Tables tournantes de Jersey ; Procès-verbaux des séances, présentés et commentés par Gustave Simon,* L. Conard, 1923.
Ubersfeld (Anne), Rosa (Guy) et al., *Lire Les Misérables*, J. Corti, 1985.
Ubersfeld (Anne), *Le Roi et le bouffon : étude sur le théâtre de Victor Hugo de 1830 à 1839*, J. Corti, 1974.
Viatte (Auguste), *Victor Hugo et les illuminés de son temps* (1ère éd. : 1942), Slatkine Reprints, 1973.
L'Œil de Victor Hugo, *Actes du colloque* (*du 19 au 21 septembre 2002 au Musée d'Orsay*), Edition des Cendres / Musée d'Orsay, 2004.

辻昶『ヴィクトル・ユゴーの生涯』潮出版社，1979.
稲垣直樹『「レ・ミゼラブル」を読みなおす』白水社，1998.
稲垣直樹『ヴィクトル・ユゴーと降霊術』水声社，1993.
稲垣直樹「ユゴーとグノーシス主義」．大貫隆・島薗進・高橋義人・村上陽一郎編『グノーシス――異端と近代』岩波書店，2001.

◆カルデック Allan Kardec の著作

Le Ciel et l'enfer (1ère éd.: 1865), Editions Vermet, 1990.
L'Evangile selon le spiritisme (1ère éd. : *L'Imitation de l'Evangile selon le spiritisme*, 1864), La Diffusion Scientifique, 1990.
La Genèse, les miracles et les prédictions selon le spiritisme (1ère éd. : 1868), La Diffusion Scientifique, 1986.
Instructions et recueil de prières d'après Allan Kardec (1ère éd. : 1978), Editions Vermet, 1988.
Instruction pratique sur les manifestations spirites (1ère éd. : 1858), La Diffusion Scientifique, 1991.
Le Livre des esprits, contenant les principes de la doctrine spirite (1ère éd. : 1857), Dervy-Livres, 1990.
Le Livre des médiums (1ère éd. : *Spiritisme expérimental. Le Livre des médiums ou Guide des médiums et des évocateurs*, 1861), Dervy, 1986.
L'Obsession, textes extraits de la *Revue spirite* 1858-1868, Editions Vermet, 1986.
Qu'est-ce que le spiritisme ? (1ère éd. : 1859), Editions Vermet, 1988.
Voyage spirite en 1862 (1ère éd. : 1862), Editions Vermet, 1988.

◆カルデックに関する文献

Bouchet (Christian), *Allan Kardec*, Pardes (Collection Guide Des Citations), 2004.
Moreil (André), *Allan Kardec, sa vie, son œuvre*, Editions Vermet, 1989.
Prieur (Jean), *Allan Kardec et son époque*, Rocher Eds Du (Collection Biographie), 2004.

◆フラマリヨン Camille Flammarion の著作

Après la mort, La Mort et son mystère III, Ernest Flammarion, 1922.
Au tour de la mort, La Mort et son mystère II, Ernest Flammarion, 1921.
Avant la mort, La Mort et son mystère I, Ernest Flammarion, 1920.
Clairs de Lune, Ernest Flammarion, 1894.
Les Etoiles et les curiosités du ciel : description complète du ciel visible à l'œil nu et de tous les objets célestes faciles à observer ; supplément de « L'Astronomie populaire », C. Marpon et E. Flammarion, 1882 (Reproduction : Flammarion, 1981).
Les Forces naturelles inconnues, Ernest Flammarion, 1907.

La Fin du monde (1ère éd. : 1894), Ernest Flammarion, 1917.
L'Inconnu et les problèmes psychiques (1ère éd. : 1900), nouvelle édition revue et complétée en 2 vols., Ernest Flammarion, 1917.
Les Maisons hantées ; en marge de « La Mort et son mystère », Ernest Flammarion, 1923.
Mémoires biographiques et philosophiques d'un astronome, Ernest Flammarion, 1911.
Stella (1ère éd. : 1897), Champion, 2003.

◆フラマリヨンに関する文献

Chaperon (Danielle), *Camille Flammarion, entre astronomie et littérature*, Imago, 1997.
La Cotardière (Philippe de), Fuentes (Patrick), *Camille Flammarion*, Flammarion, 1994.

◆同時代人の著作

Balzac (Honoré de), *Lettres à Mme Hanska*, t. 2, Les Bibliophiles de l'originale, 1968.
Balzac (Honoré de), *Père Goriot, Comédie Humaine*, t. III, Gallimard (Bibliothèque de la Pléiade), 1976.
Bernard (Claude), *Introduction à l'étude de la médecine expérimentale* (1ère éd. : 1865), Flammarion, 1984.
Comte (Auguste), *Cours de philosophie positive*, 6 vols., Bachelier, Libraire pour les mathématiques, 1830-1842 (Reproduction en fac-similé : Bruxelles, Culture and civilisation, 1969).
Comte (Auguste), *Discours sur l'esprit positif* (1ère éd. : 1844), « Edition classique », Société positiviste internationale, 1914 (Reproduction de cette « Edition classique » en fac-similé : J. Vrin, 1974).
Cuisin (P.), *Les Fantômes nocturnes, ou les terreurs des coupables ; théâtre de fortaits, offrant par nouvelles historiques, des visions infernales de monstres fantastiques, d'images funestes, de lutins homicides, de spectres et d'échafauds sanglants, supplices persécuteurs des scélérats*, 2 vols., Paris : Veuve Lepetit, 1821.
Doyle (Arthur Conan), *The History of spiritualism* (first edition : 1926), 2 vols., Psychic Press, 1989.
Dumas (Georges), *Psychologie de deux messies positivistes : Saint-Simon et Auguste Comte*, Félix Alcan, 1905.
Franck (Adolphe), *La Kabbale ou la philosophie religieuse des Hébreux* (1ère éd. : 1889), Slatkine, 1981.
Gide (André), *Romans : récits et soties, œuvres lyriques*, Gallimard (Bibliothèque de la Pléiade), 1958.

Lombroso (Cesare), *After death — What ? : spiritistic phenomena and their interpretation*, (rendered into English by William Sloane Kennedy), London : T. Fisher Unwin, 1909.

Nodier (Charles), *Infernaliana, ou anecdotes, petits romans, nouvelles et contes sur les revenants, les spectres, les démons et les vampires*, Paris : Sanson, 1822.

Renan (Ernest), *L'Avenir de la science, Pensées de 1848*, Calmann Lévy, 1890.

Revue *Le Réveil*, t. III, No 188, 4 février 1823.

Saint-Simon (Claude-Henri de Rouvroy, comte de), *Mémoire sur la science de l'homme* (1ère éd. : 1813), *Œuvres choisies*, t. 2, Bruxelles : F. Van Meenen, 1859 (Reproduction en fac-similé : Hildesheim-New York : G. Olms Verlag, 1973).

Vacquerie (Auguste), *Les Miettes de l'histoire*, Pagnerre, 1863.

Voituron (Paul), *Etudes philosophiques et littéraires sur Les « Misérables » de Victor Hugo*, Pagnerre, 1862.

Zola (Emile), *Le Roman expérimental* (1ère éd. : 1880), *Œuvres Complètes*, édition publiée sous la direction d'Henri Mitterand, Cercle du livre précieux, t. 10, 1968.

エトムント・フッサール『イーデンⅠ－Ⅰ』(1913年) 渡辺二郎訳，みすず書房，1979.

パウル・ゲルハルト・ナトルプ『ペスタロッチ——その生涯と理念』(1909年) 乙訓稔訳，東信堂，2000.

ヨハン・ハインリヒ・ペスタロッチ『隠者の夕暮』(1780年) 長田新訳，『ペスタロッチー全集』第1巻，平凡社，1959.

ヨハン・ハインリヒ・ペスタロッチ『ゲルトルートはいかにしてその子を教えうるか』(1801年) 長田新訳，『ペスタロッチー全集』第8巻，平凡社，1960.

◆「心霊科学」とその周辺に関する文献

Aubrée (Marion), Laplantine (François), *La Table, le Livre et les Esprits*, Editions J.-C. Lattès, 1990.

Castellan (Yvonne), *Le Spiritisme* (1ère éd. : 1954), Collection « Que sais-je ? », Presses Universitaires de France, 1995.

Castex (Pierre-Georges), *Le Conte fantastique en France de Nodier à Maupassant*, J. Corti, 1951.

Chertok (Léon), Saussure (Raymond de), *Naissance du psychanalyste de Mesmer à Freud*, Payot, 1973.

Jung (Carl Gustav), *On Spiritualistic phenomena, The Symbolic Life* (first editon : 1977), *The Collected works of C. G. Jung*, t. 18, Princeton University Press, 1980.

Ladous (Régis), *Le Spiritisme*, Editions du Cerf, 1989.

Patry (Raoul), *Le Monde des esprits et la psychologie contemporaine*, Editions de « la Cause », (date de publication non mentionnée).

Viatte (Auguste), *Les Sources occultes du romantisme ; Illuminisme, Théosophie, 1770-1820*, 2 vols., Champion, 1979.

ロバート・ダーントン『パリのスマー』（1968年）稲生永訳，平凡社，1987.
アーサー・コナン・ドイル『コナン・ドイルの心霊学』近藤千雄訳，新潮選書，1992.
ミルチア・エリアーデ『オカルティズム・魔術・文化流行』楠正弘・池上良正訳，未來社，1978.
福来友吉『心霊と神秘世界』人文書院，1932.
春川栖仙編『心霊研究辞典』東京堂出版，1990.
平井金三『心霊の現象』警醒社書店，1909.
平田元吉『心霊の秘密』同文館，1912.
井上円了『妖怪玄談』哲学書院，1887.
菊池正宏編『万国心霊古写真集』南方堂，1994.
宮城音弥『超能力の世界』岩波新書，1985.
中井久夫『西欧精神医学背景史』みすず書房，1999.
ジャネット・オッペンハイム『英国心霊主義の抬頭』（1985年）和田芳久訳，工作舎，1992.
リン・ピクネット『超常現象の事典』（英語初版1957年）青土社，1994.
高橋五郎『心霊万能論』前川文栄閣，1910.
田中千代松『新霊交思想の研究』改訂版，共栄書房，1981.
コリン・ウィルソン『オカルト』中村保男訳，平河出版社，1985.

◆その他

Auerbach (Erich), *Mimêsis : la représentation de la réalité dans la littérature occidentale ; traduit de l'allemand par Cornélius Heim*, Gallimard, 1968.
Baubérot (Jean), *Histoire de la laïcité en France,* Presses Universitaires de France (Cllectin Que sais-je ?), 2000.
Bertaud (Jean-Paul), *La Révolution française*, Larousse, 1976.
Bertier de Sauvigny (Guillaume de), *La Restauration*, Flammarion, 1955.
Biale (David), *Gershom Scholem : Cabale et contre-histoire* (first English editon : 1979), traduit par Jean-Marc Mandosio, Editions de l'Eclat, 2001.
Bischoff (Erich), *The Kabbala : An Introduction to Jewish Mysticism and Its Secret Doctrine*, Amsterdam : Samuel Weiser, Inc., 1985.
Broek (Roelof van den) et al., *Gnosis and hermeticism from antiquity to modern times*, State University of New York Press, 1998.
Butterfield (Herbert), *The origins of modern science : 1300-1800*, Bell and Sons, 1949.
Chevalier (Louis), *Classes laborieuses et classes dangereuses à Paris dans la première moitié du XIXe siècle* (1ère éd. : 1956), Hachette 1984.
Cholvy (Gérard), Hilaire (Yves-Marie), *Histoire religieuse de la France 1800-1880*, Privat, 2000.
Duby (Georges), Mandrou (Robert), *Histoire de la civilisation française*, t. 2, A. Colin, 1958.

Fargeaud (Madeleine), *Notes, Avant-propos de « La Comédie Humaine »*, Honoré de Balzac, *La Comédie Humaine*, t. 1, Gallimard, 1976.

Foucault (Michel), *Les Mots et les choses : une archéologie des sciences humaines*, Gallimard, 1966.

Genette (Gérard), *Discours du récit, Figures III*, Seuil, 1972.

Gaulupeau (Yves), *La France à l'école*, Gallimard, 1992.

Goetschel (Roland), *La Kabbale*, Presses Universitaires de France (Collectin Que sais-je ?), 1985.

Gouhier (Henri), *La Vie d'Auguste Comte*, J. Vrin, 1997.

Grange (Juliette), « Présentation », Auguste Comte, *Philosophie des sciences*, présentation, choix de textes et notes par Juliette Grange, Gallimard, 1996.

Irsay (Stephen d'), *Histoire des universités françaises et étrangères*, 2 vols., A. Picard, 1933-1935.

Jonas (Hans), *The Gnostic Religion : the message of the alien God and the beginnings of Christianity* (first editon : 1958), Boston : Beacon Press, 2001.

Kuhn (Thomas Samuel), *The structure of scientific revolutions*, University of Chicago Press, 1962.

Latreille (André) et al., *Histoire du catholicisme en France*, t. 3, Paris : Spes, 1962.

Lyons (Martyn), *Le Triomphe du livre : une histoire sociologique de la lecture dans la France du XIXe siècle* (traduit de l'anglais), Promodis, 1987.

Maigron (Louis), *Le Roman historique à l'époque romantique, essai sur l'influence de Walter Scott* (1ère éd. : 1898), Champion, 1912.

Marseille (Jacques), *Nouvelle histoire de la France*, Perrin, 1999.

Merkur (Dan), *Gnosis : an esoteric tradtion of mystical visions and unions*, State University of New York Press, 1993.

Milner (Max), *Le Diable dans la littérature française de Cazotte à Baudelaire 1772-1861*, 2 vols., J. Corti, 1960.

Mopsik (Charles), *Les Grands textes de la Cabale : les Rites qui font Dieu*, Verdier, 1993.

Moulinet (Daniel), *Genèse de la laïcité, à travers les textes fondamentaux de 1801 à 1959*, Editions du Cerf, 2005.

Mouravieff (Boris), *Gnôsis, étude et commentaires sur la tradition ésotérique de l'orthodoxie orientale*, 3 vols., Editions de la Baconnière, 1969-72.

Poulet (Georges), *Etudes sur le temps humain*, 4 vols., Plon, 1949-68.

Raimond (Michel), *Le Roman depuis la Révolution*, A. Colin, 1967.

Safran (Alexandre), *la Cabale*, Payot, 1972.

Scholem (Gershom), *Major Trends in Jewish Mysticism* (first English editon : 1946), New York : Schocken Books, 1995.

Strawson (Peter Frederick), *The bounds of sense : an essay on Kant's "Critique of pure reason"*, London : Methuen, 1978.

Tardieu (Michel), *Le Manichéisme*, Presses Universitaires de France (Collectin

Que sais-je ?), 1981.
Uta (Michel), *La Théorie du savoir dans la philosophie d'Auguste Comte*, Bourg, 1928.
Vigny (Alfred de), *Correspondance I, Œuvres Completes d'Alfred de Vigny*, L. Conard, 1914-1945.
Zagorin (Perez), *Francis Bacon*, Princeton University Press, 1998.
天野貞祐『カント純粋理性批判——純粋理性批判の形而上学的性格』大思想文庫17, 岩波書店, 1985.
オットー・ボルデマン『ペスタロッチー』松田義哲訳, 明治図書出版, 1980.
ニック・ハーバート『量子と実在』林一訳, 白揚社, 1990.
クラウス・ヘルト『二十世紀の扉を開いた哲学——フッサールの現象学入門』浜渦辰二訳, 九州大学出版会, 2000.
梶山雄一『輪廻の思想』人文書院, 1989.
前田達郎「レトリックと方法——F・ベーコンの二つの顔」,『新岩波講座哲学15：哲学の展開——哲学の歴史 2』岩波書店, 1985.
真木悠介『時間の比較社会学』岩波書店, 1981.
村上陽一郎『近代科学と聖俗革命』新曜社, 1976.
森菊久『飛行機を飛ばすコマ——ジャイロが開いた世界』講談社, 1979.
『ナグ・ハマディ文書Ⅰ・救済神話』荒井献, 大貫隆, 小林稔訳, 岩波書店, 1997.
『ナグ・ハマディ文書Ⅳ・黙示録』荒井献, 大貫隆, 小林稔, 筒井賢治訳, 岩波書店, 1998.
中村元『シャンカラの思想』岩波書店, 1989.
大貫隆『グノーシスの神話』岩波書店, 1999.
シモーヌ・ペトルマン『二元論の復権——グノーシス主義とマニ教』神谷幹夫訳, 教文館, 1985.
ブライアン・ピパード他『二十世紀の物理学』第Ⅰ巻, 丸善, 1999.
カール・シュミット『政治的ロマン主義』(ドイツ語初版1925年) 大久保和郎訳, みすず書房, 1970.
ゲルショム・ショーレム『ユダヤ神秘主義』(ドイツ語初版1957年) 山下肇・石丸昭二・井ノ川清・西脇征嘉訳, 法政大学出版局 (叢書・ウニベルシタス156), 1985.
ゲルショム・ショーレム『カバラとその象徴的表現』(ドイツ語初版1960年) 小岸昭・岡部仁訳, 法政大学出版局 (叢書・ウニベルシタス169), 1985.
エドゥアルト・シュプランガー『ペスタロッチー』1980.
柴田有『グノーシスと古代宇宙論』勁草書房, 1986.
『新約聖書』1954年改訳, 日本聖書協会, 1977.
ゲオルク・ジンメル『社会学の根本問題』清水幾太郎訳, 岩波文庫, 1979.
高峯一愚『カント講義』論創社, 1981.
虎竹正之『ペスタロッチー研究：職業教育と人間教育』玉川大学出版部, 1990.
山田弘明「コギトと機械論」,『新岩波講座哲学15：哲学の展開——哲学の歴史 2』岩波書店, 1985.

著者略歴

稲垣直樹（いながき なおき）

1951年，愛知県生まれ．東京大学大学院博士課程修了．パリ大学にて文学博士号取得．日本翻訳文化賞受賞．現在，京都大学大学院教授．著書に『サン＝テグジュペリ』（清水書院），『ヴィクトル・ユゴーと降霊術』（水声社），『サドから「星の王子さま」へ』（丸善），『「レ・ミゼラブル」を読みなおす』（白水社），共編著書に *Fortunes de Victor Hugo* (Paris, Maisonneuve et Larose)，訳書にサン＝テグジュペリ『星の王子さま』（平凡社），『ユゴー詩集』（共訳），ユゴー『見聞録』，『言行録』（以上，潮出版社）などがある．

フランス〈心霊科学〉考　宗教と科学のフロンティア

2007年9月20日　初版第1刷印刷
2007年10月1日　初版第1刷発行

著　者　稲垣直樹

発行者　渡辺博史

発行所　人文書院

〒612-8447　京都市伏見区竹田西内畑町9
電話　075-603-1344　振替　01000-8-1103

装幀者　間村俊一
印刷所　創栄図書印刷株式会社
製本所　坂井製本所

落丁・乱丁本は小社送料負担にてお取替えいたします

ISBN978-4-409-04090-4　C3010